COLLECTION MICHEL LÉVY

ŒUVRES COMPLÈTES

DE

CLÉMENCE ROBERT

LES MENDIANTS DE LA MORT

ŒUVRES COMPLÈTES

DE

CLÉMENCE ROBERT

Publiées dans la collection **Michel Lévy**

LES ANGES DE PARIS	1 vol
LA MISÈRE DORÉE	1 —
L'AVOCAT DU PEUPLE	1 —
LES MENDIANTS DE PARIS	1 —
LES MENDIANTS DE LA MORT	1 —
L'ANGE DU PEUPLE	1 —
LE MAGICIEN DE LA BARRIÈRE D'ENFER	1 —
LES QUATRE SERGENTS DE LA ROCHELLE	1 —
LE PASTEUR DU PEUPLE	1 —
UN AMOUR DE ROI	1 —
LA FAMILLE CALAS	1 —
LA CHAMBRE CRIMINELLE	1 —
MANDRIN	1 —
LE POÈTE DE LA REINE	1 —
LE MOINE NOIR	1 —
LES MARTYRS DE LA RÉOLE	1 —
LA PLUIE D'OR	1 —
LE BARON DE TRENCK	1 —
LA FIANCÉE DE LA COUR	1 —
LA FONTAINE MAUDITE	1 —

Les autres ouvrages paraîtront successivement.

POISSY. — TYP. S. LEJAY ET CIE

LES MENDIANTS DE LA MORT

PAR

CLÉMENCE ROBERT

NOUVELLE ÉDITION

PARIS
MICHEL LÉVY FRÈRES, ÉDITEURS
RUE AUBER, 3, PLACE DE L'OPÉRA

LIBRAIRIE NOUVELLE
BOULEVARD DES ITALIENS, 15, AU COIN DE LA RUE DE GRAMMONT

1872

LES

MENDIANTS DE LA MORT[1]

I

EMBAUMEUR ET PLEUREURS

C'était la veille au soir que Jeanne avait rendu le dernier soupir.

Le jour commençait à paraître. Herman était déjà revenu près du corps de sa mère.

Debout, immobile, le bras appuyé sur le dossier du lit, tantôt il portait son regard humide sur le visage de la morte, il la contemplait avec un douloureux attendrissement; tantôt sa tête retombait sur sa poitrine et ses traits prenaient l'empreinte d'une méditation solennelle.

En face de cette existence si pure et si éprouvée de Jeanne, dont le souvenir se peignait encore autour d'elle; en face de ce moment de la mort où on va rendre le compte suprême, il se prenait à mépriser l'emploi de ses jours et se promettait d'en faire un usage plus digne à l'avenir.

L'influence bienfaisante de Jeanne sur son fils adoré s'étendait au delà de la vie.

Des gens de la maison, dans un recueillement respectueux, entretenaient sans bruit les cierges, les cassolettes de parfums qui brûlaient près de la couche mortuaire.

1. L'épisode qui précède *les Mendiants de la mort* a pour titre : *Les Mendiants de Paris*.

Le profond silence qui régnait à cette heure matinale fut troublé par des coups discrètement frappés à la porte.

On ouvrit. Il entra un personnage vêtu de noir, qui salua profondément M. de Rocheboise, et s'approcha en silence du lit funèbre. Herman reconnut le médecin des morts, et lui montra d'un geste les domestiques de la maison, qui répondraient aux questions officielles portant sur la cause du décès, et donneraient les détails dans lesquels il lui serait trop douloureux à lui-même d'entrer. Le médecin répondit par un signe de tête affirmatif, et Herman, après avoir jeté un long et douloureux regard sur sa mère, sortit de la chambre de deuil.

Il se retira dans une pièce voisine, ne voulant pas s'éloigner de l'hôtel tant qu'il renfermerait encore la dépouille mortelle de Jeanne.

A peine était-il là qu'il fut tiré de sa triste rêverie par un bourdonnement confus qui résonnait dans l'antichambre et qui, s'élevant peu à peu, finit par éclater en expression assez distinctes, d'où ressortait à peu près le dialogue suivant :

— Quand je vous dis que vous n'entrerez pas!

— J'entrerai!... la douleur est sacrée, monsieur!

— C'est pour cela que vous devriez la respecter.

— Je vous parle de la mienne, monsieur!... qui n'a pas droit à moins d'égards qu'une autre, et que vous traitez, je dirai... avec indécence!...

— Je répète que monsieur a défendu sa porte.

— Pas pour moi!... les malheureux s'entendent promptement... En me voyant, votre maître...

— Il ne s'agit pas de cela, à la fin, je vous dis de sortir!

— Vous êtes un impertinent!

— Et vous un intrigant... partez!

— Un juif, un barbare!

— Possible... mais délogez...

— J'entrerai!...

— Non!

— Si fait!

— Parbleu! nous allons voir!

Il y eut ici un bruit d'une autre nature que des éclats de voix, un choc assez vif, dans lequel le visiteur obstiné eut sans doute le dessus sur le valet de chambre, car bientôt la porte de la pièce où était M. de Rocheboise s'ouvrit brusquement, et un vieillard à taille courte et trapue, à figure commune, mais intelligente, se précipita vers Herman en s'écriant :

— De grâce, cher monsieur, consentez à m'entendre.

Herman regarda l'étranger avec surprise et assez de mécontentement; mais il y avait tant d'instante prière dans l'œil du vieillard, qu'il n'eut pas le courage de repousser sa demande, et du geste il lui offrit un siége en face de lui.

L'étranger s'assit en respirant largement; il écarta les jambes, déposa entre elles deux son chapeau, tira de sa poche un ample mouchoir blanc, et commença à pleurer en silence.

Lorsque cette manifestation muette devenait un peu fastidieuse pour Herman, le vieillard le comprit et s'écria enfin :

— Ah ! monsieur, vous voyez un père au désespoir.

Etonné de cette ouverture, quand il attendait au contraire quelques consolations banales, Rocheboise regarda de nouveau ce visiteur inconnu; puis d'un ton triste laissa tomber ces mots :

— Hélas ! monsieur, vous n'êtes pas le seul malheureux... mais que puis-je pour vous ?

— Ah ! monsieur, c'était un ange..... dix-huit ans à peine... la fraîcheur d'une rose... aimable et bonne... trop aimable et trop bonne... c'est ce qui fait que je ne me consolerai jamais...

— Mais enfin, monsieur...

— Aussi n'essaie-je plus... les plaisirs, les joies de ce monde me sont insupportables... un visage gai me devient odieux... je ne cherche plus que les affligés... eux seuls ont mes sympathies... car, comme à moi, les larmes leur sont douces...

Le vieillard pleura de rechef et usa de son grand mouchoir blanc.

— Mais encore une fois, monsieur ! dit Rocheboise avec impatience.

— Voici qui est fini, répondit l'étranger en posant le mouchoir dans le chapeau. Je suis allé ce matin faire un petit tour aux pompes funèbres... c'est la seule distraction que je me permette depuis mon malheur... J'ai appris la perte cruelle que vous aviez faite, j'ai eu quelques détails sur l'enterrement commandé pour madame votre mère... Voyant que vous faisiez si bien les choses, j'en ai pris la meilleure idée de votre cœur; je me suis dit : Ce jeune homme est bon, sensible... il doit être navré comme moi... nous pleurerons ensemble...

— Je vous remercie de cette bonne opinion... cependant...

— Ah! monsieur, qui peut réparer des pertes de cette nature?... j'ai d'autres filles, monsieur... mais, hélas! les autres, ce n'est pas elle! et rien n'a calmé mon chagrin... Rien, je me trompe, une chose en a adouci l'amertume.

— Enfin!... je vous en félicite, monsieur.

— Une seule chose!... et je la repoussais... oui, je la repoussais, je vous l'avoue... Il me semblait que des mains étrangères approchant de ce corps charmant le profaneraient... Mais enfin, à la pensée que du moins ces restes chéris ne tomberaient pas en poussière, que ce visage admirable garderaient sa beauté... séduit, entraîné...

— Vous avez fait embaumer votre fille... voulez-vous dire.

— Vous y êtes, monsieur. Et maintenant, dans mes plus profondes angoisses, ce m'est un soulagement extrême de penser que cet ange, ou du moins le peu de cet ange qui était matière, reste pur et frais comme de son vivant... Ainsi, pour en revenir à... je dirais à nos moutons, si l'expression ne pouvait sembler déplacée, j'ai songé, monsieur, à vous faire profiter de mon expérience... Ah! monsieur, si vous aimiez madame votre mère, comme tout le prouve, faites-la embaumer!

— Monsieur, ces détails...

— Faites-la embaumer, vous dis-je, vous ne savez pas ce que vous vous préparez de douces consolations dans l'avenir... Et pour rien, monsieur... Je ne vous conseille pas par exemple de vous adresser aux premiers inventeurs, c'est hors de prix...

— Eh!... il n'est point question de prix...

— Si, monsieur, si... Quelque riche que l'on soit, une sage économie est toujours une preuve de bon sens... Or, je vous le certifie, ma fille a été supérieurement embaumée pour douze cents francs! Je vous le disais, c'est pour rien! aussi, par reconnaissance, me suis-je dévoué aux intérêts de la société... une société en commandite, au capital de deux millions cinq cents mille francs, ce qui lui permet des travaux en grand, et par conséquent, de livrer au consommateur à bien meilleur marché... douze cents francs, disais-je, même en prenant un abonnement vous obtiendrez une diminution.

— Je comprends maintenant le but de votre visite.

— Oh ! je suis complétement désintéressé ; je n'ai aucuns fonds dans l'entreprise. Je touche une simple commission pour chaque affaire... de quoi payer mes courses de cabriolet. Voici notre prospectus, monsieur.

Herman laissa le papier sur la table sans y jeter les yeux, et répondit :

— Monsieur, je ne puis rien faire sans consulter ma famille, ni discuter ces douloureux détails avec un étranger.

— Rien ne presse, monsieur. Vous avez vingt-quatre heures pour vous décider... Oh ! nous ne mettons pas le couteau sur la gorge de nos clients. Je vous demande seulement la préférence... Et vous serez si satisfait que pour vous même...

— Mon intendant vous fera connaître mes intentions.

— De la part d'une personne telle que vous, elles ne peuvent être que conformes à mes propositions... Monsieur, j'ai bien l'honneur de vous saluer.

Le vieillard serra son mouchoir de poche définitivement, et se retira d'un pas léger.

Demeuré seul, Herman retomba bientôt dans ses profondes pensées. Il s'y fût sans doute oublié longtemps, si un nouvel incident n'était venu l'en arracher.

La porte de sa chambre se rouvrit, et il aperçut deux personnes inconnues qui se pressaient l'une contre l'autre pour entrer.

L'un de ces individus, vêtu de noir, portait une serviette pendue à son bras, et à ses mains un plateau d'argent sur lequel était un bol fumant. Celui-ci s'avança humblement vers Rocheboise, posa le bol et la serviette sur la table; tandis que son compagnon, satisfait de s'être introduit, se tenait discrètement debout auprès de la porte.

— Monsieur, dit le premier en s'adressant à Rocheboise, c'est un consommé. Prenez-le, je vous en supplie. Voici deux nuits que vous n'avez reposé, et vous devez être exténué. Un bouillon se prend sans appétit, et cela soutient.

Herman était si étonné de l'action et des paroles de cet homme, qu'il le regardait sans rien trouver à répondre.

— Au nom de votre famille en larmes, prenez, prenez ce bouillon !

— Mais...

— Je comprends... Il vous semble singulier que ce soit moi... Voici l'explication : Comme j'entrais dans l'antichambre, un de vos gens apportait ce plateau. Il l'a posé sur une table ; je m'en suis vivement emparé, et l'ai apporté moi-même pour que vous fussiez plus tôt servi... mais ne laissez pas refroidir... nous avons le temps de causer de nos petites affaires.

— Quelles affaires, monsieur?

— Après le consommé!... vous en avez grand besoin... On dit que le chagrin nourrit... non pas, il épuise au contraire. Ah! monsieur, vous me comblez de joie! ajouta-t-il en voyant Herman boire quelques cuillerées. Maintenant deux doigts de ce bordeaux, et je n'exigerai plus rien.

— Puis-je savoir ce qui me procure l'honneur de votre visite? demanda Herman à l'officieux personnage.

— Monsieur, je suis marbrier-sculpteur, entrepreneur de monuments funèbres.

— Ah! dit le fils de Jeanne en détournant la tête.

— Ne vous gênez pas, monsieur; c'est tout simple... au premier mot, ça fait toujours cet effet-là... mais vous sentirez qu'il y a nécessité de s'occuper de ce sujet douloureux... et alors...

— Dans un autre moment, répond Herman avec humeur.

— Non, monsieur, tout de suite... vous vous en trouverez bien, croyez-moi; j'ai tant d'expérience!... Tenez, voici divers plans tracés par un architecte habile. Jetez-y les yeux seulement... les prix sont au bas avec des renvois...

— Toujours les prix! s'écrie Rocheboise.

— Il le faut bien, puisque tout le monde ne peut faire la même dépense... Voyez, monsieur, je vous en prie... voici du style grec... du style moyen âge... Voici ensuite ce que nous appelons monuments de fantaisie; ça n'a pas de caractère spécial; c'est pour répondre aux besoins des douleurs originales, singulières... Nous faisons beaucoup de fantaisies cette année...

— Abrégeons, monsieur, abrégeons.

— Je puis présenter à monsieur encore autre chose... c'est tout nouveau et extraordinairement demandé depuis quelque temps... ceci est oriental... on pourrait penser que ça va mal à des morts chrétiens... mais vous me direz que toutes les religions sont à peu près les mêmes... à cela je n'ai rien à répondre.

— Mais...

— Eh bien, monsieur, qu'en pensez-vous ? N'est-il pas vrai que le chagrin s'affaiblit à la vue de ces monuments qui vont servir de demeures à des êtres chéris?... Dans tous les cas, je vous proteste qu'il est dans nos habitudes de traiter les clients avec une probité qui ne nous a valu d'eux que des éloges... Oserai-je espérer que vous voudrez bien ?...

— Pas aujourd'hui, je vous l'ai dit ; je n'ai pas l'esprit assez libre.

— Eh bien, je repasserai demain.

— Non, monsieur.

— Après-demain... dans trois jours... tout ce dont je vous supplie, monsieur, est de ne point oublier que je me suis présenté le premier... et que j'ai peut-être droit à la préférence.

— Soyez tranquille, répond Herman d'un ton résigné... mais vous devez sentir que j'ai besoin d'être seul.

— Comment donc, monsieur, je serais désolé de vous importuner... voici ma carte : Babouchar, marbrier-sculpteur, boulevard Montparnasse... votre serviteur très-humble, monsieur.

Et il sortit.

Mais il sortit seul ; ce qui fit que Rocheboise interrogea du regard l'individu entré en même temps que le marbrier, paraissant d'après cela son associé, et qui cependant, au lieu de le suivre, demeurait toujours debout et silencieux près de la porte.

Celui-ci répondit en s'avançant à son tour vers le fils de l'air le plus humble. Il était grand, maigre, pâle, vêtu de noir, avec une énorme cravate blanche et un chapeau couvert de crêpe à la main.

Il prit la place de l'entrepreneur de monuments funèbres, et à une seconde interrogation muette de Rocheboise, répondit enfin :

— Hélas ! monsieur, nous vivons dans un siècle abominable.

Herman n'était qu'à moitié de cette opinion malgré sa récente douleur, mais il ne jugea pas à propos de contester, et laissa son interlocuteur compléter sa pensée.

— Vraiment pitoyable ! continua celui-ci ; la nature a perdu tous ses droits... Pour un cœur noble, tendre, généreux, nous en voyons des milliers d'une sécheresse désespérante... Ah! monsieur, permettez-moi de me féliciter en me trouvant en présence d'une de ces rares exceptions, en présence du fils le plus sensible, le plus respectueux, le plus...

— Monsieur, vous êtes bien bon... mais je ne devine point.

— Pardonnez-moi, monsieur, vous allez me comprendre; je ne m'exprime point ainsi par misanthropie, mais je suis simplement révolté contre l'humanité. Naturellement mélancolique, je me plais aux tristes spectacles, je contemple avec une étrange volupté les lugubres tableaux : un enterrement, par exemple, m'attire. C'est là où je me suis formé l'opinion dont j'avais l'honneur de vous faire part. Ah! monsieur, dites-moi, n'est-on pas frappé de l'insouciance, de la légèreté indécente peinte sur la figure de ceux qui accompagnent à leur dernière demeure une mère, une épouse, un parent, un ami?

— Cela peut être, monsieur... mais...

— Moi, et quelques autres hommes dévoués au bien de l'humanité, nous avons songé à sauver au moins les apparences dans ces occasions solennelles; et toujours de plus en plus révoltés de ce qui se passait sous nos yeux, nous avons formé une compagnie qui ne tend à rien moins qu'à réhabiliter le siècle avec garantie de tous les gens de bien.

— Que voulez-vous dire?

— Nous sommes *larmifuges*.

— Je ne comprends pas...

— Nous n'avons guère de mérite, au surplus, puisque par tempérament, ainsi que j'ai eu l'honneur de vous le dire, nous sommes portés à goûter le lugubre; mais enfin nos efforts, quelle qu'en soit la source, ont d'heureux résultats.

— Enfin, expliquez-vous.

— Je suis venu près de vous pour obtenir l'autorisation d'assister au service qui aura lieu en l'honneur de madame votre mère.

— Monsieur, c'est une démarche à laquelle je ne puis qu'être sensible, bien que..

— Tous les hommes sont frères devant la mort. Je suis bien loin de douter de vous, monsieur, de votre attitude respectueuse; je crois que la tristesse se lira sur toute votre personne. Mais, hélas! si vous n'êtes pas le seul, bien peu du moins parmi vos amis seront à votre niveau. Il y aura là, comme toujours, des visages gais, sereins... c'est terrible, monsieur, pour un fils. J'espère par ma contenance modifier à certain point cet effet fâcheux. Mais que peut un homme au milieu de cette foule d'indifférents! C'est pourquoi je viens solliciter pour mes amis la même faveur que pour moi.

— Votre demande peut paraître singulière; pourtant, en songeant que c'est un hommage rendu à la mémoire d'une personne qui m'était chère, je ne saurais refuser.

— Vous ne vous en repentirez point, monsieur... mes amis sont gens comme il faut, honnêtes, décents... et les figures les plus tristes!... toujours la larme à l'œil!... nous avons d'anciens employés, d'anciens militaires. J'ai même fait dernièrement la connaissance d'un baron de l'Empire... et qui pleure à déchirer l'âme!

— Mais... il semblerait que c'est un rôle, dit Herman stupéfait.

— Une vocation, monsieur, dites une vocation...

— Ainsi, ce serait des larmes payées?

— Ah! fi, monsieur, de l'argent... Un petit cadeau, à la bonne heure... encore si vous croyez devoir être reconnaissant... Seulement, pour épargner aux personnes à la douleur desquelles nous prenons part l'embarras de chercher ce qu'il convient d'offrir, nous sommes convenus de recevoir dix francs par homme.

— Vous êtes fou, monsieur! s'écria Herman.

— La douleur a ses priviléges! je vous pardonne cette expression au sujet d'un usage très-respectable, et qui a été connu de l'*antiquité*... Vous savez qu'à Rome des pleureurs salariés...

— Eh! monsieur, laissez-moi tranquille.

— Voudriez-vous donc que d'honnêtes gens se dérangeassent pour rien?

— Qui les en prie?

— Moi, si vous m'y autorisez, reprit-il en élevant la voix. Et vous en reconnaîtrez la nécessité. Vous ne voudrez pas que l'enterrement de madame votre mère ressemble à un défilé de carnaval!...

— Monsieur, je vous prie de vous retirer à l'instant.

— Oh! dit l'homme en se levant, aurais-je été trompé par de faux rapports? Ne seriez-vous pas le meilleur, le plus tendre des fils?...

— Je me soucie fort peu de votre opinion.

— Voyons... huit francs par homme... je ne peux pas à moins... Que diable, songez-y donc! Tous habit noir... drap d'Elbeuf... quelques-uns des cheveux blancs. Et tenez, parce que c'est vous, je vous mets deux ou trois décorés.

Rocheboise, à bout de patience, tire le cordon d'une sonnette, et dit au domestique qui paraît à la porte :

— Reconduisez monsieur.

— Vous êtes un fils dénaturé! s'écrie le grand maigre en étendant le bras vers Herman dans sa sortie théâtrale. Ça va faire un enterrement bien propre!... Quel siècle! quel siècle!

Herman cette fois donna des ordres tels que d'autres mendiants lugubres ne purent parvenir jusqu'à lui, et qu'il passa le reste de la journée, comme il en sentait le besoin, dans la solitude et le recueillement.

II

LE CONVOI DE JEANNE

Le lendemain matin, la grande porte de l'hôtel était tendue de draperies noires galonnées d'argent. Un drap mortuaire semblable couvrait un cercueil placé sur une estrade et se déroulait jusqu'à terre, des cierges brûlant de chaque côté répandaient sous la voûte des tentures une lumière jaune et vacillante.

Déjà le corbillard et les voitures de deuil stationnent à quelques pas; les employés des pompes funèbres attendent patiemment dans les cafés voisins. Un cercle nombreux s'est formé devant l'hôtel et remplit la largeur de la rue.

Il est composé de tous les gens avides de recueillir les spectacles quelconques épars sur le pavé de Paris, et de pauvres honteux qui pourront saisir l'occasion de tendre furtivement la main.

Mais ce qui abonde surtout, ce sont les mendiants de profession accourus à la première nouvelle d'un enterrement. Les mendiants, comme ces lourds et sombres papillons de nuit aux ailes traînantes, viennent tourner autour de toute lumière qui brille, aux flambeaux de mariage comme aux torches mortuaires.

Ils sont ici pour attendre la *donne*, c'est-à-dire l'aumône qu'on fait au nom des morts. Aussi leur attention se porte sur les préparatifs du convoi, dont ils examinent avec soin tous les détails, car le plus ou moins de largesse qui s'y trouve déployée sert d'indice sur la valeur de l'aumône dont ils seront eux-mêmes gratifiés.

Peu à peu ils s'avancent adroitement et viennent se ranger jusque sous les tentures du portail, où ils se trouveront les premiers sur les pas des parents et amis de la défunte à leur sortie de la maison de deuil.

De là, ils observent ce qui se passe à l'intérieur et au dehors et se font part de leurs réflexions.

— Voilà le monde qui arrive de tous côtés... on va bientôt enlever.

— Dame, ça en a l'air.

— En arrière donc, Jupiter... tu marches toujours sur les pieds des autres.

— En arrière, répète le nègre, oui, c'est cela... Et puis vous prendre tout... et puis, vous dire ensuite au pauvre Jupiter : Dieu t'assiste, mon garçon.

— Cet être-là est-il méfiant !

— Voyons, moricaud, dit en se posant en médiateur un vieux mendiant qui n'est autre que Corbillard, d'où viennent tes soupçons ? Est-ce que la dernière fois nous n'avons pas loyalement partagé ?

— Pardine... répond-il, la dernière fois Jupiter avait l'argent du jeune monsieur, et c'est Jupiter qui a fait le partage... pardine !

— De sorte que tu es le seul honnête et que nous sommes tous de la canaille... Songes-y, Jupiter, ajoute le philosophe, l'homme est le miroir de l'homme ; sois bienveillant, bon camarade avec nous, et tu nous trouveras de même... En attendant, cache ta peau noire, qui nous ferait un tort immense si le maître de cette maison venait à te reconnaître.

— S'il ne veut pas s'écarter, tiens ! il faut le pousser, conseille Gaudois.

— Non, pas de bruit, mes amours, reprend Corbillard ; il est inutile de surexciter l'attention des sergents de ville... Notre ami de la Cafrerie va entendre raison, vu qu'il y va de son intérêt comme du nôtre... Là, vous le voyez bien, douceur fait mieux que violence. Jupiter, je te rends mon estime.

— Ta vertu sera récompensée, dit un autre mendiant.

— Sois-en sûr, mon fils, ajoute Corbillard. Tiens, regarde cette pauvre Jeanne, elle en a vu de dures, celle-là. Eh bien, toujours patiente, résignée, bonne envers tous. Aussi elle a souffert toute sa vie comme une damnée ; mais aujourd'hui, la voilà enterrée comme une reine.

— Moi, me fiche bien d'être enterré.

— Le délire t'égare, mon garçon, car il faut toujours en venir là, et un bel enterrement n'est pas à dédaigner : la plume refait l'oiseau. Mais pour en revenir à notre pauvre Jeanne, qui aurait dit, bon Dieu, quand elle demandait avec nous aux portes des maisons de deuil, que nous viendrions un jour à la sienne?

— C'est vrai, dit la Bibette, je crois encore la voir à côté de moi.

— Et elle est là, dans cette belle chapelle!... c'est elle qui va faire la *donne* à son tour...

— Et généreusement encore!

— Vous croyez donc que ça marchera bien?

— Mais un convoi de deuxième classe, dit Jean-Marie, il y a ordinairement la pièce blanche.

— Quand nous aurions chacun vingt sous, ce ne sera pas lourd.

— Après avoir croqué le marmot deux heures.

— Si on faisait *une feinte?* propose Eustache.

— Hum!... ça vieillit, ça s'use, répond Corbillard, et à présent les gens y regardent... Vous verrez qu'il faudra se faire écraser tout à fait pour en retirer quelque profit.

— Avec tout ça, il y en a qui ont reçu jusqu'à six cents francs de rentes viagères!

— Oui... mais supposez qu'au lieu de porter un milord, la voiture eût roulé un procureur ou autre chose, nos gens ne retireraient pas deux sous de leur bras ou de leur jambe; le *dommages-intérêts* se serait fondu en chicane.

— Et puis, fait observer la Bibette, la feinte est bonne avec les voitures qui brûlent le pavé... Mais les chevaux de pompes funèbres...

— C'est juste, et mon avis est qu'on se borne à la quête, dit Jean-Marie.

— Modération dans les désirs, enfants; c'est le *peu* qui sert et non le *beaucoup*, ajoute Corbillard.

— D'ailleurs nous n'avons pas longtemps à attendre... Les employés des pompes sortent de l'estaminet.

— Il n'y a qu'à leur parler... Les croque-morts, ce n'est pas des princes russes.

— Monsieur, dit Corbillard en s'approchant de l'un des agents qui traversait en effet la rue, auriez-vous la bonté de me dire si la cérémonie va bientôt commencer?

— Que le tonnerre écrase la cérémonie, dit à part lui l'homme noir; si on s'était un peu plus dépêché, je n'en serais pas pour mes trois pièces de cent sous et deux heures de frais!...

— Monsieur, j'avais l'honneur de vous demander...

— Crénom! poursuivit l'employé des pompes... Et dire que sans ce dernier carambolage, je mettais les frais sur le dos de Planchut!

Et le croque-mort s'éloigna.

— Monsieur, reprend Corbillard, nullement découragé, et s'adressant au second employé qui sort du café, voulez vous avoir l'obligeance de me dire si on va bientôt enlever?

— Cinq parties liées! murmure celui-ci en se frottant les mains de joie. Toujours vingt-deux à vingt-deux! et enfoncé le père Nicois... Bath! la journée lui paiera cela, il y a toujours le pour-boire malgré l'ordonnance de police...

Et là-dessus il passe son chemin.

— Ça y est, reprend Corbillard en retournant vers les camarades. Ils n'ont rien dit, mais puisque ces joueurs-là quittent le billard, c'est que le temps presse. En garde, les amis!

« Jupiter, au nom de l'Olympe! cache ta personne, dit le vieux philosophe. Tiens, mets-toi derrière mes béquilles... Nous autres, éparpillons-nous... et des figures de Madeleine, s'il vous plaît... surtout, varions les tons; rien n'embête le bourgeois comme d'entendre geindre et larmoyer sur la même note. »

C'est, en effet, le moment de se montrer. Les cochers sont sur leurs siéges, le char funèbre est amené devant la grande porte, le cercueil, enlevé par les hommes en uniforme de la mort, est posé sur le corbillard. Rocheboise et le petit nombre de personnes qui assistent au convoi de la pauvre Jeanne sortent par la porte réservée, attendant que le cortége ait commencé sa marche pour entrer dans les voitures de deuil. C'est en cet instant que les mendiants envoient au fils de la défunte une prière collective qui leur attire, de sa part, d'abondantes aumônes.

Une demi-heure plus tard, les restes de Jeanne pénétraient dans le cimetière Montparnasse. Ceux qui leur rendaient un dernier hommage descendirent de voiture et les suivirent à travers les allées du champ funèbre. Après avoir parcouru dans toute sa longueur ce jardin des morts, que l'automne, avec ses teintes jaunes, ses arbres diaphanes, ses plantes penchées, son atmosphère vaporeuse, revêtait en ce moment de l'aspect qui lui était propre, on arriva devant une fosse creusée, dont le terrain était acquis à perpétuité pour les dépouilles de Jeanne. Là, les fossoyeurs remplirent le dernier office, le prêtre qui avait suivi le convoi prononça quelques paroles saintes sur le corps, puis le cercueil disparut dans les profondeurs de la terre, et Jeanne ne fut plus qu'un peu de poussière pour l'éternité.

Les personnes qui composaient le cortége se dispersèrent bientôt; Herman, le cœur serré et les yeux pleins de larmes, avait besoin de demeurer seul sur cette place pour pleurer en liberté.

Après être resté quelques instants plongé dans une douleur bien profonde et bien sincère, car elle se portait sur l'existence entière de la pauvre Jeanne autant que sur sa perte subite, Herman remonta lentement l'allée qui conduisait à la porte du cimetière.

Lorsqu'il n'avait fait encore que quelques pas, et se trouvait à l'endroit où le sentier coupait un massif de cyprès, il vit déboucher du taillis qui était à sa droite un homme qui regarda d'abord de tous côtés avec une attention rapide, puis s'approcha humblement.

— Not' bourgeois, dit cet homme encore vêtu de son uniforme noir, c'est vrai que monsieur le préfet de police défend les pour-boire, et je suis dans mon tort... mais j'ai ma femme et cinq enfants à nourrir... et deux autres petits en nourrice... qui meurent de faim, les pauvres innocents... Oh ! merci, not' bourgeois, merci bien ! vous êtes un digne homme... et bien respectable !...

L'employé des pompes funèbres s'éloigna en faisant sonner les deux pièces de cinq francs qu'Herman venait de lui donner, et en disant tout bas :

— A la bonne heure ! voilà au moins de quoi payer une partie des frais de billard.

Du taillis qui se trouvait à gauche sortit à l'instant un autre individu, avançant en tapinois comme le premier.

Rocheboise n'avait pas encore eu le temps de remettre sa bourse dans le gousset, que cet homme en veste et portant une bêche sur l'épaule lui tendait la main en prononçant ce discours :

— Mon bon monsieur, je suis fossoyeur, pour vous servir... Nous sommes tous fossoyeurs dans la famille... enfants du cimetière... C'est moi qui viens de descendre madame votre mère... et j'y ai mis tous mes soins, je puis le dire... du reste comme je fais toujours... car je ne suis pas d'aujourd'hui... il y a longtemps que je travaille par ici...

« La bonne moitié des morts qui reposent sous cette terre peuvent bien dire qu'ils y ont été placés par mes soins... Si mes services vous semblent mériter quelque reconnaissance, un petit pour-boire, mon bon monsieur... et que Dieu vous en donne autant. »

Herman tira deux nouvelles pièces de cinq francs de sa bourse; et après avoir ainsi donné à droite et à gauche, il pensait être quitte des demandes, lorsqu'un gros homme blond, joufflu, rouge comme la pivoine qu'il portait sous le bras, dans un pot de terre, lui barra sans façon le chemin.

Il commença par rire jovialement à Rocheboise, et continua ainsi :

— Si monsieur a besoin d'un jardinier, je lui demande sa pratique... Monsieur veut sûrement faire cultiver son terrain... Je fais des petits jardins jolis comme des amours, des fleurs soignées qu'on se mire dedans. Et pour vingt francs par an... c'est pas cher... Il en coûterait dix fois plus d'apporter les fleurs soi-même et on en a le même agrément... Quand vous viendrez au cimetière, vous serez content, monsieur, je vous assure.

— Il suffit, mon cher... nous verrons cela plus tard.

Rocheboise voulait s'éloigner, mais le pot de pivoine, allant et venant devant lui, lui fermait toujours le passage.

— J'entretiens chaque tombe au gré de la personne, continuait le jardinier avec volubilité, chacun a sa fleur favorite... les dames surtout ont beaucoup de fleurs favorites... vous me direz celle que madame votre mère aimait le mieux, œillet, giroflée, pied d'allouette... je m'en souviendrai... il y en aura aux quatre coins du jardin... c'est ainsi que les morts sont honorés, monsieur, par de pieux souvenirs... Et quand le soir j'arrose le gazon, c'est encore comme des pleurs qui viennent couler sur leur tombe.

Herman n'entendait plus le jardinier, car il venait, par un brusque mouvement, de se dérober à ses poursuites, et dans l'impatience qui le possédait, marchait d'un pas plus rapide.

Il ne s'apercevait pas que depuis un instant un petit garçon, tenant embroché à son bras une quantité de couronnes d'immortelles, le suivait en répétant avec le ton d'un marchand consommé :

— Monsieur!... monsieur!... des couronnes d'immortelles... vous ne trouverez pas mieux chez les fabricants et vous paierez plus cher... Je les donne pour trois francs la douzaine... et la treizième par-dessus le marché... Voyons, monsieur, vous arrangerai-je?... c'est solide et soigné... vous reviendrez dans un an, vous les trouverez fraiches comme aujourd'hui. Allons, monsieur, donnez-moi la préférence...

Le petit marchand était Pierrot, qui avait entrepris cette nouvelle branche de commerce. Voyant que le fils de Jeanne ne l'écoutait pas, l'ancien camarade de la vieille mendiante tourna bride, et alla droit à la tombe.

— C'est égal, pensa-t-il, il ne sera pas dit que la pauvre Jeanne se passera de couronne, je vas lui en donner une pour rien, moi.

Il choisit un des cerceaux garnis d'immortelles... puis, voyant ce terrain fraîchement remué, un souvenir de Jeanne le prit au cœur, ses yeux devinrent humides; en déposant son offrande, il se laissa doucement tomber à genoux, joignit les mains et murmur aune prière pour Jeanne.

Le sentier tournait, et Rocheboise, qui était revenu à quelques pas de la tombe de sa mère, voulut y jeter un dernier regard. En voyant dans l'endroit maintenant solitaire ce bel enfant à genoux et regardant la fosse avec ses grands yeux humides de larmes, il fut étonné, ému... En quelques pas il franchit le gazon et se trouva près de la tombe.

Il vit alors les immortelles, premier ornement tombé sur cette terre nue.

— C'est toi, mon enfant, demanda-t-il, qui a posé là cette couronne?

— Mais oui, dit Pierrot en se relevant; vous ne m'entendiez seulement pas quand je vous offrais d'acheter des couronnes pour Jeanne... Je lui en ai donné une : pauvre chère Jeanne, je pouvais bien faire ça pour elle...

Herman fut touché de si peu de chose, touché jusqu'au fond de l'âme! Depuis deux jours, tout ce qui l'approchait ne songeait qu'à se repaître de son malheur, à tirer avidement profit de la mort : cet enfant seul avait pensé à donner à la morte un regret, une couronne...

— Merci mon petit garçon, dit-il en tendant à Pierrot

une pièce de vingt francs. Prends cela... et c'est encore moi qui reste ton obligé.

Pierrot demeura muet de stupéfaction en recevant cet or. Pourtant ce ne fut pas la cupidité satisfaite qui se peignit dans ses yeux brillants et limpides, mais une franche et vive reconnaissance.

Rocheboise, un peu soulagé par ce léger incident, sortit enfin du cimetière.

III

RETOUR AU BAS-MEUDON

Herman, après la mort de sa mère, éprouva le désir de revoir les lieux où Jeanne s'était fait chevrière pour l'amour de son fils, pour le seul bonheur de l'apercevoir de loin quelques instants : c'était pour lui un besoin de cœur à satisfaire et un hommage à rendre à la mémoire de sa mère.

Une après-midi, il partit sans prévenir madame de Rocheboise ; il ne voulait confier à personne le but de son voyage ; comme tous ceux qui sentent vivement, il craignait de répandre ses sentiments au dehors ; il avait besoin d'être seul pour aimer et rêver en paix.

Aux approches du village, il descendit de voiture, renvoya ses gens à Paris sans donner d'ordre pour son retour, et suivit à pied les bords de la Seine.

C'était un dimanche soir, et le petit hameau, au lieu d'être plus animé ce jour-là, se trouvait presque entièrement désert. La fête d'un village voisin avait attiré les habitants du Bas-Meudon au dehors ; les maisons étaient fermées, et Herman, à sa grande satisfaction, cheminait sans rencontrer personne sur sa route.

On était aux derniers jours d'automne, mais le bord de l'eau, entretenu dans sa fraîcheur par un air chargé de rosée, était encore verdoyant. Le gazon, le feuillage, diaprés de nuances chaudes et pourprées, déployaient sur la colline des zônes dorées qui semblaient avoir gardé les rayons de l'été.

Herman remarqua d'assez loin un emplacement de terrain qui, seul au milieu de ce paysage animé, paraissait frappé par l'hiver. En approchant de cet endroit, séparé seulement par une claire-voie du sentier à mi-côte qu'il suivait, il reconnut dans cette terre aride la place d'un jardin, qui conservait des traces de sa première destination, mais devait être depuis longtemps abandonné.

Pas une plante n'avait survécu à la privation d'eau et de culture; on ne voyait plus que ces tristes ronces qui sont le deuil de la terre; des instruments aratoires, jetés au hasard, étaient, par suite du temps, à demi incrustés dans le sol.

Herman allait dépasser cette partie du rivage, quand il vit un vieillard dont la figure sombre se détachait sur cette nappe de terre jaune et nue.

Cet homme, misérablement vêtu, était assis sur une pierre dans son jardin, où il ne restait plus un rameau d'arbre pour l'abriter. Il se tenait immobile, la tête baissée; ses longs cheveux blancs cachaient à demi son visage, mais on voyait ses regards décrire un cercle continuel autour de lui, comme lorsque nous contemplons dans une morne douleur le vide que fait autour de nous la perte des êtres aimés.

C'était là, Herman ne pouvait en douter, le vieux jardinier Augeville, dont la raison s'était égarée à la suite de ses malheurs, et qui, après avoir été quelque temps éloigné de son village, était revenu guidé par le seul instinct du cœur à la place où ses enfants avaient autrefois vécu près de lui.

Une cruche de vin et un pain posés par terre, dans un endroit où la claire-voie était rompue, annonçait que maintenant Augeville vivait de la charité des pauvres paysans.

Herman fut saisi d'un frisson douloureux à cette vue... Ainsi, dès son entrée dans le village, un souvenir visible des maux qu'il avait causés venait l'assaillir.

Son premier mouvement le poussa à s'approcher du vieillard pour lui offrir des secours, des consolations... mais il se rejeta vivement en arrière de la balustrade et pressa le pas pour se soustraire à une triste perspective.

— Que pourrais-je offrir à cet homme? disait-il en marchant, quelques ressources pour vivre? mais la vie est un malheur pour lui!... Ce serait la raison, ce serait l'existence de ses enfants qu'il faudrait lui rendre... Oh! nous avons bien plus de puissance pour le mal que pour le bien. Moi, qui ne suis ni méchant ni cruel, j'ai pu en un instant, sans qu'il m'en coûtât aucun effort, perdre l'existence de trois êtres innocents; et maintenant je ne puis, à quelque prix que ce soit, soulager celui qui reste sur la terre!

En songeant ainsi, il arriva dans sa maison de campagne.

Cette habitation, demeurée fermée pendant cinq ans, n'avait subi aucun changement. Herman revit cet intérieur tel qu'il l'avait quitté; seulement le temps et l'abandon y avaient imprimé un aspect plus sombre.

Il parcourait ce grand bâtiment, dont pendant le dernier séjour qu'il y avait fait la présence de jeunes hôtes, gais et bruyants, dérobait la tristessse. Maintenant ces vastes pièces étaient désertes, silencieuses; le style antique des décors y répandait le froid qui s'attache à tous les objets du passé; l'air humide et renfermé avait comme des exhalaisons mortuaires.

Chaque partie de cet intérieur rappelait à Herman les scènes étranges et funestes qui s'y étaient passées, et encore frappé du tableau que lui avait offert le jardin du père Augeville, ces souvenirs lui étaient plus pénibles. Il allait d'une pièce à l'autre, et retrouvait partout ces tristes images.

Dans la salle à manger, la table qu'on avait allongée pour un plus grand nombre de convives était encore dressée; les pipes, les fusils de chasse, les boîtes à poudre étaient suspendus aux panneaux. Herman croyait entendre encore les rires, les chants, le tumulte désordonné de ce souper où l'ivresse avait été si fatale!... Dans sa chambre à coucher, il revoyait la fenêtre d'où il avait aperçu la jeune Marie pour la première fois, et la place où, si peu de jours après, il avait appris qu'elle n'était plus; puis le lit de douleur où il avait ensuite passé tant de nuits de fièvre et de délire à voir errer autour de lui les fantômes des morts... Au salon, la pendule sonnait encore de ce même timbre qui se faisait entendre quand Herman et ses compagnons de folie attendaient le dénouement d'une facétieuse et horrible aventure... la porte, ballottée par le vent, semblait prête à s'ouvrir pour laisser voir l'image menaçante de Pierre Augeville enlevant Marie... Pour la chambre à alcôve, Herman n'eut pas le courage d'y pénétrer.

La maison, fermée depuis cinq ans, n'avait laissé sortir aucun des tristes souvenirs, et Herman, après un long temps d'oubli, en était saisi, enveloppé de tous côtés.

Pour fuir cette habitation dont il n'avait pas cru trouver

le séjour si pénible, et surtout pour accomplir le but de son excursion, il descendit sur le rivage.

Un concierge et son fils avaient gardé la maison pendant la vente qu'elle avait subie et le temps où elle était restée inhabitée. Avant de sortir, M. de Rocheboise ordonna à ces gens de préparer son dîner et de faire du feu pour l'heure où il rentrerait, la soirée d'octobre étant devenue tout à coup froide et brumeuse; puis il alla errer dans la campagne.

Là, sa pensée et son cœur furent tout à sa mère.

Il croyait voir sur chaque sentier la trace des pas qu'y avait frayés l'humble et sublime chevrière. Il cherchait surtout les endroits d'où on découvrait le mieux les croisées ou le perron du château; c'était là sans doute que Jeanne était le plus souvent venue s'asseoir... L'amour d'une mère, ce bonheur suprême, avait été alors si près d'Herman sans qu'il pût le goûter!... Oh! comme il regrettait qu'aucun accident fortuit ne lui eût fait découvrir la présence de Jeanne et le mystère dont elle devait rester entourée! Combien de fois, ne pouvant faire plus, il aurait du moins cherché à se montrer à sa mère, combien de fois il lui eût envoyé toute son âme dans un regard!

Les pensées sombres d'Herman s'étaient peu à peu dissipées devant ces impressions plus douces. Livré tout entier à l'extase avec laquelle il contemplait la figure de sa bonne mère, assise dans les circuits du pacage, il ne remarquait point les endroits de la grève qu'il parcourait, et ne s'apercevait même pas que la brume, abaissée, commençait à tomber en pluie fine.

Mais, dans sa marche errante, il se trouva soudain en face du groupe des trois grands saules, sous lesquels il avait vu Pierre Augeville descendre et disparaître dans les eaux... Le crépuscule régnait comme dans le moment où il avait eu cette vision; comme alors une pluie serrée voilait à demi les objets; il crut se retrouver encore à cet instant sinistre. Immobile à vingt pas de ce point du rivage, il ne pouvait en détacher ses regards; il demeurait comme fasciné par ces saules qui s'élevaient sur la grande tombe des eaux.

Dans le moment où il était ainsi attaché à cette place, il vit distinctement un homme, jeune encore, rappelant de loin l'aspect que lui avait offert Pierre Augeville, venir à pas lents sur le bord de l'eau... s'arrêter un instant... puis disparaître sous les arbres.

Le sang d'Herman s'était glacé... Il ne voulut pas attendre davantage, et un effroi inexplicable, mais violent, lui rendant des forces, il s'arracha à son immobilité et retourna précipitamment au château.

Dès qu'il entra, le concierge empressé s'avança au-devant de lui.

— Voilà, monsieur, dit le vieux gardien. Je vais éclairer à monsieur... le feu est allumé là-haut.

— Pourquoi pas à la salle?

— Ah! c'est que la maison, depuis le temps, a bien subi quelques dégradations, et la plupart des cheminées fument à n'y pas tenir.

— Alors, vous avez fait du feu dans ma chambre? C'est bien, dit Herman en montant.

— Par ici, dit le concierge en tenant sa lumière sur le palier et en tournant une clef dans la serrure.

— Dans la chambre à alcôve! s'écria Herman en reculant d'un pas.

— Certes, monsieur... dans la chambre d'honneur... je ne me serais pas permis de placer monsieur autre part... Ah! le feu va bien, continua-t-il en entrant, ça assainira la chambre pour cette nuit.

— Comment, vous croyez que je vais coucher ici!... dans cette chambre!... dit Herman avec un vif mouvement d'impatience qui rendit le concierge stupéfait.

— Je l'ai dit à monsieur, répondit-il tout intimidé, les cheminées fument ailleurs... Après cela, si monsieur ne veut pas... si monsieur a des raisons pour ne pas coucher ici...

Ces mots firent réfléchir Rocheboise; il redoutait toujours l'examen d'autrui, et en ce moment surtout, il n'eût voulu pour rien au monde laisser pénétrer ses pensées. Il aima mieux encore supporter la répulsion que lui inspirait cette pièce maudite.

S'asseyant devant la cheminée de l'air le plus dégagé qu'il lui fut possible, il ordonna qu'on servît son dîner.

En ce moment, on sonna à la grille d'entrée, et une minute après, Pasqual entra. Il fut frappé de la pâleur et de l'abattement répandus sur les traits de son maître, lui demanda s'il était souffrant; et, après avoir reçu une réponse négative d'Herman, il s'acquitta de la commission qu'il venait remplir de la part de madame de Rocheboise.

Valentine, ayant appris par le retour des domestiques que son mari était au Bas-Meudon, lui faisait dire que le comte de Rocheboise arrivait le lendemain, d'après ce qu'annonçait une lettre de lui reçue dans la soirée; elle demandait à Herman de revenir le plus promptement possible à Paris pour recevoir son père.

Son père! Herman sentit à ce nom un froid douloureux dans son cœur. Il n'avait jamais été lié par une sympathie bien vive à M. de Rocheboise; depuis les tristes confidences de Jeanne, il ne pouvait plus avoir pour lui que le respect et la considération qui s'attachent au titre de père. C'était là, d'autre part, une raison de plus pour ne pas manquer à des devoirs envers lui. Il fit répondre à Valentine qu'il serait à Paris le lendemain dans la matinée.

Pasqual repartit à l'instant.

Dès que le dîner fut servi, Herman renvoya le concierge et son fils, en leur disant qu'il ne croyait pas avoir besoin de leurs services et les dispensait de remonter chez lui. Il ne voulait pas être observé par ses gens, projetant de passer une partie de la nuit levé dans cette chambre, où il ne pouvait pas espérer de reposer en paix.

Resté seul, il se leva, s'adossa à la cheminée et regarda cette vaste pièce d'un œil morne.

La pluie était devenue très-intense; le vent, dans ses longues rafales, jetait des flots d'ondée contre les vitres; et les fenêtres dégarnies de rideaux laissaient voir au dehors la nuit la plus noire.

Cette influence du temps, toujours puissante sur nous (car il semble que les nuages du ciel passent sur notre âme), agissait plus fortement sur Herman dans ses dispositions présentes et assombrissait davantage ses pensées.

Peu à peu, avec la faculté que possédait son imagination de revêtir les souvenirs de formes presque visibles, l'enceinte où il se trouvait se remplit de solennelles et tristes images.

A cette porte apparaissait encore la figure de l'homme indignement outragé, et dont les traits respiraient une ardeur de vengeance si puissante, qu'elle n'avait pas dû s'éteindre même dans la mort... Dans cette alcôve, une jeune fille innocente et pure avait reposé une minute, et pendant cette minute le fil fragile de son existence s'était brisé... Sous cette fenêtre, il semblait entendre encore les cris du misérable nègre, meurtri, brisé, qui n'avait fait qu'obéir à son maître, et dont cependant la voix gémissante annonçait déjà les souffrances de l'expiation.

Herman parcourt à pas lents l'étendue de cette chambre, très-vaste et sombre dans ses limites, où n'atteignait pas la lueur des deux flambeaux posés sur la cheminée.

En passant devant l'alcôve fermée, il crut voir les rideaux de damas jaune s'empreindre d'une faible ondulation. En dépit de sa raison, un frémissement douloureux parcourut ses veines. Il s'arrêta et regarda longtemps du côté de cet enfoncement invisible... Il eût donné tout au monde pour que ces rideaux fussent ouverts, et il n'avait pas la force d'aller les rejeter de côté... Le mouvement de l'étoffe se renouvela encore une fois.

— Ces fenêtres ferment mal, et le vent agite les rideaux, dit tout haut Herman en voulant se cacher à lui-même une terreur puérile dont il était profondément humilié.

En disant cela, il s'approcha des croisées et en assujettit la fermeture; mais il fut forcé de s'avouer que l'air ne pénétrait point par leurs joints... Alors un serrement de cœur mortel le saisit, car il devenait certain qu'une impulsion intérieure agitait les rideaux.

Herman, dans cette situation inexprimable, reste appuyé contre le chambranle de la croisée qui est en face de l'alcôve, tantôt cherchant à distraire ses regards en les portant au dehors, tantôt les ramenant sur les lambris de cette chambre sinistre.

D'un côté, il n'y a que cette nuit profonde, dans laquelle flottent en masses plus sombres les grandes cimes d'arbres, dont les mouvements agités peignent le désordre et la souffrance; de l'autre, ces longs plis de damas dont les oscillations deviennent plus sensibles à chaque minute, si bien qu'Herman ne serait pas étonné en ce moment de voir Marie, expirante sur ce lit, en soulever les rideaux pour lui montrer son agonie.

Et sa terreur augmente au point de le briser.

Oh! combien il voudrait se trouver tout à coup en face d'un danger réel, être immobile devant le bout d'un pistolet ou suspendu par le plus faible soutien au-dessus d'un abîme, afin de braver la mort avec calme, et de se relever à ses yeux.

Mais en ce moment toute sa raison est impuissante à repousser son effroi; il ne peut commander aux battements de son cœur, aux frémissements de tout son être de se taire!

Bientôt il lui semble entendre un faible murmure de voix humaine dans l'alcôve... Il voudrait écouter attentivement, distinguer les sons... Mais le vent gronde avec violence; il vient en mugissant du fond du rivage, lance la pluie dont il est chargé contre les vitraux, et rend un autre bruit plus haut qui ne laisse rien distinguer dans l'intérieur.

Cet enfoncement sombre, dont le secret glace Herman d'effroi, est si près!... Et cependant il ne peut y pénétrer, parce que la barrière de la terreur l'en sépare!... Il reste à sa place, pâle, tremblant, le front mouillé de sueur froide, et s'appnyant dans l'embrasure de la fenêtre pour ne pas défaillir.

Mais il vient un instant où le son de la voix qu'il a entendu dans l'alcôve est si distinct, qu'il ne doit plus douter du témoignage de ses sens.... Alors sa situation devient insupportable... Ne pouvant endurer cette souffrance passive, honteuse et dévorante, il trouve des forces dans l'excès de son épouvante : il s'élance vers l'alcôve et en tire le rideau avec violence.

Une femme... une jeune fille est étendue sur le lit... Herman fait quelques pas en arrière, et tombe à demi évanoui dans un fauteuil.

Au même instant, dans cette enceinte morne, lugubre, résonne le plus frais, le plus sonore éclat de rire... Et c'est Robinette qui, d'un bond léger, saute du lit et s'élance sur les genoux d'Herman.

Ce radieux visage de jeune fille penché sur le sien ranime Herman et chasse le froid mortel répandu autour de lui avec une promptitude qui tient du prodige! Cest le plus chaud et le plus brillant rayon de soleil passant entre les nuages et venant embrasser toute une terre glacée.

Les sources de la vie rejaillissent avec force dans le sein du jeune homme, son rang réchauffé afflue à son cœur, qui se dilate et palpite doucement dans un soulagement indicible.

— Oui, oui, c'est moi! dit Robinette en battant des mains. N'est-ce pas que tu es joliment surpris de me voir là?

Puis, comme à sa sortie de l'alcôve elle a trouvé Herman pâle et défaillant, elle pense qu'elle lui a fait une grande peur. A son âge, il faut si peu de chose pour allumer une gaîté folle, qu'à la pensée de la terreur qu'elle a causée, ses rires redoublent et deviennent inextinguibles. Dans cet accès de jubilation, les roses de son teint s'épanouissent, des larmes de rire perlent dans ses beaux yeux.

Herman a passé de l'excès de l'abattement à une ardente surexcitation d'existence; toutes les effrayantes chimères, tous les pâles fantômes de cette enceinte sinistre se sont évanouis, il ressaisit la réalité de la vie et sous sa forme la plus séduisante, sous l'aspect de la jeunesse, de la beauté, étincelante de pleurs de joie !... Etourdi, égaré, la tête perdue, il retient la jolie courtisane entre ses bras, reçoit les baisers de ses lèvres rouges et embaumées, la serre sur son cœur pour le réchauffer encore, pour le préserver à jamais de ces affreuses atteintes de la mort.

— C'est toi, ma folle enfant! dit-il enfin; certes, je suis étonné...

— Il ne s'agit pas seulement d'être étonné, monsieur, il faut encore être enchanté, très-enchanté de me voir.

Robinette, en disant cela, se dégage de ses bras et se pose avec coquetterie devant lui.

— Mais comment êtes-vous ici? demande Herman.

— Ce n'est pas difficile... je savais qu'on dînait aujourd'hui à la campagne. Je ne savais pas si c'était ici ou chez les messieurs de Sabran; mais c'est égal, j'ai dit j'en suis, et me voilà

— Ma chère amie, je ne comprends pas un mot.

— Mais si fait, reprend Robinette. Eugène de Sabran est monté cette après-midi chez moi, et m'a dit : je vais passer la soirée à la campagne, chez mon frère... Il fait très-beau. C'est vrai, il faisait beau dans ce moment-là... vers quatre heures... Et il a ajouté : Je voulais emmener Herman avec moi ; j'ai justement rencontré son cocher qui venait de le conduire au Bas-Meudon, à deux pas *des Moulineaux*... Nous le retrouverons là-bas, et nous dînerons ensemble chez lui ou chez mon frère, qui a reçu des faisans dorés de ses terres. Je vais avec vous, ai-je dit tout de suite; Eugène, prenez-moi dans votre voiture. Le temps de jeter un mantelet sur mon dos, et nous voilà partis.

— Partie, bien, mais non pas arrivée, non pas cachée dans cette alcôve.

— Ah! voilà où est la surprise. J'ai dit à Eugène de me conduire à votre porte, et que tandis qu'il irait *aux Moulineaux*, je vous instruirais du dîner projeté. La porte de cette maison était ouverte... N'importe, je sonne un coup, deux coups, personne ne vient... J'apercevais bien au rez-de-chaussée deux espèces de domestiques, mais si lents, si lourds! Il y en aurait eu pour une heure avant qu'ils vinssent me répondre... J'ai vu de la lumière au haut de l'escalier... elle venait du feu allumé dans cette chambre; à tout hasard je suis monté... Le couvert était mis... mais personne encore au logis... Alors je me suis cachée dans cette alcôve pour rire quand vous reviendriez... c'est bien simple.

— Oh! oui, c'est bien simple, répéta Herman, en se parlant à lui-même. Il semble que la réalité prenne à tâche de se railler de moi, de se cacher sous de bizarres visions pur reparaître tout à coup sous le jour le plus positif et le plus naturel.

Robinette cependant s'était approchée de la table, attirée vers le dîner, déjà servi, par une force magnétique.

— Ah çà! il ne faut pas oublier que nous dînons avec les messieurs de Sabran, dit-elle en se coupant une tranche de pâté qu'elle arrosa d'un verre de vin, pour *se soutenir* en attendant.

On entendait le vent mugir dans la cheminée et des torrents de pluie venaient toujours battre contre les fenêtres.

— Comme ça tombe! reprit Robinette. Ah mais! ah mais! je ne veux pas sortir par ce temps-là, moi! c'est bien plutôt à ces messieurs à se déranger. On dînera ici, n'est-ce pas, Herman?

Et sans attendre la réponse, elle sonna.

Le vieux gardien et son fils montèrent en toute hâte. A l'aspect d'une jeune dame inconnue, et entrée sans leur participation, ils eurent un accès de stupeur qui redoubla la pesanteur et la niaiserie habituelles de leur physionomie, et donna de nouveau à rire à Robinette.

— Sont-ils ébouriffés de me voir! dit-elle. Eh bien, oui, là... c'est moi!...

— Qu'y a-t-il pour le service de madame? demanda le fils du concierge.

— Oui, écoutez... vous, le plus jeune, allez tout de suite chez M. de Sabran, aux Moulineaux, vous savez bien?... vous direz à ces messieurs qu'on dîne ici... Non, Eugène veut qu'on dise *souper* parce que c'est plus Régence... qu'on soupe ici... Et qu'Eugène fasse apporter toutes les provisions... surtout qu'il n'oublie pas les faisans dorés! il vaudrait mieux qu'il s'oubliât lui-même, entendez-vous?

Puis regardant autour d'elle :

— C'est laid ici, c'est très-laid, reprit-elle ; mais n'importe, c'est grand, on pourra y manger... Et puis, il sera amusant d'être servi par ces deux garçons-là... Allons, en route, et pas doucement.

La petite fille avait été si vive dans ses commandements, qu'Herman, encore étourdi des émotions de cette soirée, était demeuré incapable de l'interrompre, surtout n'ayant pas de raisons plausibles à opposer à ses désirs.

IV

UN NOUVEAU JOUR

Restée seule avec Herman, Robinette s'occupa de réparer devant la glace le désordre apporté par le vent dans ses cheveux. Elle lissa entre ses doigts de belles tresses noires et les arrondit autour de ses joues, dans le style de la reine Berthe.

— Herman, dit la jeune fille en donnant plus d'attention à sa coiffure qu'à ce qu'elle disait, qu'est-ce que vous aviez donc contre moi l'autre jour, en m'écrivant ce billet... vous savez bien?

Ces mots causèrent un vif tressaillement à Rocheboise ; il sembla se réveiller en sursaut. Il était tellement troublé, tellement hors de lui dans le moment où Robinette s'était tout à coup présentée à ses yeux, et ensuite il avait passé avec tant de rapidité des craintes les plus cruelles aux sensations les plus enivrantes, que le souvenir de son ressentiment contre la jeune fille, de la découverte qui l'avait causé, de la rupture qui devait le suivre, s'était entièrement effacé de son esprit. Un mot venait subitement le rappeler à sa situation, qui était aussi étrange que difficile.

— Eh bien! reprit la jeune fille en arrangeant toujours ses cheveux, eh bien! c'est pourquoi je suis venue ce soir. Je me suis dit : Il veut nous fâcher ensemble, je ne sais pas pourquoi, mais c'est stupide... Je vais aller le trouver... Il me regardera, et la paix sera bientôt faite... Là, voilà ce que je voulais.

Ces derniers mots s'appliquaient à sa coiffure maintenant terminée.

Herman sentit l'ardeur de la colère lui monter au front ; il fit un mouvement pour se lever ; il était prêt à dire à cette petite fille éprise de son valet de sortir de chez lui et d'aller se placer dans quelque antichambre, puisque c'était là qu'étaient ses amours. Mais il se contint, comprenant la nécessité de réfléchir d'abord à ce qu'il y avait à faire en cette circonstance.

Robinette ne s'était point aperçue de son trouble; toujours devant la glace, elle renouait le ruban qui soutenait autour de son cou un col de dentelle, et elle drapait son écharpe sur ses épaules.

Pendant cela, Herman réfléchissait que la pétulante et hardie courtisane n'accepterait pas une rupture sans éclat, sans résistance. Ce serait donc une discussion très-désagréable à engager. Il avait voulu, il voulait encore lui faire savoir par un ordre laconique qu'elle eût à se séparer de lui et à l'oublier; mais face à face avec elle, lui adresser des paroles dures, et en recevoir peut-être d'insolentes de sa part, était une lutte abaissante dont il ne pouvait supporter la pensée.

De plus, les jeunes gens de sa société allaient arriver : les rendre témoins de cette scène en redoublerait encore les dégoûts.

Enfin, l'apparition de la femme entretenue dans la maison de M. de Rocheboise devait à tout prix rester secrète; on pouvait bien acheter la discrétion des concierges, mais il ne fallait pas, par un éclat scandaleux, augmenter l'importance du fait, et rendre le silence plus difficile.

Le caractère d'Herman, d'une délicatesse fière et timide, penchait bien vite d'ailleurs vers la temporisation.

Mais, d'un autre côté, il était difficile pour Herman de savoir quelle contenance tenir en face de la jeune fille, après l'accueil chaleureux qu'il venait de lui faire, et dans les dispositions d'esprit où il était maintenant envers elle: la situation se compliquait d'une manière cruelle. Heureusement, la présence du concierge vint rompre le tête-à-tête et l'extrême embarras qu'il entraînait.

Le brave gardien avait réfléchi que puisque M. de Rocheboise avait du monde à souper, il fallait dresser une plus grande table, et il venait s'occuper de ce soin.

Dès lors, l'intérêt du souper absorba entièrement Robinette. Se fiant peu au concierge pour l'arrangement de la table, elle voulut y présider elle-même. Maîtresse de maison plus vive et gracieuse que légitime, elle se mit à explorer tous les coins du grand bâtiment, ouvrant partout les armoires, les offices, et butinant tout ce qui pouvait servir à l'édifice de son couvert; sans oublier les grandes pipes d'écume et leur provision de Havane, qui, dans les habitudes de Robinette, tenaient lieu de cassolettes de parfum.

Pendant ce temps-là, on entendit la voiture des messieurs de Sabran. Ils amenaient avec eux Hector de Sercy et quelques autres amis. Les convives montèrent, apportant les précieux comestibles, le bruit et la joie.

Herman, après ces diverses et poignantes émotions, avait repris assez d'empire sur lui-même pour faire bonne contenance.

Le feu ravivé, les lumières redoublées, la bande joyeuse prit place autour de la table, offrant des figures étincelantes d'une gaieté intérieure, comme le cristal des flacons que le vin ambré faisait reluire.

Il y avait de quoi chasser bien loin les fantômes, les affreuses chimères qui apparaissaient peu d'instants auparavant dans cette vaste enceinte.

Madame Hermance, ainsi que les amis d'Herman continuaient à nommer Robinette, était en beauté ce soir-là : c'était du moins l'impression qu'elle produisait sur le cercle des jeunes hommes. Mais la figure de cette ravissante enfant avait un tel prestige, que pour elle l'admiration se renouvelait sans cesse : ceux qui la connaissaient le plus s'étonnaient chaque jour de ses charmes, et en la revoyant, croyaient la contempler pour la première fois.

L'intempérie de la soirée redoublait au dehors ; on n'avait jamais si bien pu jouir de cette douceur vantée par des sages... par des sages un peu égoïstes, de se reposer au coin du feu en voyant la tempête fondre à l'horizon

— Voilà de singuliers plaisirs champêtres ! dit Hector . le soleil dans la cheminée, et la verdure représentée par quatre murailles.

— Aussi, dit Herman, venir à la campagne avec ce mau vais temps !...

— On ne pouvait pas s'y attendre, c'est le mauvais temps qui est venu avec nous.

— Moi, j'adore ça ! s'écria Robinette.

— Comment, le vent, la pluie ?

— Et le tonnerre, s'il y en avait !... Cela fait du moins quelque aventure arrivée en voyage. C'est insipide de trouver le soleil et la verdure comme on s'y attendait.

— Et puis, ajouta Eugène de Sabran placé près d'elle, les rayons du jour et les fleurs ne se mettent plus en rivalité avec les rayons de vos yeux et les roses de votre teint ; vous êtes seule à être aimée et admirée.

— Possible... dit-elle en répondant par un doux regard à la flatterie d'Eugène. Ensuite on s'enferme à l'abri, au coin du feu, et on est plus près de ses amis.

— Oui, c'est bon, reprit Hector, mais il ne faudrait pas y apporter les autans avec soi, et je suis encore tout inondé!

— Tiens, dit son voisin de table en lui versant du vin, voilà le cinquième élément qui va réparer les ravages des autres... aussi tu as parcouru tout le bois à cheval...

— Je me promène toujours avant dîner pour prendre appétit, je dîne largement pour mieux dormir, et je dors pour prendre force et courage à recommencer le lendemain.

— Voilà une existence bien remplie! mais je n'y vois pas le temps de tes amours, Hector.

— Oh! c'est que toutes les heures sont à eux. En courant à cheval, en buvant ou en dormant, on pense à ses amours.

— Quel homme passionné!

— La nature m'a fait pour cela, mes amis...

— Ah bath!

— En me donnant une figure assez laide.

— Vraiment, c'est comme cela?

— Sans doute, ignorants que vous êtes! les Apollons comme notre Herman séduisent tout de suite, et l'amour passe aussitôt; tandis que moi, mettant des siècles à plaire, j'en ai pour aussi longtemps à être amoureux.

— Sans compter les passions malheureuses qui durent toute la vie, et que tu dois éprouver quelquefois.

— Certainement... ce qui n'arriverait pas à *notre* ami Herman.

— Qui peut changer tant qu'il lui plaît et être toujours aimé, n'est-ce pas?

— Encore, s'écria Robinette, on accuse Herman d'être léger...

— Comme tous les enfants gâtés de la nature et des femmes, ma chère.

— Oh! moi je jugerais bien qu'il m'aimera toute la vie.

— Vous vous éveillerez un matin toute surprise de voir qu'il n'en est rien.

— Bah! j'entends toujours parler de l'inconstance des hommes, et je les vois tous fidèles comme des anges..... L'amour est plus fort qu'on ne croit.

— Certes, ce serait à vous qu'il appartiendrait de le persuader.

— Tenez, continua-t-elle en prenant un pan de son écharpe de point d'Angleterre et en l'étendant à deux mains devant les regards; l'amour, c'est précisément comme cette dentelle : ce mince réseau, tissu de broderies, a l'air d'un souffle, et cependant c'est plus fort que vous ne pensez.

— Vraiment!

— Vous allez voir...

Elle jeta en riant un pan de son écharpe sur l'épaule d'Herman et le noua solidement par le bout avec celui qui *était* resté passé autour d'elle.

— Eh bien, reprit elle en secouant le tissu pour en montrer la force, regardez : mon chevalier, enchaîné là-dedans, ne pourrait jamais se dégager.

— C'est bien... Buvons à cette espérance!

L'entretien et les libations continuèrent longtemps sur le même ton.

— C'est drôle, dit Robinette, vers la fin du souper, comme le vin m'endort ce soir... J'ai tant couru dans cette grande maison!... je suis bien lasse!... ah! comme le vin m'endort!...

Une minute après, elle pencha la tête sur l'épaule d'Herman et tomba dans le sommeil le plus paisible.

Le souper se prolongea encore au milieu des propos rapides, des rires, des éclats de voix qui n'éveillèrent pas la jeune fille; car Herman, qui buvait peu, et dont la gaieté n'était qu'empruntée, se tenait le bras appuyé sur la table, dans une attitude assez immobile pour ne pas troubler le repos de celle à qui son sein servait d'oreiller.

— Il faut pourtant réveiller notre belle Laïs, dit quelqu'un, comme le repas touchait décidément à sa fin.

— Non, laissez-la dormir, répondit-on.

— Elle est si jolie ainsi!

— C'est bien la rose entée sur l'églantine, la volupté éclose sur une tige d'innocence.

— D'ailleurs, soyez tranquilles, quand les bouchons de champagne partiront, elle s'éveillera bien d'elle-même... comme le soldat au bruit du canon.

Le son en est trop doux à son oreille pour qu'elle ne veuille pas y répondre.

— Chut!... il me semble entendre le bruit d'une voiture dans l'avenue, dit Herman en pâlissant légèrement.

— Non... tu te trompes... c'est le vent.

— Voyons, messieurs, au champagne, pour éveiller notre belle amie.

— A toi, Herman, de porter la première santé.

— Non, dit Hector, pas de santé banale, que chacun pense à ses amours et boive à leur succès.

— C'est juste, le vin, sans devenir amer à la bouche, en sera plus doux au cœur.

— Y sommes-nous?

— Certainement, reprit Herman, j'ai entendu sonner à la grille.

— A cette heure! y penses-tu? Mais quand ça serait un ami de plus, tant mieux. Voyons, tu écoutes toujours?

— Oui, mais je n'entends plus rien.

— Alors, messieurs, le verre à la main.

Robinette, franche et souriante, dormait sur l'épaule d'Herman, si beau lui-même à l'éclat des lumières et dans l'animation du moment : ils formaient, ainsi réunis, un tableau charmant. Les convives, armés de verres et de bouteilles, tournaient les yeux du côté d'Herman et de sa belle maîtresse pour épier le réveil de cette dernière, et la joyeuse détonnation qui devait l'amener allait se faire entendre.

Mais en ce moment la porte s'ouvre... On tourne la tête, on regarde... c'est madame de Rocheboise qui vient d'entrer.

Valentine fait quelques pas rapides en avant; mais éblouie de ces lumières, de ce monde qu'elle s'attendait si peu à rencontrer, elle s'arrête, pâlit, et s'appuie sur le dossier d'un siége.

Alors un seul regard, une seule minute suffisent pour lui apprendre que son bonheur est anéanti, qu'elle est pour toujours séparée d'Herman.

A la vue de madame de Rocheboise, les jeunes gens se sont levés, et ils restent encore immobiles dans un trouble pénible.

Herman aussi a voulu se lever de son siége... mais l'écharpe de Robinette le retient enlacé... Il tressaille en se sentant arrêté par ce puéril obstacle.

Cette entrave, si faible, est l'image cependant de son humiliant servage et des liens qui l'enchaînent à la beauté vulgaire... Elle donne à sa situation cruelle une nuance de ridicule qui l'accable, qui le tue... Pliant sous un coup que ses forces ne peuvent soutenir, il retombe appuyé sur la table et le visage caché dans ses mains.

La jeune fille, cependant, est éveillée par le silence même qui a succédé aux bruits du souper. Avant de comprendre ce qui se passe, elle sent une honte instinctive de sa situation. En un clin d'œil, elle dénoue le lien de dentelle et se glisse derrière le cercle des convives.

Tous ces mouvements ont été rapides comme la pensée.

Dans cet intervalle, cependant, Valentine, non moins fière et courageuse à cette heure qu'elle était naguère tendre et dévouée, a eu le temps de comprendre toute l'étendue de son malheur; elle a pu le juger et élever son âme au-dessus de lui.

Un froid extraodinaire qui l'a saisie répand sur son visage une pâleur profonde, son corps frissonne invisiblement; mais son regard est ferme et plein d'éclat, son attitude est digne et imposante.

— Je croyais, dit-elle, venir ici chez moi, dans une pure et respectable demeure; je suis tombée dans une maison d'orgie. Je comprends tout ce que ma présence a de fatal et de pénible pour tous.

Il est impossible à aucune des personnes présentes de trouver une parole, et tout le monde reste immobile.

Valentine, dont la voix a pu se raffermir pendant cet instant de silence, reprend alors :

—Il faut absolument que vous sachiez ceci, monsieur de Rochèboise : je ne suis point venue, guidée par quelques soupçons, épier le secret de votre voyage. L'homme de confiance que j'avais envoyé ce soir ici a cru vous voir souffrant et accablé; et lorsqu'il m'a fait part de cette inquiétude, je suis accourue près de vous... ; car ce soir... il y a quelques minutes encore, j'étais pour vous une amie... une femme idolâtre!...

Herman fait un mouvement, mais il n'a pas la force de répondre ; un morne silence règne encore.

C'est Valentine qui continue avec un calme et une fermeté sublimes dans sa situation :

— Vous avez voulu vous séparer de moi, monsieur de Rocheboise. Je ne dois pas me faire juge de vos sentiments; mais j'ai le droit de vous reprocher le mensonge, la fausseté qui ont présidé à votre conduite. Vous avez préféré une infidélité clandestine et vulgaire à une rupture loyale, qui brise l'amour en laissant du moins l'estime... Si je ne puis plus être trompée par vous, c'est au hasard que je *le* dois, et non point à votre confiance... Le moment de la séparation en est plus chargé de honte et de douleur... Un homme, dans la situation où je me trouve, a la re urce des armes ; en donnant ou recevant la mort, il sauve son honneur.

« C'est le même opprobe pour une femme de se voir dépouillée de l'amour qui lui était dû, abandonnée, répudiée pour une autre... mais son honneur, à elle, on n'y a pas songé ! il ne lui est pas possible de le laver dans le sang. En retour, cependant, il y a des larmes éternelles, silencieuses, qui purifient aussi parce qu'elles tuent. »

Toutes les puissantes facultés que Valentine possédait pour aimer avaient soudain passé dans un noble courage, dans une fière résignation.

Herman, d'abord atterré, la regardait alors avec une impression étrange, dans laquelle l'étonnement se mêlait à la souffrance poignante de la situation. L'œil fixe, l'attention peinte sur les traits, il croyait voir, entendre Valentine pour la première fois.

Elle était demeurée à l'entrée de la salle, et sa figure imposante, empreinte de majesté, ne se mêlait point au groupe formé dans le fond.

Placée ainsi sur la limite où la lumière des flambeaux allait se perdre dans l'ombre, son aspect avait quelque chose de vague et de solennel. Sa taille paraissait plus haute, son œil était plein de feu, son front blanc et pur, qui se relevait dignement, semblait rayonner la grandeur de ses sentiments, se peignait dans tout son être ; son attitude était calme, mais impérieuse et fière.

Il y avait un accent inspiré dans sa voix. Quoiqu'elle parlât à Herman, elle ne le regardait point. Le rayon de ses yeux allait plus haut, et, au milieu de cette réunion indigne d'elle, elle semblait être seule avec Dieu.

Rocheboise la voyait tout à coup sous un nouvel aspect. On eût pu dire que jusque-là il avait ignoré la grandeur de Valentine, l'ayant toujours vue prosternée par l'amour à ses genoux. La force d'âme, la dignité, le courage, tout ce qu'il y avait de vraiment beau en elle lui était inconnu. Ebloui, fasciné par cette apparition nouvelle, il était comme enlevé à lui-même, et restait dans une admiration étonnée, qui lui faisait oublier tout le reste :

— Adieu, monsieur de Rocheboise, dit Valentine. Il n'y a qu'une chose qui puisse sauver pour nous la honte de ce moment, c'est qu'il renferme un adieu éternel.

Herman, brisant enfin le lien de stupeur qui le retenait, s'élança de sa place en s'écriant :

— Valentine !

Il allait se précipiter à genoux... mais Valentine avait disparu.

Il demeura immobile devant la place qu'elle venait de quitter.

Un moment se passa dans une fixité muette. Il semblait que cette femme, d'une beauté morale si puissante, eût laissé derrière elle une impression de respect qui retenait tout le monde dans le recueillement.

Mais ensuite les amis d'Herman s'empressèrent autour de lui. On le savait assez sensible, assez impressionnable pour souffrir vivement de la scène qui venait de se passer.

Cependant, il ne paraissait pas souffrant, abattu comme on aurait dû le penser.

Se tournant vers ses amis, il les regarda d'abord avec une vivacité extrême, et comme pour chercher en eux l'impression qu'avait dû y produire Valentine, s belle, si grande en ce moment... Mais pensant que ces l ommes-là ne pourraient partager ni comprendre le sentiment dont il se sentait animé, il baissa la tête et se renferma dans un silence obstiné.

A tout ce qu'on put lui dire pour calmer et fortifier son imagination, dans une circonstance dont on ne prévoyait pas cependant toute la portée, il répondit seulement au bout de quelques instants :

— J'ai besoin d'être seul.

En effet, ses traits peignaient plutôt une exaltation extraordinaire que la douleur, le dépit et la honte. Ses amis le quittèrent silencieusement en lui serrant la main. Il les vit sortir sans avoir l'air de s'en apercevoir, sans donner même un regard à la jeune fille qu'Eugène de Sabran remmenait dans sa voiture.

Demeuré seul, Herman parcourut un instant à grands pas cette chambre, qui, maintenant redevenue déserte, avait repris son empreinte lugubre. Puis il s'arrêta, croisa les bras et regarda fixement devant lui. Son regard semblait suivre un objet dans l'espace, un vague et extatique sourire errait sur ses lèvres.

Ce qu'il contemplait ainsi était l'image de Valentine, telle qu'elle venait de lui apparaître.

Il l'aimait.

Mais au moment où il s'avouait cet amour qui venait de naître en lui, il en comprit subitement toute la puissance et tout le malheur.

Il jeta sa tête dans ses mains et ses larmes coulèrent.

— Oh! dit-il, c'est ici, c'est dans cette chambre où j'ai voulu si odieusement profaner l'amour, que l'amour vrai, noble, divin s'est à jamais perdu pour moi!

V

SÉPARATION

Après cette soirée, Herman resta quelque temps seul à la campagne, abîmé dans une passion profonde qu'il connaissait pour la première fois.

Il avait subitement oublié les répulsions et les vagues terreurs dont le séjour du Bas-Meudon *était* naguère semé pour lui. L'amour le rendait d'une indifférence complète pour tout ce qui ne tenait pas à ce premier intérêt du cœur. Il se promenait sur les bords de la rivière, prenait ses repas dans la salle basse et se couchait dans l'alcôve lugubre, sans voir autre chose que la réalité autour de lui... Un malheur positif avait fait évanouir toutes les tristes chimères.

Herman était alors dans la situation la mieux faite pour le livrer à un amour ardent. A l'âge de vingt-huit ans, et doué d'une sensibilité extrême, il n'avait jamais aimé. Entouré d'amis dont il venait dans ces derniers temps d'éprouver l'égoïsme et la froideur, lié par ses folies à une maîtresse dont l'attrait superficiel était usé pour lui, un grand vide régnait dans son cœur, et l'amour n'avait qu'à y paraître pour le posséder tout entier.

Valentine était désormais tout pour lui; chacun de ses instants se consumait à désirer de la voir et à redouter l'instant où il se trouvait devant elle. Cet instant était décisif dans sa vie; il y apportait les émotions tremblantes d'un sentiment passionné, la honte d'une faute irrémissible, et il sentait bien que le premier regard de Valentine disposerait de sa destinée.

N'ayant pas encore la force de tenter cette épreuve, il demeurait dans le lieu où il avait vu Valentine pour la première fois, puisque c'était là seulement qu'elle s'était révélée à lui. La jeune femme s'était montrée là dans toute sa beauté morale, que rehaussaient en ce moment le courage et le malheur. Et il semblait qu'en même temps, un voile se levant de devant les yeux d'Herman lui eût laissé contempler pour la première fois la vertu adorable, la grâce chaste et digne, toutes les séductions saintes et légitimes... Et cependant l'amour qu'il éprouvait pour cette femme pleine de force, de grandeur, se nourrissait encore des souvenirs de tendresse ineffable que la femme aimante et dévouée lui avait laissés.

Il n'avait donc connu et aimé Valentine qu'au moment où il la perdait.

Cette fatalité était désolante sans doute, pourtant Herman s'étonnait de la douleur poignante qu'elle répandait en lui. N'ayant jamais eu avec les femmes que des liaisons plus ou moins légères et faciles, il ne croyait pas à l'amour qui fait souffrir, qui absorbe l'être tout entier et consume jusqu'au dernier souffle de la vie; il l'avait souvent nié et traité de prétentions vaines (comme chacun d'entre les hommes répute toujours faux et impossible ce qui n'est pas en lui). Ainsi Herman, en ce moment, ne savait que penser de cette fièvre incessante qui l'agitait, de ces larmes sans cause qui venaient brûler sa paupière, de ces longs battements de cœur qui faisaient naître un nom répété à voix basse. Il croyait son âme malade et délirante quand elle venait d'acquérir la plénitude de l'existence.

Mais cette passion, dans laquelle il entrait avec le trouble d'une initiation rapide, devait lui montrer sa stérilité et sa puissance en influant souverainement sur le reste de son existence.

Un jour, cependant, la tristesse de l'isolement, les anxiétés de l'incertitude dominant les craintes qu'il éprouvait de se retrouver en présence de Valentine, Herman demanda sa voiture et reprit la route de Paris.

Arrivé à l'hôtel de Rocheboise, il monta lentement et avec une palpitation de cœur violente l'appartement particulier qu'il habitait avec Valentine.

Le salon, la chambre à coucher, le parloir étaient vides.

Herman se laissa tomber sur un divan, brisé de cette route de quelques instants, accomplie au milieu de vives émotions, comme il l'eût été d'un long voyage. Il éprouvait cependant une certaine satisfaction de ne trouver personne à son arrivée; c'était un moment de plus pendant lequel il pouvait encore espérer.

Il attendit le retour de Valentine, tantôt croyant qu'elle serait assez généreuse pour pardonner, pour feindre même l'oubli de ce qui s'était passé, tantôt se souvenant de son funeste adieu et retombant dans la crainte, le découragement.

C'était dans cette chambre que Valentine, si peu de

temps auparavant, l'avait veillé pendant sa maladie de quelques jours... Elle avait alors pour lui les soins d'une mère idolâtre; elle l'enveloppait de ce regard d'amour, plus éloquent, plus secourable qu'aucune parole; elle apportait sans cesse à son chevet une larme ou un sourire, mais toujours une douceur ineffable !

A ce souvenir, tout son espoir se ranima ! Il sentait son bonheur passé si vivement, si près de lui, qu'il ne pouvait le croire évanoui pour toujours... Revenant sans cesse à cette pensée, pour raffermir son âme, il attendit dès lors Valentine avec une confiance suprême, et comme s'il n'y eût eu qu'à la voir reparaître à cette place pour retrouver tout le trésor de son amour...

Il entendit monter l'escalier... Il se leva palpitant, et resta la main appuyée sur le dossier de son siége, le regard fixé vers la porte...

Un domestique entra et lui remit une lettre qui attendait depuis longtemps M. de Rochebcise à l'hôtel

Herman, resté seul, regarda l'écriture de cette lettre, pâlit, porta une minute ses yeux troublés autour de lui, puis il lut ce qui suit :

« En quittant la maison où je devais vivre toujours auprès de vous, je dépose ici les motifs de ma conduite. »

A ces mots, Herman s'arrêta subitement, un froid mortel le saisit; ses craintes n'avaient pas été jusque-là. Il avait redouté le dédain, la froideur, la haine de Valentine; son éloignement était cent fois plus douloureux... Il froissa le papier, se frappa le front, marcha en tous sens dans un mouvement désespéré... L'espoir seul de trouver quelque indication qui révélât la retraite de Valentine lui donna la force de continuer sa lettre :

« Je ne peux plus vous aimer, écrivait-elle : je reçois cette certitude de la ruine de mon bonheur, sans accuser ni vous, ni moi-même.

« L'amour, dans une femme digne et pure, ne peut exister sans une admiration complète de cœur pour celui qu'elle aime, sans une confiance aveugle qui fait de sa tendresse un culte idolâtre. Dans un tel sentiment, l'enthousiasme brisé entraîne avec lui l'affection.

« Vous savez quel moment a fait évanouir le prestige dont vous étiez entouré pour moi. En voyant la femme qui reposait sur votre sein, j'ai détourné la tête de vous, et mes yeux ne vous chercheront plus.

« Ma raison ne combat point pour me retenir près de

vous. Aimer celui qui n'en est pas digne, prodiguer les trésors de son cœur au plus coupable des hommes comme au meilleur, est un rôle de femme qu'on trouve généralement admirable, sublime ; on donne à cette constance obstinée les noms de générosité, de dévouement. Pour moi, je ne peux ni sentir, ni penser ainsi. Ce sacrifice de tout son être envers qui le mérite peu n'a rien que je puisse estimer ; c'est une faute d'être injuste envers soi-même comme de l'être envers les autres ; c'est une faute de prodiguer follement l'amour... l'amour qui doit être la récompense suprême !

« J'ai compris aussi bien qu'une autre toutes les fautes qu'on pouvait pardonner. Je vous ai dit un jour que je me sentais un amour assez fort, assez absolu dans son bonheur, pour résister à tous les torts, à toutes les folies de l'être aimé... Si alors je n'en ai pas excepté une inclination basse de sa part, c'est que ma pensée n'aurait pu la concevoir !... Et l'amour que je croyais éternel a succombé à cette dernière épreuve.

« Le charme a disparu pour moi : je regarde votre portrait, je mets la main sur mon cœur, et il ne bat plus.

« Je vous reverrais en vain, la jeunesse, la beauté, toutes les séductions qu'un homme peut offrir, ne font rien contre le désenchantement. Quand l'ivresse de l'âme est dissipée, aucun breuvage des sens ne peut la faire renaître.

« Mon véritable devoir maintenant est de vous quitter. Le simulacre d'union offert par cette même demeure où nous habiterions ensemble serait un mensonge, une hypocrisie continuelle envers le monde ; et après tout ce que vous avez été pour moi, de vains égards, une considération apparente, une conduite toute de convenance, seraient la haine et la mort.

« Je vous laisse la moitié de ma fortune ; vous trouverez sous ce pli les titres qui vous autorisent à en disposer.

« Vous pouvez accepter cette donation, qui, dans la pensée qui la guide, n'a rien d'offensant pour vous, et qui renferme une consolation pour moi.

« Je ne prétends pas, en vous laissant ces biens, insinuer que leur séduction seule vous ait attiré près de moi. Loin de là, je sais que l'ambition de la fortune pour elle-même n'existe pas en vous ; et ce témoignage doit vous rassurer sur mes intentions. Mais c'est un soulagment pour moi de vous laisser libre et maître de l'avenir. Dans l'amour d'une femme, au milieu des enivrements et des illusions du cœur, il y a toujours quelque chose de l'amour d'une mère ; cette fibre-là vibre encore quand toutes les autres se taisent ; et je me sens heureuse même en ce moment de vous faire la vie douce en y semant la tranquillité et le bien-être.

« Je garde la moitié de ma fortune pour en disposer à mon gré, non pour en jouir. Toute richesse maintenant me serait inutile et nuisible. Je n'aurai plus de bonheur que par le souvenir de mon amour passé ; seule et pauvre, j'en jouirai mieux, je le posséderai plus étroitement que je ne pourrais le faire dans le monde.

« Adieu, ne me plaignez pas. L'amour est difficile à éprouver pour les âmes nobles, pures, élevées, car elles trouvent plus rarement à se tromper !... J'ai eu dans ma vie quelques jours de cette délicieuse illusion, et j'en rendrai toujours grâce au ciel et à vous.

« VALENTINE. »

Herman resta atteré après avoir lu cette lettre. Pâle, la poitrine oppressée, il ne pouvait encore rassembler ses idées ; sa douleur ne trouvait ni paroles, ni larmes pour s'épancher.

Il aimait avec passion, avec idolâtrie ! Et celle qu'il avait droit de nommer son amie, sa maîtresse, sa femme, était loin de lui ! Elle avait mis entre eux un intervalle immense, infranchissable peut-être, par le secret de sa retraite... Et quand il parviendrait à retrouver ses traces, pourrait-elle croire à son amour, à ce sentiment spontané, bizarre, né au milieu d'une rupture, né de la froideur même et du superbe dédain de celle qui l'inspirait !... amour incompréhensible, qui était venu à se développer quand celui de Valentine s'effaçait à jamais !... pauvre arbre grandi dans les ruines, pour être toujours triste et isolé !

Les regards d'Herman errant autour de lui rencontrèrent un médaillon suspendu à côté de la cheminée ; c'était un portrait en miniature de Valentine, placé dans un entourage en velours noir.

Il s'élança de ce côté ; ses yeux s'allumèrent, ses lèvres s'entr'ouvrirent... dans son délire il allait parler à la jeune femme, lui demander grâce... son élan retomba subitement devant cette froide image ; mais il resta à la même place, les yeux fixés sur cette figure adorée, avec un regard dont rien ne peut rendre la douloureuse passion, le regret, le désespoir.

En ce moment, Pasqual entra.

Au premier coup d'œil jeté sur son maître, cet homme connut ce qui se passait en lui. L'altération profonde, les traces de souffrance répandues sur les traits d'Herman, l'animation suprême de son regard fixé sur l'image de Valentine, annonçaient un sentiment d'une puissance, d'une grandeur toutes nouvelles dans son âme.

Rocheboise tressaillit à la vue subite de Pasqual comme une approche funeste, tant ses fibres étaient ébranlés; puis une rougeur brûlante monta à son front, et n'ayant pas le courage d'apprendre à son confident la situation où il se trouvait, il lui montra silencieusement la lettre ouverte de Valentine.

Pasqual la lut froidement et la reposa sur la table.

— Voilà, dit Herman en se laissant retomber sur le divan, voilà où de basses et indignes folies m'ont conduit!... Que faut-il donc, mon Dieu, que je devienne maintenant!

L'œil fixe et interrogatif de Pasqual semblait lui demander compte de cette exagération étrange.

— Mais vous ne savez donc pas que je l'aime?... s'écria Herman, que je l'aime de toute la puissance de mon âme, cette femme que le ciel m'avait donnée pour mon bonheur..... que je sens aujourd'hui tout le bien dont je me suis volontairement privé, que j'ai horreur d'une conduite dont les fautes, les extravagances, devaient être si chèrement payées!...

Puis, s'abandonnant à une confiance qui le soulageait, il raconta à Pasqual la scène du Bas-Meudon et l'impression profonde, éternelle qu'elle avait laissée en lui.

— Oh! oui, ajouta-t-il, il y a là quelque chose d'étrangement cruel... Penser que cette femme admirable entre toutes, était à moi et que je l'ai méconnue, délaissée!... C'est une source de regrets poignants faits pour moi seul, c'est une situation affreuse!

—Cette situation est assez... peu naturelle, en effet, dit Pasqual. Si on comprend difficilement un mari amoureux de sa femme, c'est surtout lorsque cet amour rétrospectif s'allume de souvenirs et s'adresse à celle qui est loin de lui.

— Ridicule ou non, dit Herman avec amertume, cela ne m'importe guère, lorsque j'ai d'autre part assez de souffrances pour ne pas y survivre.

Pasqual détourna la tête, en ayant l'air de s'armer d'indifférence comme on le ferait devant les plaintes déraisonnables d'un enfant.

Rocheboise frappa du pied, se leva et parcourut la chambre à grands pas.

Lorsque son confident fut las de le voir errer ainsi en tous sens, il lui dit d'un ton assez doctoral :

— Vous vous trompez, monsieur, sur cet amour comme sur le malheur qui en découle.

— Je me trompe !

— Écoutez-moi, monsieur : si vous trouviez subitement une source d'eau vive dans une solitude brûlante, où vous auriez marché longtemps mourant de soif et de chaleur, et qu'au moment où vous approcheriez vos lèvres de cette eau on vous en arrachât violemment, vous souffririez à l'excès, vous croiriez qu'il faut boire à cette source ou mourir..

— Eh bien !

— Mais si après vous avoir éloigné du ruisseau, on vous faisait asseoir à une table couverte de fruits et de vins savoureux, regretteriez-vous l'eau de source, toute fraîche et limpide qu'elle se fît voir dans son lit de mousse ?

— Quel rapport ?

— Il est exact. Le sort vous prive d'un amour qui, dans ce moment, vous semble pouvoir seul apaiser votre soif de bonheur ; mais il vous met dans une situation où tous vos désirs pourront être assouvis : il vous fait asseoir jeune, beau, libre, riche au grand banquet du monde, où les plaisirs coulent à flots pour vous enivrer.

— Le monde ! ne le connais-je pas, n'en ai-je pas épuisé les jouissances !

— Vous ne les avez jamais goûtées, jeune homme, sous la tutelle paternelle ; marié sous le joug plus écrasant de l'étiquette morale, des convenances à garder, de la considération a soutenir, vous n'avez eu que l'ostentation et les faux semblants de la fortune, de la jeunesse et du bonheur. Vous ignorez la vie de plaisirs franchement, hardiment joyeuse, désordonnée et charmante...

— J'y porterais partout l'image de Valentine.

— Mon Dieu, que vous faut-il ? Une passion avec ses émotions violentes, ses ardeurs extatiques, ses jours de désespoir. Vous trouverez tout cela épars dans la vie sous d'autres formes ; les sensations pénétrantes, les battements de cœur impétueux, les luttes, les succès, et même les peines cuisantes, n'en doutez pas!

Nous l'avons dit, Pasqual, en enseignant la licence, en insinuant dans l'âme de son maître les désirs sensuels et voluptueux, avait un aspect imposant et austère qui rendait ses conseils tout différents de ce qu'ils eussent été dans la bouche d'un autre; son accent profond lui donnait quelque chose d'un oracle dont les paroles, quelque étranges qu'elles soient, révèlent l'avenir.

— Je ne puis plus éprouver de joie ou de souffrance que dans l'amour de Valentine, dit Herman; tout le reste m'est indifférent.

— Eh bien, reprit Pasqual, s'il vous est impossible de vous consoler, vous vous vengerez du moins par les apparences de la victoire d'une femme qui n'a plus pour vous qu'indifférence et mépris.

— De l'indifférence! du mépris! mon Dieu.

— Relisez sa lettre. Elle se montre partout froide, réfléchie; elle s'inquiète de votre situation matérielle; elle assure votre avenir pour s'épargner tout reproche ou tout regret. Après cela, quand elle dit : Je ne vous aime plus, ce mot porte bien le cachet de la vérité.

— Un amour tel que le sien!

— A pu passer!... Ainsi passera le vôtre... le flot ne s'arrête sur aucune rive.... Quittez cette maison de triste souvenir; allez vous établir dans une autre demeure que vous peuplerez vous-même de pensées et de fantaisies nouvelles.

Pasqual parcourut les papiers qui étaient joints à la lettre de madame de Rocheboise.

— Oui, dit-il, voici le titre qui vous permet d'aliéner, de vendre cet hôtel... puis un pouvoir pour disposer des fonds placés sur l'Etat... cela doit former en effet la moitié de la fortune de madame de Rocheboise.

— Oh! oui, dit Herman, cette maison est bien triste!... Il semble que tout ait changé d'aspect! que tout soit flétri!...

— Il n'y a aucun mouvement dans l'hôtel, en effet..... M. le comte de Rocheboise est sorti depuis ce matin.

Herman tressaillit; une nouvelle impression douloureuse venait le frapper. Il n'avait pas revu le comte de Rocheboise depuis que sa mère s'était fait connaître à lui, depuis que le souvenir de cette mère bénie et de ses souffrances mettait entre le comte et lui une barrière de répulsion invincible... son cœur se serra à la pensée d'habiter sous le même toit que son père.

— Je n'y avais pas encore songé, dit-il d'une voix sourde. C'est vrai, mon père est ici... Il faudra le voir sans cesse... et, je l'avoue, maintenant il m'en coûtera cruellement.

— Votre départ de l'hôtel, dit Pasqual, peut aussi obvier à cet inconvénient.

— Oui!... vous m'éclairez, mon ami. En changeant de demeure, je peux me séparer de lui sans que ce procédé semble trop offensant... Je lui laisserai une rente suffisante pour tenir sa maison, et j'habiterai seule la mienne.

— C'est ce que je pensais.

— Oh! il m'a renié dans ma mère, il a brisé les doux liens de famille en repoussant de lui une femme parfaite. Je puis renoncer à ces liens du cœur à mon tour... Il m'a donné seulement pendant toute ma jeunesse l'existence matérielle, j'en ferai autant pour lui dans sa vieillesse... Nous sommes quittes!

— Faites ces dispositions... une lettre suffira.

— Où est-il maintenant?

— M. le comte est sorti pour affaires; il dîne chez un ministre et ne rentrera que dans la nuit.

— Pasqual, pourriez-vous me trouver un hôtel à louer avant ce soir?

— Ecrivez votre lettre à M. votre père, et lorsque vous l'aurez terminée, je serai de retour en vous apportant l'adresse de votre nouveau domicile.

L'homme d'affaires de Rocheboise sortit.

Herman demeura longtemps le front penché dans ses mains. Puis il se mit à écrire à son père, et traça lentement, péniblement cette lettre, où il fallait laisser voir ce qu'il connaissait de sa naissance, la blessure profonde que cette révélation lui avait faite, où il fallait, sans se poser en inimitié ouverte avec son père, le convaincre de sa ferme volonté de vivre désormais séparé de lui.

Ensuite il dressa le titre qui assurait au comte de Rocheboise une rente annulle nécessaire à ses besoins.

Il posa son cachet à l'enveloppe qui contenait ces deux feuilles, et lorsqu'il releva la tête, Pasqual était devant lui.

Herman se leva, et posant une main sur la lettre qu'il venait d'écrire à son père, tandis qu'il portait ses yeux brûlants de larmes autour de lui :

— Oh! triste départ! dit-il, tristes adieux à cette habitation sainte! réunion cruelle de sentiments brisés!... Je quitte cette demeure, parce que Valentine a cessé de m'aimer, a voulu me fuir! parce que je ne peux plus aimer mon père et dois le fuir aussi! Tristes adieux!...

Puis, essuyant brusquement ses paupières humides :

— Allons, dit-il, mon ami, partons... Je n'emporte rien d'ici, ajouta-il en jetant un dernier regard dans la chambre qu'il quittait.

Mais alors ses yeux rencontrèrent le portrait de Valentine et il s'avança précipitamment vers la cheminée pour le prendre.

La miniature était serrée dans la boiserie par les sculptures qui l'entouraient; elle ne céda pas de suite au mouvement que fit Herman pour la détacher.

Pasqual s'approcha pour aider à son maître... Mais à peine eut-il touché l'image de Valentine qu'elle se brisa dans sa main.

Il jeta les débris de l'ivoire dans le foyer.

— Allons! dit-il en souriant à Herman, la Providence ne veut pas que vous gardiez aucun souvenir qui entretienne vos peines.

Ils descendirent rapidement l'escalier.

— Rue de la Chaussée-d'Antin, numéro 20, dit Pasqual au cocher.

VI

L'HOTEL ET LA MANSARDE

Il y avait plus d'une année qu'Herman de Rocheboise était établi dans un magnifique hôtel de la Chaussée-d'Antin.

Son amour pour Valentine était le même qu'au jour où il l'avait perdue. Cette passion, qui, deux années auparavant, aurait pu élever, régénérer tout son être, et tremper son âme aimante de force et de grandeur, maintenant, condamnée à rester toujours inutile et solitaire, s'exhalait tour à tour en plaintes vaines et en colère.

Dans ses jours de tristesse extrême, Herman cherchait l'ivresse du plaisir pour s'étourdir, pour oublier; dans ses jours de dépit violent, il étalait encore toutes les joies et les voluptés de l'existence pour se venger de Valentine...

de Valentino, qui, du fond de sa retraite ignorée, avait sans doute les yeux fixés sur lui.

Il en résultait, pour lui, une existence étourdissante, hâtive, effrénée, qui servait seulement à consumer avec une rapidité prodigieuse sa fortune et sa vie.

Le prix qu'il avait reçu de la vente de l'hôtel Rocheboise et les fonds placés sur l'Etat, qu'il retirait chaque jour, permettaient à Herman de se tenir passagèrement sur un grand ton de maison. Sa maison étalait un luxe princier, destiné à entretenir constamment l'ivresse des sens et l'engourdissement de la pensée.

Rocheboise avait gardé pour maîtresse en titre la jolie bohémienne, parce qu'aucune femme dans Paris ne pouvait aussi bien faire ressortir par ses attraits les parures qu'il lui donnait, et signaler aux regards sa scandaleuse magnificence.

Madame Hermance avait maintenant une maison montée... non plus le petit pavillon caché sous les arbres, et abritant quelques instants de plaisir mystérieux, mais une véritable habitation de courtisane connue de tous et ostensiblement vouée à la licence.

Herman, ayant cette maîtresse pour l'étaler et en tirer orgueil, se montrait maintenant partout avec elle, aux spectacles, aux promenades, aux courses de chevaux, aux bains de mer; mais là se bornaient toutes ses relations avec la jeune fille. Il la montrait par bravade et ostentation; puis, sur le seuil de l'hôtel, il se séparait d'elle. Il ne lui restait pas même d'attrait pour sa beauté: cette femme, dont il faisait un véritable objet de luxe, avait aussi pour lui le contact froid de l'or et des pierreries; son cœur ne battait pas plus près d'elle que près d'une belle urne d'albâtre.

La position de Pasqual avait changé dans la nouvelle maison de M. de Rocheboise. Pasqual, par sa supériorité d'esprit, par ses facultés variées, étendues, peut-être aussi par quelque chose d'imposant dans son aspect, de fascinant dans son regard, avait toujours dominé son maître; dès le moment où il avait pris l'habit de son valet, il était devenu son confident et son guide.

Un jour, Herman avait reconnu ce contraste et avait dit en souriant:

— Mon ami, il faut avouer que depuis que je vous connais je ne pense et je n'agis guère que par vous; sans qu'il y paraisse, vous me faites aller en tous sens selon vos moindres volontés.... Je n'en ai pas mieux fait à la vérité!... mais enfin j'eusse été peut-être encore plus malheureux sans vous!... Il n'en résulte pas moins que tandis que vous portez ma livrée, c'est moi réellement qui porte la vôtre... Faites-moi donc le plaisir de quitter cet habit de valet de chambre qui vous met trop au-dessous de moi, quand ce n'est nullement votre place.

Dès ce jour, Pasqual avait constamment porté l'habit noir, qui allait à tous les rôles et qui était de nature énigmatique comme le caractère qu'il avait lui-même auprès de M. de Rocheboise; il montait dans la voiture à côté de son maître, s'asseyait souvent près de lui au foyer de sa chambre à coucher; et, quittant tout service subalterne, il s'enfermait entièrement dans sa charge d'intendant.

A ce titre, il avait bien encore assez d'occupations pour chaque jour et pour chaque heure.

Le matin, Herman assistait aux manéges, aux jeux du sport, où il paraissait à la tête de ses chevaux à la fière encolure, au poitrail nerveux, aux naseaux ouverts et ardents, à la pelure satinée. Il passait la matinée à discourir avec ses compagnons de course, avec ces admirables jeunes gens qui, par leur sympathie pour la race chevaline, par le génie qu'ils appliquent aux exploits du sport, s'élèvent à la hauteur de leurs bêtes.

L'après-midi, Rocheboise montait en voiture. Il conduisait sa belle maîtresse aux Champs-Elysées et au bois, dans une calèche à quatre chevaux qui faisait miroiter l'azur et l'argent de sa conque élégante dans la glace dont l'hiver couvrait les chemins; il laissait tout le monde, sur son passage, ébloui de son faste suprême.

Le soir, il y avait dîner, réception ou fête à l'hôtel. Les décorations des vastes appartements étaient magnifiques et toujours nouvelles; les tentures, adaptées à des baguettes d'or, se démontaient à volonté, et chaque soir on plaçait celles dont l'étoffe et la nuance convenaient au caractère de la réunion. Les jardins, couverts de vitraux en hiver, attiédis par des foyers dérobés, et éclairés de lueurs semblables à la lumière du jour, conservaient un printemps éternel.

La foule des jeunes hommes de la gaieté la plus animée, des femmes les plus belles, et dont les yeux devaient causer le moins de martyres, remplissait les salons. On y passait la nuit; la durée de la fête était charmante, et on n'avait jamais la tristesse de la voir finir, car l'ivresse se chargeait d'en dérober le terme.

Le lendemain de semblables journées, Herman se réveillait plus amoureux de Valentine que jamais.

Il menait pourtant cette existence de plaisirs licencieux, désordonnés qu'on lui avait présentée comme le souverain remède à ses maux. Des querelles, des parties de jeu furieuses, des affaires d'honneur engagées et rompues, étaient venues y mettre des émotions plus poignantes. Rien ne troublait Rocheboise dans le cours de ses folies. Son père, satisfait de la part de biens qui lui était allouée, n'avait pas cherché à se rapprocher de lui; excepté quelques amis des mœurs les plus faciles, il s'était séparé de son ancienne société, et rien ne venait éveiller en lui des regrets ni des remords. Il ne lui eût fallu pour être heureux que l'oubli de son amour, et cet amour dominait tout le reste, absorbait toute son âme.

Une fois cependant, il crut que l'étourdissement du plaisir pourrait triompher en lui, et qu'il allait trouver son salut dans une ivresse plus puissante que les autres.

Le second hiver de son établissement dans la Chaussée-d'Antin était près de finir. Herman, pour varier l'aspect de ses fêtes, avait inventé les soupers travestis. C'étaient des festins appartenant à d'autres temps, à d'autres nations; les décorations de la salle, le service de la table, étaient transformés comme les costumes, et l'ensemble offrait un tableau historique dans toute sa fidélité de couleurs.

Ainsi, on avait eu un souper du seizième siècle, où la salle imitait une massive structure, soutenant à ses lambris des masses d'armes et des devises bachiques. A chaque face s'élevaient de grands dressoirs à colonnes torses, portant les vaisselles curieuses du temps. La table offrait des mets de résistance, fortement épicés, dans des plats ornés de figures d'animaux, de reptiles en relief; puis des aiguières, des drageoirs, des fontaines d'où le vin coulait dans des verres immenses. Les convives, transformés en chevaliers sans peur et sans reproche, n'avaient heureusement à imiter les anciens preux que dans les exploits que ceux-ci effectuaient à table.

Ces beaux jeunes gens portaient des costumes d'une exactitude parfaite et de toute magnificence, mais dont ils étaient parés pour eux seuls, et qui ne devaient point être profanés par les regards de la foule.

Un souper espagnol et un autre vénitien avaient eu le même succès.

Rocheboise, le soir dont nous parlons, donnait un souper romain, qui devait, selon le droit des gens, être le plus somptueux de tous.

Les convives, conduits d'abord dans des thermes spontanément construits, avaient pris des bains parfumés avant l'heure du repas.

Ensuite, ils avaient revêtu des tuniques du lin le plus fin et des clamydes déroulées en majestueuses draperies ; des bandelettes de pourpre ceignaient leurs têtes et retenaient leurs chaussures ; des bracelets, des chaînes d'or, des camées, des anneaux antiques tombaient sur leur poitrine et paraient leurs bras nus.

Les femmes étaient vêtues dans le même style romain et avec la même richesse.

Des lits drapés de pourpre entouraient la table, couverte d'urnes d'agate, de vases de fleurs, de plats de vermeil, autour desquels ruisselaient des perles fines.

Les lampes d'argent où brûlait l'huile embaumée, le safran semé sur les dalles, répandaient dans l'espace un parfum tout antique ; des statues, des trépieds s'élevaient devant les lambris. La salle était ouverte sur un vestibule dont les colonnes laissaient voir au dehors, dans la limpidité d'une nuit pure, un bois profond de lauriers.

De belles esclaves d'Asie, à demi-couchées aux deux bouts de l'enceinte sur les marches d'un piédestal, chantaient en jouant de la lyre.

Le costume antique qu'il portait ce soir-là semblait fait pour la beauté d'Herman ; sa tête ressortait admirablement sur le ton de la laine blanche mêlée de pourpre ; son cou et ses bras nus, d'une forme parfaite, se détachaient au milieu d'onduleuses draperies.

Dans tout leur aspect, ces jeunes hommes, ces femmes parées de dehors les plus séduisants, n'ayant d'autre animation que celle du plaisir qu'ils goûtaient même avec mollesse, rappelaient bien l'ancien monde, sensuel, voluptueux et blasé, et, par l'expression de leurs figures, complétaient la vérité de ce tableau païen.... On eût dit les élus de l'antiquité dans l'Elysée paisible, radieux, qui leur tenait lieu de ciel.

Comme si le hasard se fût chargé de donner le dernier trait à leur exactitude historique, Pasquai, qui seul n'avait pas changé de costume, et qui passait par moments entre les colonnes de la salle, avec son habit noir et sa figure pâle, rappelait cette image de la mort que les anciens conviaient à leurs fêtes.

Dans ce souper donc, Rocheboise avait près de lui une belle personne qui, avec le costume romain, avait pris le nom de Marcie.

Il la voyait pour la première fois. C'était une charmante créature, blonde, fluette, pâle et tout aérienne, faisant ployer à peine les coussins de pourpre sur lesquels elle était couchée, d'une fraîcheur délicate, d'une carnation diaphane, ayant un front hautain, un regard dédaigneux, comme si elle eût vu toute chose de bien haut, puis quand elle s'humanisait, une manière de parler et de sourire toute céleste.

C'était comme un oiseau des régions éthérées qu'un coup de vent rapide eût égaré jusqu'à terre.

Ces attraits nouveaux parmi les femmes près de qui Herman cherchait le plaisir exercèrent une certaine séduction sur lui. Il eut pour Marcie une passion d'une soirée, une de ces illusions soudaines et puissantes qui ressemblent à l'amour à s'y tromper.

Le luxe inouï, grandiose, créé par lui, et qui resplendissait dans l'espace comme un rayonnement de son imagination, l'orgueil de cette fête, de laquelle il était luimême ébloui, et où tout le monde saluait sa gloire, chantait ses louanges, l'enivrait comme eût fait le soleil dardant sur sa tête déjà prise des fumées du vin.

Dans tout le cours de cette soirée, il eut un accès de délicieux délire, durant lequel il se crut guéri de son fol amour et le plus heureux des hommes....

Quand le jour renaissant vint éteindre les lumières de la fête, Rocheboise ne s'aperçut même pas que son erreur dût finir avec cette nuit. Il était assez ivre de toute manière pour passer de la salle du festin dans sa chambre sans subir le désenchantement du réveil.

Il était midi lorsque, après son sommeil léthargique, il ouvrit les yeux.

La clarté de l'hiver, nébuleuse et chargée de glace, descendait dans sa chambre silencieuse; jamais réaction ne fut si forte et si pénible, jamais lendemain de fête ne fut aussi triste. Ses sens étaient énervés, éteints, après la surexcitation de la veille, et son être inanimé se sentait comme dans un sépulcre. La lassitude, le dégoût, la société mortelle le jetaient dans un morne désespoir qu'il n'avait pas encore connu.

Les parties de son costume romain étaient éparses autour de lui. Le charme de ces vêtements splendides et portés une seule nuit était tellement usé pour lui, qu'ils lui semblaient aussi flétris que s'ils eussent réellement remonté au temps que leur forme indiquait. Parmi les joyaux antiques posés sur la cheminée, le regard d'Herman rencontra l'anneau de chevalier qui était à son doigt la veille. La bague creuse s'était entr'ouverte ; il la prit pour l'examiner à l'intérieur.

Le chaton des anneaux romains, comme les têtes d'épingles qui servaient à la coiffure des femmes, contenaient souvent du poison. L'anneau authentique que Rochoboise s'était procuré à grand prix pouvait avoir servi à cet usage, car l'or en était à l'intérieur noirci et rongé.

Herman comprit bien alors que ces maîtres du monde, rassasiés de tout, après avoir trop joui, devinssent inhabiles à vivre, après avoir trop fait les dieux, ne pussent plus être hommes, et qu'ils eussent recours au suicide, aimé et glorifié par eux.

Telle était aussi sa situation... Pour la première fois, il songea à mourir... Il regretta que la bague ne contînt plus le poison.

Après une lente et grave réflexion, il se jura à lui-même que si, dans huit jours, cet anéantissement terrible durait encore, que s'il ne s'était pas rattaché par quelque lien à la vie, il sortirait de ce monde.

Le temps se passa ; la coupe de l'ennui devint tous les jours plus amère. Herman, élevé à quelque dignité morale par un véritable amour, ne pouvait plus supporter la vie si misérable et si vaine de l'homme riche qui absorbe en lui des trésors sans autre but que de les absorber. Cette succession continuelle de plaisirs forcés et mensongers, cette existence si factice pouvait avoir quelque prestige aux lueurs troubles de l'ivresse, mais au premier jour de la raison elle paraissait fardée et hideuse.

Herman ne se sentait ni courage, ni volonté pour persister, malgré son dégoût, dans une voie fausse et odieuse; il se trouvait faible devant tout effort, si ce n'était celui qui le délivrerait de la vie.

Le terme marqué pour son funeste dessein avançait. Un matin, malade de corps autant que d'âme, il voulut respirer le grand air, voir encore une fois un large horizon, et contempler l'espace mystérieux qui s'élève sur nos têtes avant d'y frayer peut-être sa route.

Il monta en voiture et ordonna qu'on le conduisît hors barrières.

Pasqual était venu s'asseoir près de lui, comme il en avait pris l'habitude depuis quelque temps. Mais Herman, ayant gardé dans le fond de son âme les idées sinistres qui l'absorbaient, sans en rien laisser paraître devant son confident, ni l'un ni l'autre, en ce moment, ne trouvaient de paroles à échanger. Ils traversaient les longues files de rues dans un morne silence.

Le temps, assez clair le matin, s'était chargé de froids brouillards. Herman avait parcouru en calèche toute l'étendue qui se déroule après la barrière du Maine, emprisonné dans cette vapeur grise, sans pouvoir reposer ses yeux sur un seul point de la campagne. Il revenait de cette course au dehors plus triste, plus accablé qu'il était parti. Une souffrance sans nom l'oppressait, et il sentait s'augmenter en lui cette aspiration vers la fin de toutes choses qui régnait seule alors dans son âme.

La voiture en suivant le chemin qui lui était indiqué pour rentrer à l'hôtel passa dans la rue Las-Cases.

Là, Pasqual demanda à son maître la permission de descendre un moment dans une maison où il avait affaire, disant qu'il rentrerait à pied à la Chaussée-d'Antin.

— Il fait bien mauvais temps, dit Herman avec la bonté qui ne l'abandonnait jamais; si vous ne devez rester là qu'un instant, je préfère vous attendre.

Pasqual remercia, assura qu'il ne serait éloigné qu'une minute, et dit au cocher d'arrêter.

On était devant une maison de deux étages, sombre, lézardée et de la plus pauvre apparence.

— Bon Dieu! mon cher, qu'allez-vous donc faire là? dit Herman à Pasqual avant que celui-ci descendit de voiture.

— Je vais chez moi, monsieur.

— Chez vous! répéta Rocheboise avec surprise.

— Monsieur est étonné de me voir un chez moi, reprit Pasqual, et ensuite de le voir d'un aspect si misérable, d'après la situation dans laquelle je suis maintenant.

— C'est justement cela.

— Vous voyez, monsieur, ici, à gauche, les deux dernières fenêtres des mansardes: c'est là que je suis descendu en arrivant à Paris!... c'est là que j'ai été pauvre et malheureux, à ce point que d'autres misères, d'autres infortunes comparées à celles-là ne sont rien... Les peines que j'ai souffertes dans ce réduit l'ont en quelque sorte consacré pour moi. Je l'ai toujours gardé quand les chances plus ou moins favorables m'entraînaient ailleurs... Un loyer de cinquante francs par an, cela ne me ruinait pas.

Pasqual avait eu, en parlant de son ancienne demeure, une émotion profonde qui s'était communiquée à Herman.

— Mon pauvre ami, dit ce dernier, je veux voir cette misérable demeure que vous avez habitée. Cela me fera mieux sentir encore le mérite de celui qui, étant sorti de si bas, a eu tant d'intelligence et de facultés diverses à me dévouer.

Puis, sans attendre l'assentiment de Pasqual, il sauta à bas de la voiture, et entra dans la maison avec lui.

Ils passèrent devant les deux étages, et, arrivés au troisième, dans un étroit corridor construit en planches, dans lequel donnaient les portes numérotées des mansardes. Pasqual ouvrit la chambre du fond, qui était la sienne.

Cette petite pièce était soigneusement arrangée, sauf la poussière qui s'y incrustait depuis longtemps. Il y avait un lit d'indienne, une table, quelques chaises ; des vêtements de paysan étaient encore suspendus à un clou de la muraille. Dans son aspect si peu remarquable, cet intérieur portait une empreinte de tristesse réelle ou imaginaire.

La présence du maître, tel qu'on le voyait maintenant, contrastait beaucoup avec son ancienne demeure. Pasqual, avec un habit noir bien fait, avait tous les accessoires d'une mise soignée, et sa figure régulière paraissait dans tout son avantage ; cependant il y avait encore dans ses longs cheveux blonds, dans la lueur limpide et errante de ses yeux bleus, quelque chose d'agreste et d'étranger à nos villes, qui rappelait son origine.

Herman, dans son affection enracinée et presque extraordinaire pour son intendant, regardait avec intérêt le lieu où celui-ci avait vécu malheureux. Sans connaître précisément les angoisses que le fils de la campagne avait pu subir, si ce n'était celles de la misère, il éprouvait presque en cet endroit, comme Pasqual lui-même, l'impression des douloureux souvenirs.

Comme le maître de la mansarde avait en entrant ouvert le volet de bois plein qui garnissait la fenêtre, le vitrage était resté mal joint; et tandis que Pasqual cherchait dans une armoire les objets qu'il était venu prendre, Herman s'approcha machinalement de la croisée.

Elle donnait en face du jardin et de la seconde façade de l'ancien hôtel Rocheboise.

Cette perspective offerte par le hasard frappa vivement Herman. C'était là où il avait été, lui, si heureux sans le savoir, là où demeurait attachée la pensée du seul bien qu'il pût désormais apprécier. Ce souvenir, tout opposé à celui qui attachait Pasqual à son pauvre réduit, avait la même sensation de tristesse profonde.

Quelques moments se passèrent ainsi.

Tandis qu'Herman restait absorbé par la vue qu'on découvrait de cette fenêtre, il y eut un instant où il tressaillit profondément, passa la main sur ses yeux, et en les rouvrant, éprouva un long frémissement...

Lorsque Pasqual l'appela pour l'engager à descendre, il quitta la croisée, mais au moment où il se retourna, sa figure était transformée. Ses yeux brillants étaient humides de larmes, de vives couleurs animaient son teint, sa tête s'était relevée, sa pose était plus droite et sa marche plus ferme.

Au lieu de l'altération des traits, de l'abattement du corps qu'avait empreints chez lui depuis quelque temps l'amer dégoût de la vie, l'animation qui vient des vifs battements de cœur, de la rapidité du sang, de la chaleur de l'âme, apparaissait dans tout son être.

En sortant, il examina le numéro placé sur la porte de la chambre, la clef dont Pascal se servit pour refermer la porte; puis, avant de monter en voiture, il remarqua encore le numéro de la maison.

Rentré à l'hôtel, il fit venir le serrurier de la maison, et, seul avec cet homme, il lui commanda une clef, en lui donnant les indications nécessaires pour qu'il pût aller voir la serrure à laquelle elle devait s'adapter.

Peu de moments après, cette clef, qui n'était, du reste, que le plus commun passe-partout, lui fut apportée.

VII

L'AMOUR PAR LA FENÊTRE

Le lendemain de ce jour, Herman, levé de bonne heure, ayant repris toutes les forces et la plénitude de la vie, sortit seul, à pied, dès neuf heures du matin.

Il se dirigea vers la rue Las-Cases, chercha l'ancienne demeure de Pasqual, y pénétra par une allée sombre et monta à la mansarde, où il entra avec la clef qu'il s'était fait faire.

Arrivé là, il courut à la fenêtre.

La veille, Herman, à cette croisée, avait été frappé d'une vision qu'il crut d'abord imaginaire, tant elle offrait de surprise et de douceur. Après avoir contemplé l'hôtel de Rocheboise, en ramenant son regard plus près de lui, il avait vu, dans le cadre d'une fenêtre située précisément en face de celle qu'il occupait, une femme jeune, svelte, vêtue de noir, dans laquelle il avait cru reconnaître Valentine.

Palpitant, l'âme agitée de mille troubles, il avait tenu un instant son regard baissé, redoutant qu'un nouveau coup d'œil le détrompât sur cette douce illusion... Mais c'était une crainte vaine, car un examen plus assuré lui avait fait reconnaître, à n'en pouvoir douter, celle que depuis si longtemps il voyait sans cesse en imagination, et cherchait toujours à ses côtés, tout en la croyant bien loin de lui.

L'appel de Pasqual lui avait fait subitement quitter la croisée. Il avait enfermé son secret dans son âme, mais s'était bien promis de trouver le moyen de revenir seul dans la bienheureuse mansarde.

Ce jour-là, il fut moins étonné de la présence de Valentine en reconnaissant l'habitation dans laquelle il l'avait aperçue.

C'était le pavillon situé à l'extrémité du jardin de l'hôtel et servant autrefois de serre chaude. Le petit bâtiment qui, outre le balcon donnant sur le jardin, avait des fenêtres et une sortie indépendante sur la rue Las-Cases, était habitable à la rigueur. Et sans doute Valentine, dans la gêne volontaire où elle s'était placée, dans la retraite où elle voulait vivre, avait loué, après la vente de l'hôtel, ce logement isolé, solitaire, et de plus, cher à ses souvenirs.

Lorsque Herman revint ce matin-là se remettre à la fenêtre de la mansarde, celle du pavillon n'était pas encore ouverte. Son regard se reposa quelque temps avec une triste douceur sur l'hôtel qui fut à lui. Le bâtiment, donnant sur la rue Saint-Dominique, était très-découvert du côté de la rue Las-Cases, vers laquelle s'étendait son beau jardin. Herman revit les fenêtres de sa chambre, de celle de Valentine, les cimes des grands marronniers, changées en masses noires par l'hiver... toute la perspective de cette demeure splendide et bienfaisante... de ce paradis perdu par sa faute...

Un rayon de soleil passa entre les nuages.

La fenêtre du pavillon s'ouvrit. Valentine, debout devant son chevalet, s'occupait à préparer ses pinceaux et ses couleurs. Une vieille servante, après avoir vaqué quelque temps au service de l'intérieur, sortit en emportant le plateau sur lequel avait été servi le déjeuner.

Valentine alors ferma le vitrage, et se mit à peindre non loin de la croisée.

Herman pouvait encore l'apercevoir dans sa pose gracieuse et recueillie. Elle avait plus de fraîcheur qu'autrefois; quoique puisé dans la tristesse et la résignation seules, le repos de l'âme l'avait embellie. Elle travaillait avec un intérêt et une application qui montraient un grand calme d'esprit. On pouvait juger que toute sa journée se passait là, dans une solitude complète, avec les oiseaux que l'hiver amenait sur le bord de sa fenêtre.

Dans un enfoncement plus vague, Herman voyait encore la lueur rouge du foyer; puis, distinguant auprès une forme blanche, il reconnut Diamant, le beau lévrier de madame de Rocheboise, couché auprès de la cheminée.

Tantôt il découvrait nettement le profil de Valentine penchée sur son ouvrage, tantôt les lueurs projetées du brasier venaient voltiger sur les vitres, et un rideau de lumière lui dérobait un instant la douce image pour la lui rendre bientôt après.

Herman demeura bien longtemps fixé à sa place. Son cœur, paralysé par l'ennui et la satiété, se dilatait enfin sous l'approche de cette femme bienfaisante, dont le sein avait déjà été pour lui un refuge contre la maladie et de cuisants soucis. Les larmes et le sourire paraissaient tour à tour dans ses yeux attendris.

Cet heureux hasard qui le rapprochait ainsi de Valentine lui semblait une assurance de la retrouver bientôt tout à fait.

Il ne put quitter la mansarde qu'en se promettant d'y revenir le lendemain.

Le jour suivant, à la même heure, le soleil brillait encore, et la fenêtre du pavillon se rouvrit.

Valentine ne se méfiait pas des regards indiscrets, n'ayant depuis longtemps en face d'elle qu'une maison fermée, et ne tournait point la tête de ce côté.

Mais ce jour-là Herman, revenu de son premier enivrement, put observer l'intérieur où se trouvait Valentine, et en éprouva l'impression la plus pénible.

Il reconnaissait bien ce pavillon, asile autrefois des plus belles fleurs du jardin et de celles qui venaient d'éclore au-dessous dans leur serre-chaude. Ce petit temple parfumé, gracieux comme un bouquet, épais comme une forêt; c'était là qu'il était souvent venu se reposer pendant la chaleur sous le dôme majestueux et doux des plantes élancées des tropiques; c'était là, souvenir plus cher, qu'il avait rencontré pour la seconde fois sa mère, encore inconnue de lui.

Mais à présent tout cela était dévasté. Les massifs d'arbustes odorants avaient fait place à quelques meubles d'une simplicité puritaine et d'un aspect attristant; les glaces étaient restées incrustées aux parois mais dépouilllées de leurs gracieux cadres de mousse et de feuillage, elles ne formaient plus que de pâles murailles : un espace vide, un jour cru se reflétaient seuls dans leurs profondeurs de nuance livide.

Au-dessous de cet étage, l'ancienne serre-chaude servait de logement à la vieille gouvernante, qu'on apercevait ausssi, à travers sa croisée à barreaux, s'occupant des soins d'un modeste ménage.

Herman était abreuvé, à cette vue, d'amers regrets. Cette triste situation de Valentine était son ouvrage; il l'avait exilée de la place brillante qu'elle était si bien faite pour tenir dans le monde, il avait créé autour d'elle la solitude, l'obscurité. Et maintenant, il ne pouvait rien pour elle; quand même elle consentirait à la recevoir de lui, il n'aurait pas, après les désordres de sa vie, une place honorable à lui rendre dans le monde... Il se disait tout cela dans la triste effusion de son cœur, et ne songeait pas que son repentir, son amour passionné le relevaient de ses fautes, et seraient pour Valentine une richesse bien audessus de celles qu'elle avait perdues !

A dater du premier jour où il entra dans la mansarde, l'existence d'Herman fut ainsi partagée :

Il sortait tous les jours seul, à pied, ayant eu soin de donner à Pasqual une raison supposée de ces excursions étranges ; car il voulait garder son secret en lui-même ; il craignait, alors, le regard de son confident habituel : le bonheur l'avait rendu enfant et dissimulé. Il passait plusieurs heures, par tous les temps possibles, à la fenêtre du petit logis inhabité ; puis il revenait à l'hôtel reprendre son genre de vie habituel, dans lequel il était trop engagé pour pouvoir le rompre subitement.

Ces heures de silence, de contemplation, de rêverie idolâtre, où il apercevait Valentine dans le cadre de sa fenêtre, se passaient souvent entre la rumeur étourdissante d'un déjeuner de garçon ou d'une course de chevaux et les soirées éclatantes de l'Opéra, suivies de nuits marquées par les plus étourdissantes folies, par les plus dévorantes ivresses.

Au milieu de ces flots de luxe, de ces splendeurs éblouissantes, de ces joies effrénées qui s'égaraient parfois jusqu'à un délire infernal, Herman restait le cœur froid, mort à toute sensation, pris de dégoût et de haine pour la vie et pour le monde... Son corps était souvent étourdi, enivré par les fumées du vin et de volupteux poisons qu'il avait aspirés, que son âme demeurait encore inerte et glacée.

C'était dans la pauvre mansarde qu'il se sentait renaître. De ce réduit silencieux, inhabité, au foyer depuis longtemps éteint, aux lambris empreints de misère, il découvrait la demeure qu'habitait Valentine. A travers ces nuages de l'hiver, étendus en brouillards uniformes et sombres, il voyait la femme aimée, et il se répandait une chaleur, une lumière ineffables dans tout son être; un air plus léger semblait bercer son âme et l'élever à des régions où elle se sentait agrandie et épurée... Au moindre mouvement de Valentine, à un faible incident qui lui faisait tourner la tête de son côté, à tout ce qu'il pouvait découvrir de sa vie intérieure, il éprouvait des douceurs infinies, des accès de bonheur inconnu et suprême... Il vivait, il aimait.

Herman n'espérait, ne désirait rien de plus; après une si longue absence, un désespoir si profond, il savait se contenter de ce qui lui était rendu.

Mais un jour, Valentine, en fermant la croisée pour se mettre à son chevalet, eut la fatale pensée de lever la tête pour voir le temps qu'il faisait : son regard, en se dirigeant vers les nuages, rencontra le jeune homme à la fenêtre de la mansarde...

Il fut facile de juger qu'elle l'avait aussitôt reconnu, car sa physionomie prit une expression altière et douloureusement irritée; elle porta la main à son cœur comme si un coup violent y eût été frappé, et se retira précipitamment de la fenêtre.

Elle était alors dans une partie de la pièce où Herman ne la voyait plus... Mais aussitôt la vieille gouvernante vint tirer les persiennes en ne laissant au milieu qu'une étroite ouverture.

Elles restèrent ainsi tous les jours suivants.

Herman ne continua pas moins de venir à la mansarde, et de demeurer triste et résigné devant ces persiennes fermées.

Mais il s'aperçut enfin que cette persistance n'avait d'autre résultat que de priver Valentine de la seule occupation qui pût remplir sa triste solitude.

Valentine peignait au peu de clarté répandue dans son intérieur. Un jour, lorsque la lumière vint à manquer sur sa toile, elle se leva pour ouvrir un peu plus les persiennes, mais s'étant aperçu que de la croisée voisine des regards restaient obstinément attachés sur elle, elle se laissa retomber à sa place et resta la main oisive, la tête penchée dans une attitude d'ennui et de découragement.

Herman s'arracha de la croisée, cacha son visage dans ses deux mains et pleura amèrement.

— O mon Dieu! dit-il, moi qui ai déjà été fatal à cette femme si noble, si généreuse, si digne d'adoration; moi qui lui ai tout ôté, je la prive encore de la clarté du jour, de ce dernier des biens laissé au plus misérable de la terre... moi qui donnerais ma vie pour elle, mon Dieu!

Pendant quelques jours, il se condamna à rester éloigné de la fenêtre. Au bout de ce temps, comme si son sacrifice eût dû lui être payé, il eut un vif mouvement de joie.

On venait tout à coup d'ouvrir en plein les persiennes du pavillon.

C'était Diamant en personne, qui, seul à la maison, et prenant l'air à la fenêtre, avait reconnu Herman, son maître bien-aimé, à la croisée voisine, et lui témoignait sa joie de le revoir par un grand nombre de signes aimables et affectueux.

Puis, dès que la porte s'ouvrit, le lévrier s'élança au dehors et courut du côté où il avait aperçu Herman. Celui-ci ne le fit pas attendre, et lui rendit ses caresses du plus profond de son cœur.

Le jeune et beau Diamant, autrefois également ami d'Herman et de Valentine, n'était point entré dans les différends qui avaient pu s'établir entre eux. Et depuis le jour où le hasard lui fit retrouver son maître, il revint le voir le plus souvent qu'il lui fut possible, sans consulter le bon plaisir de personne.

C'était une grande douceur pour le pauvre proscrit de posséder ainsi quelques instants ce bel animal qui respirait le même air que Valentine, qui venait d'échanger des regards avec elle au coin du foyer, et de reposer la tête sur ses genoux. Mais maintenant l'impossibilité dans laquelle se trouvait Herman d'apercevoir même de loin Valentine lui donnait un désir ardent de la voir de plus près, de pénétrer chez elle. La rigueur extrême dont elle usait envers lui lui inspirait même plus de hardiesse pour s'y présenter qu'il n'en aurait eu auparavant. Maintenant du moins Valentine l'avait remarqué, elle savait qu'il était là, près d'elle, il n'avait donc plus à redouter la froide surprise, si pénible à inspirer. Valentine prenait mille peines pour se soustraire à ses regards; il ne devait donc plus craindre une complète indifférence, un dédain *manifeste* de lui et de ses sentiments... Après cela, *tout le* reste serait plus facile à supporter.

Herman ne songea plus qu'à pénétrer chez madame de Rocheboise et en chercha les moyens.

Il épuisa d'abord toutes les ressources possibles pour attirer son attention. Ce furent des promenades interminables sous ses fenêtres, des paroles adressées à Diamant d'une voix assez haute pour monter jusqu'à la croisée, des entretiens tentés avec la vieille gouvernante, qui ne le connaissait point, mais ne lui répondait pas davantage.

Comme les enfants qui se font du mal à eux-mêmes pour punir ceux qui les adorent et en obtenir satisfaction, il imagina, un soir qu'il tombait une pluie froide et torrentielle, de rester dans ce quartier désert et de parcourir sans interruption le trottoir de la place à la rue Belle-Chasse. Il sentait bien que, malgré la persienne fermée, Valentine le savait là et le suivait du regard. Il se plaisait à amasser sur son manteau la froide ondée, tantôt jouissant de ce que devait souffrir la femme qui avait avoué conserver pour lui des sentiments de mère, tantôt attendant le moindre signe de pitié de sa part pour lui demander de se réfugier dans son foyer.

Valentine, qui, en effet, suivait ses mouvements, mit fin à la promenade nocturne d'une manière plus implacable. Elle ferma tout à fait les persiennes et éteignit sa lumière, indiquant ainsi que la maison ne pouvait plus s'ouvrir pour lui.

Herman se jeta dans une voiture de place et rentra chez lui. Le froid, la fatigue, le tinrent éveillé toute la nuit, et il eut tout le temps de maudire sa destinée.

Un incident vint aggraver sa situation.

Après cette soirée, il avait passé quelques jours éloigné de la mansarde.

La première fois qu'il y revint, il vit un homme s'arrêter et sonner à la porte du pavillon. Il reconnut Léon Dubreuil. Celui-ci fut introduit près de madame de Rocheboise... dans cette retraite que, selon les apparences, personne n'avait le droit de partager...

Cette jalousie qui avait toujours existé en lui, s'adressant d'abord à son amour-propre, puis à son cœur désolé, se réveilla plus fortement que jamais et avec plus d'amertume et de colère.

Dans un élan impétueux, mais plein cependant de ferme résolution, il jura de s'introduire dans cette demeure qu'il ne lui était pas ordonné de respecter, puisqu'un étranger osait bien en rompre la solitude.

Ce qu'il dirait à Valentine, dans la position étrange et terrible où il se trouverait devant elle, il l'ignorait complétement, c'était bien assez pour son esprit faible et bouleversé de trouver les moyens d'y parvenir.

Cela même était au-dessus de ses forces, car plusieurs jours s'étaient déjà écoulés sans qu'il eût rien résolu ni imaginé.

Un soir, la tête dépourvué d'aucune idée fixe et applicable, mais le cœur débordant de sentiments passionnés et divers, Herman était resté plus tard que de coutume dans la mansarde.

Six heures venaient de sonner, mais la nuit précoce était déjà close. Le pauvre proscrit se promenait de long en large en fumant un cigare, le seul foyer et la seule lumière qu'il pût avoir dans ce malheureux réduit. Diamant était venu voir son maître, mais le trouvant absorbé dans ses rêveries, il se contentait de se tenir près de lui, et de le suivre pas à pas en silence.

Herman, à chaque retour de sa marche, regardait la fenêtre du pavillon. Comme il en était là, un coup de vent violent, donnant du côté voisin, ouvrit tout au large les persiennes de la chambre de Valentine.

La lumière intérieure, dans une soirée très-sombre, lui montrait les objets de cette retraite plus distinctement qu'il ne les avait encore vus.

Valentine était assise dans une chaise longue, entre le feu et le guéridon sur lequel reposaient sa lampe, ses livres, sa broderie. La jeune femme avait la tête penchée sur l'oreiller du siége, ses deux bras détendus soutenaient encore un livre sur ses genoux.

Elle s'était endormie en lisant.

Peu de minutes s'écoulèrent... Herman vit sortir la gouvernante de madame de Rocheboise, qui referma la porte sur elle et emporta la clef.

Le cœur d'Herman battait violemment. Le sommeil de Valentine, l'absence de sa vieille gardienne lui semblaient faire naître le moment favorable pour la tentative qu'il méditait, sans qu'il se rendît bien compte du parti à tirer de ces avantages. Craignant que, s'il attendait, le trouble, l'embarras ne vinssent le saisir et le fixer à sa place, il descendit précipitamment dans la rue.

Il s'approcha du pavillon, accompagné de Diamant, qui bondissait de joie autour de lui en le voyant enfin prêt à entrer dans cette maison, où, par de vives insinuations, il avait cherché maintes fois à l'attirer.

La porte qui servait de sortie à la demeure de Valentine était pratiquée dans le mur d'enceinte du jardin, d'où on avait accès dans le pavillon.

Mais Herman ne pouvait se faire ouvrir cette porte à l'aide de la sonnette qui était sous sa main, ni l'enlever de vive force... Le lévrier aboyait doucement sur le seuil, mais rien ne répondait à son appel.

Diamant, impatienté, prit son élan, et, à l'aide de quelques appuis rencontrés sous ses pas, il arriva lestement sur le mur, d'où il sauta dans le jardin. Puis il revint immédiatement sur le haut de la barrière, d'où sa pantomime expressive semblait dire à son maître :

— Prenez le même chemin ; il n'y a rien de plus facile que ça.

— Puisque je ne sais que résoudre, sois donc mon conseil et mon guide, répondit mentalement Herman. Mon bon chien, je m'abandonne à toi !

Alors il se servit comme Diamant des soutiens assez escarpés qu'offraient la borne de la rue, le bouton de la porte, la saillie de la pierre de taille qui terminait le mur, et par une escalade non moins légère et presque aussi rapide que celle de Diamant, il arriva sur le sol du jardin.

Là, toute difficulté matérielle était vaincue, la porte de l'escalier du pavillon n'étant fermée que par une olive, Herman ne pouvait plus être arrêté que par l'appréhension timide qui, au moment décisif, l'oppressait et le faisait trembler de tout son être ; mais il surmonta ce dernier obstacle, et, d'un pas rapide dissimulé par le tapis des degrés, il pénétra jusqu'à la chambre de Valentine.

VIII

INVASION NOCTURNE.

Herman, qui était entré dans la sainte et imposante retraite de Valentine avec une crainte extrême, se rassura en voyant que la jeune femme, plongée sans doute dans un sommeil assez profond, n'avait fait aucun mouvement... Grâce à ce bienheureux sommeil, il pouvait donc rester quelques instants près d'elle, la voir, la contempler avec impunité.

Valentine lui semblait belle maintenant!... belle à ne pouvoir lasser ses yeux de la regarder!... Il la voyait à travers une admiration légitime, fondée sur le culte de la vertu, à travers le prestige d'un amour idolâtre.

Autour d'elle, il rencontrait cette demeure solitaire, délâbrée qui montrait le renoncement de toute chose dans lequel elle était tombée en perdant son amour et le deuil éternel qu'elle en voulait porter.

Il s'assit humblement sur le coussin qui soutenait les pieds de la jeune femme, son attitude était calme et caressante, son cœur ardent et agité. Il effleura doucement de ses lèvres une main qui se baissait vers lui, en tenant encore un livre ouvert; puis, tour à tour, il regarda Valentine et lui parla à voix basse, dans un murmure faible et frémissant comme un soupir de tendresse.

Le mot qui revenait le plus souvent sur sa bouche était celui du pardon.

— Pardonne-moi, disait-il, si je ne t'ai pas connue plus tôt; j'étais aveugle, insensé... j'étais surtout faible et trompé.... On m'avait toujours montré le désordre de la vie, l'ivresse des plaisirs comme le souverain bien, je le croyais... Mon Dieu! tu ne m'aurais pas moins aimé si j'avais reçu de la nature des traits plus irréguliers, plus défectueux; était-ce donc ma faute si mon âme imparfaite n'avait pas cette trempe divine qui l'empreint de raison, de force et de lumière? Ce qui est erreur ou crime pour les autres n'a été pour moi peut-être que fatalité... Du moins il n'y avait rien dans cette âme de bas et d'indigne, car je n'ai pas profané l'amour, car avant de te connaître je n'ai jamais aimé... Tu crois que je t'ai préféré d'autres femmes... c'est affreux à penser. Non, non, jamais près de celles qui croyaient m'abreuver de voluptés, je n'ai senti mon cœur déborder d'amour et de bonheur comme dans ce moment où je pleure à tes pieds.

Puis il enveloppait la jeune femme de longs regards de passion, et après un moment de silence passé dans cette extase suprême, il répétait encore :

— Valentine, pourquoi veux-tu me condamner sans m'entendre? Tu ne sais pas si tout ce que j'ai souffert loin de toi ne m'a pas racheté, si à force de tendresse et de regrets je n'ai pas expié mes fautes. Tu penses que j'ai joui lâchement, comme un homme sans souvenir et sans cœur, de la fortune que tu m'avais laissée... Non, je ne l'employais qu'à m'étourdir, à m'égarer; j'en avais fait un breuvage enivrant dans lequel je voulais oublier mon amour; un poison où je devais perdre la raison, et tuer ce cœur qui ne faisait que souffrir!... Tu ne me connais pas, tu ne sais pas ce qui s'est passé en moi depuis que nous sommes séparés, et tu me repousses... Tu me refuses même la douceur de t'apercevoir, quand je ne demanderais rien que de te contempler, de loin, pour mourir ensuite sans me plaindre dans l'affreuse solitude!... Oh! si je ne dois jamais trouver grâce devant toi, si ce moment est le seul qui me soit donné, dors longtemps! que je puisse au moins t'adorer en paix!... Je t'aime avec ravissement, mais je te crains! je tremble devant toi!... Dors donc, que je puisse respirer encore cet air qui t'environne, cet air qui fait vivre... que je sois un instant maître de mon bonheur.

Cet amour si vrai, si profond, qui s'exhalait aux pieds de Valentine, pénétrait en elle comme un doux encens. Au milieu du sommeil, ses traits pâles s'animaient de légères nuances, sa bouche avait pris l'empreinte d'un sourire.

Herman observait avec transport cette émotion vague dont n'avait pas conscience celle qui l'éprouvait.

— Oh non! dit-il palpitant d'espérance, rouvre plutôt les yeux, et parle-moi... je sens dans mon cœur que le tien ne m'est pas fermé... Valentine... je sens que si tu t'éveillais en ce moment, et que tu me visses là, tremblant, malheureux et idolâtre à tes genoux, tu me pardonnerais... avant de rappeler ta mémoire, avant de te souvenir du passé, tu m'aimerais encore!...

Il s'arrêta subitement et retint son haleine... un bruit venait de se faire entendre au-dessous de lui... la porte du pavillon s'ouvrait... on allait sans doute monter.

L'idée d'être surpris dans cette visite clandestine, avant que Valentine se fût aperçue de sa présence, et lorsqu'elle devait en éprouver au réveil une surprise sans doute pénible, lui était insupportable... En se retirant à l'instant même, il était presque certain de rencontrer quelqu'un sur l'escalier... Ces pensées glissaient en rapides lueurs dans son esprit, le mouvement qui les suivit fut plus prompt encore; Herman souleva le rideau de la porte-fenêtre du balcon, se jeta dans l'embrasure en laissant retomber la draperie sur lui, et là, ouvrit sans bruit l'espagnolette du vitrage, pour se sauver sur le balcon qui donnait sur le jardin.

A peine avait-il gagné ce refuge, où la nuit épaisse le protégeait, qu'il entendit monter l'escalier et ouvrir la porte de la chambre.

Ce même bruit éveilla aussitôt Valentine.

La gouvernante de madame de Rocheboise annonçait M. Léon Dubreuil, qui descendait de voiture à la porte du pavillon au moment où elle rentrait elle-même.

Dans tout autre moment, la venue de Dubreuil chez Valentine, la manière bienveillante dont il était reçu à l'exclusion de tout autre eût cruellement blessé Herman; mais à cet instant où il était près peut-être d'une réconciliation appelée par de si ardents désirs, la présence de Dubreuil, qui venait ainsi se jeter devant lui, prenait l'aspect d'une fatalité odieuse : la répulsion qu'il avait toujours éprouvée pour lui devenait une haine poignante.

Pendant quelques minutes, Herman n'entendit rien de ce qui se disait près de lui, bien qu'il eût laissé la porte du balcon entr'ouverte et que le rideau seul le séparât des personnes qui parlaient... Le battement de ses artères, le bouillonnement de son sang résonnaient seuls dans son cerveau brisé.

Quand il fut enfin parvenu à rappeler son attention, l'entretien était déjà assez animé entre les deux interlocuteurs, et des inflections de voix accentuées et vibrantes décelaient un vif intérêt de cœur dans les paroles échangées.

— Pourquoi craindriez-vous de parler ? disait Valentine. Il y a longtemps que nous sommes amis... Quand on se dit mutuellement les plus petites choses de la vie, c'est bien le moins qu'on se confie les plus grandes.

— Ce que j'ai à vous dire est difficile, répondit Léon : c'est une proposition subite fondée sur un sentiment qui date de loin, et le sentiment mal compris change l'aspect de tout ce qui doit suivre.

— D'abord, vous savez que je comprends tout, répondit-elle d'un air de vanité enjouée. Ensuite, je connais parfaitement votre caractère, et, d'après cela, je pourrai donner de moi-même l'explication convenable de vos paroles.

— Eh bien, écoutez-moi, Valentine... Vous êtes seule, triste, dénuée de tout bonheur dans la situation maintenant la plus obscure...

— Je n'admets pas tout cela complétement, interrompit-elle; mais passons.

— Votre existence si belle a été subitement effeuillée par un coup de vent : fortune, bonheur, confiance en la vie, tout est tombé à la fois. Ce n'est pas ici que votre destinée peut renaître ; ce qu'avaient à vous donner la première jeunesse, la famille, l'amour et le monde, est anéanti et ne peut plus revenir. Il faut, pour que cette existence se ranime, la transporter dans un pays étranger, où vous trouviez des sentiments, des intérêts nouveaux et l'influence vivifiante d'une nouvelle atmosphère.

— C'est vous, Léon, qui m'engageriez à partir!...

— Je suis libre, possesseur d'une fortune bornée, mais indépendante; je ne vous dis point partez, éloignez-vous, mais partons ensemble; allons sous un autre climat où le souvenir de vos peines s'effacera avec l'éloignement des lieux où vous avez souffert, où vous retrouverez du moins des jours calmes et remplis s'ils ne sont aussi brillants, aussi heureux que par le passé.

— C'est bien ; et où allons-nous ainsi? demanda-t-elle en souriant.

— Vous le direz au postillon, quand la voiture de voyage sera à votre porte.

— Suisse, Ecosse, Italie, tout lieu vous est égal?

— Non... je préférerai celui que vous aurez choisi.

— Voici un mot d'affection, mon ami ! Vous parlez donc sérieusement?

— On ne peut plus, Valentine; cette détermination, redoutable pour toute autre femme, ne peut l'être pour vous. Peu vous importent les apparences, vous ne jugez que la réalité. Si vous quittez la France avec un homme qui malheureusement n'a pas de titre légitime près de vous, la culpabilité de convention qui s'attache à cette conduite vous est indifférente ; vous savez que je serai votre ami là-bas comme ici, que ma présence près de vous ne troublera pas plus la pureté de votre vie dans l'avenir que par le passé.

— Il est vrai, cela suffit.

— Vous serez d'ailleurs seule arbitre de la place que je dois prendre près de vous; habitant sous le même toit si vous le voulez, me tenant éloigné si les convenances ou le besoin de solitude vous le font désirer, me soumettant même à des absences complètes lorsque vous l'exigerez. Je n'aurai d'autre désir que de vous satisfaire en cela: puisque nos relations seront un point de votre existence, il faut que la douceur n'en soit pas troublée. Mais je serai toujours près de vous quand vous aurez un site, un monument, une beauté de la nature à visiter, afin que vous n'admiriez pas seule. Je serai près de vous dans ces heures de tristesse qui se lèvent d'un sombre passé... enfin, toutes les fois que vous aurez besoin du bras d'un ami pour vous appuyer.

— Je connais déjà ce soutien; il est sûr et bienfaisant.

— J'ai peu de fortune; mais ces biens, qui serviront à vous donner les douceurs de l'existence, me seront si précieux, je les distribuerai avec tant de soin et de réserve, qu'ils se multiplieront comme le grain dans les sillons du véritable croyant.

Tout cela était entendu d'Herman, qui souffrait le martyre de la jalousie dans la situation la plus désespérante, car c'était à la femme sur laquelle il avait des droits qu'on ôsait parler ainsi. La générosité, la délicatesse de Léon étaient de sanglants reproches pour lui; plus Léon se montrait grand et digne envers Valentine, plus il lui vouait d'exécration... Oh! dans ce soir marqué par un premier moment de bonheur et par cette déception amère, espoir, souffrance, tout se réunissait pour lui montrer combien il aimait Valentine, pour lui prouver combien il était malheureux!

— Mon cher Léon, répondit Valentine, vos offres viennent du meilleur, du plus noble cœur d'ami qui ait jamais existé... Et pourtant j'hésite encore dans ma reconnaissance... je crains...

— Alors, parlez-moi de vos craintes.

— Je crois au dévouement de l'amitié plus que personne au monde; je crois un caractère comme le vôtre capable des plus admirables sacrifices... et pourtant... que vous dirai-je... il ne me semble pas naturel qu'un homme de votre âge quitte la France et tous les liens qui l'y attachent pour un pays quelconque... fasse abnégation complète de son être et ne vive plus que dans une autre..... Quand cette autre n'est qu'une amie... Je sens là quelque chose qui m'est encore inconnu.

— Eh bien ! oui... il y a là-dessous un secret appartenant à moi seul. Je vous ai toujours aimée, Valentine.

Elle le regarda un instant avec un air de triste surprise, et répondit :

— Aimée... avec le ton que vous mettez maintenant à ce mot, je ne le croyais pas.

— Dès que je vous ai connue, je vous ai aimée... aimée avec l'interprétation que vous donnez maintenant à ce mot, et vous ne l'avez jamais su... c'est la meilleure preuve de cet amour que je puisse vous donner... mais des années d'une semblable discrétion sont bien longues.

— Elle était un devoir.

— Toute jeune fille que je vous ai connue, j'étais déjà votre ami... comme on l'est à vingt ans !... mais je n'espérais rien. Vous étiez alors tout occupée de l'étude de la peinture, artiste dans l'âme, éprise de la beauté des traits, de la perfection extérieure : c'était déjà vous voir aimer un autre que moi. Votre mère désirait pour vous un opulent mariage : c'était déjà vous voir unie à un autre que moi. Tout cela s'est réalisé ; vous avez d'abord formé une riche alliance, puis, redevenue libre par le veuvage et suivant votre propre penchant, vous avez aimé le Raphaël vivant, vous vous êtes unie à lui... Vous étiez heureuse alors... Je respectais ce bonheur comme un trésor sacré... Dieu sait que j'aurais voulu, aux dépens de ma vie, aux dépens de mon amour toujours ignoré, que ce bonheur durât éternellement !... Oh ! je n'avais pas de mérite à me taire alors, à rester méconnu, car alors je souffrais seul !

— Ce temps a passé si vite qu'il me semble un rêve.

— C'était un rêve en effet. Herman ne vous aimait pas, ne pouvait pas vous aimer.

Valentine fit un mouvement, mais Léon continua avec plus de force :

— Non, c'était une de ces pâles natures condamnées en naissant à la faiblesse, à la médiocrité en toute chose. Il y avait en lui des velléités de sentiment, des goûts, des penchants qu'il prenait pour des passions ; lui seul pouvait s'y tromper. Le monde où il a vécu, loin de le retremper, devait l'énerver davantage. Il a toujours été sans énergie pour le mal comme pour le bien : ses fautes, ses désordres, ses folies, il n'en a pas même l'honneur, on l'y a conduit par la main, on les lui a fait accomplir... Il n'a de pouvoir ni pour penser ni pour agir, il ne pouvait non plus en avoir pour aimer. Il n'y a pas en lui un de ces larges fronts qui illuminent l'être tout entier; une de ces grandes intelligences qui peuvent seules créer un grand amour; car la lumière est le principe du feu... Il était beau, vous l'aimiez; vous l'aimiez comme un lys qu'on admire, qu'on respire avec douceur, qu'on soutient quand il se penche, qu'on oublie quand il se flétrit.

Tandis que Léon prononçait ces mots d'une franchise cruelle, d'une vérité dure, Valentine pâlissait peu à peu sans qu'on pût reconnaître quelle impression régnait en elle.

Mais Herman frémissait, étreignait de sa main crispée le fer du balcon pour se retenir à sa place, car un transport impétueux le portait à s'élancer sur Léon pour le terrasser et le broyer sous ses pieds... L'orgueil seul le retenait; il ne voulait pas paraître par surprise chez la femme qui lui appartenait, dans une demeure où il avait droit d'entrer, se montrer tout à coup en sortant d'un endroit où il se tenait caché comme un malfaiteur surpris dans sa visite nocture.

Il fit de nouveaux efforts pour écouter, voulant savoir à tout prix ce que Valentine répondrait à ces criminelles instigations.

Dubreuil continuait alors :

— Vous avez été d'une bonté et d'une tendresse divines pour votre mari, Valentine. Vous l'avez aimé pour lui-même avec une générosité et une constance sublimes, vous l'avez secouru dans ses souffrances réelles et les troubles de sa faible raison. Vous (comme bien des femmes, saintes et martyres de nos jours, que nul ne connaît, qui n'ont pas un hommage et mériteraient des autels), vous avez tout sacrifié, fortune, santé, repos... et n'avez quitté l'arène du dévouement que lorsque votre cœur était blessé !... sentant bien que ce cœur était d'une essence trop haute pour qu'il vous fût permis de le profaner dans une lutte indigne.

Valentine essuya les larmes dont ses yeux étaient troublés pour regarder l'ami qui parlait d'elle avec ce pur enthousiasme.

— Maintenant tout est fini, poursuivit Léon ; vous êtes

seule, triste, étrangère à tout au monde, sans joie dans le passé ni dans l'avenir, ne conservant pas même un honorable nom... c'est pourquoi seulement à présent je viens vous dire : Valentine, je vous adore, laissez-moi vous sauver.

La jeune femme se tut quelques instants.

Le silence de ce moment était palpitant d'émotions puissantes. Léon se reposait de longs et pénibles efforts après avoir épanché le secret qui habitait en lui depuis des années. Celle qui venait de l'entendre goûtait un adoucissement inconnu à ses ennuis, à l'ingratitude dont elle avait souffert, dans la révélation d'un amour profond et vrai. Herman, dont le souffle brûlant effleurait le rideau, attendait avec une anxiété dévorante les premières paroles qui sortiraient de la bouche de Valentine, ne sachant encore ce que la colère et le désespoir lui inspireraient si elle cédait aux vœux de Léon.

— Mon ami, dit enfin Valentine, je sens tout ce qu'il y a de grand, de généreux dans votre conduite... Dans un seul instant, mais bien solennel pour moi, je juge, je contemple dans toute son étendue le sentiment que je vous ai inspiré. Et cependant, à cette heure, je ne puis répondre à tout ce que je vous dois, même par une entière confiance... Il faut que je me recueille pour exprimer à mon tour ce que j'ai à vous communiquer.

— Ah! Valentine, vous croyez que votre situation vous impose encore des lois à respecter...

— Non. Je puis vous dire dès ce moment que je ne me crois liée par aucun devoir.

— N'êtes-vous pas veuve?... plus encore que vous ne le seriez d'un mari mort, qui, par ses vertus, son amour eût mérité de vous un souvenir tendre et fidèle?

— Je le crois. M. de Rocheboise a brisé de son côté le nœud qui l'unissait à moi; je dois être libre aussi. Un serment prononcé par deux êtres ensemble ne peut lier l'un sans l'autre... La bague d'alliance est trop fragile pour ne se rompre que d'un côté.

Valentine ajouta avec un triste sourire :

— Aussi, vous le voyez, elle est tombée de mon doigt.

Léon saisit et baisa ardemment cette main délivrée de l'anneau conjugal; mais Valentine la retira doucement en continuant :

— Oui, quoiqu'on en pense ailleurs, ma conscience m'éclaire et je n'écoute qu'elle. Les lois éternelles de l'amour et de l'honneur sont au-dessus des règles prescrites par des autorités de passage. Les lois éternelles nous disent que l'*amour* ne doit pas être profané dans l'objet auquel il s'attache, que l'*honneur* est le même pour tous, et que la tolérance de l'infidélité, si elle s'appelle *honte, lâcheté* de la part du mari, ne doit pas s'appeler *générosité, dévouement* du côté de la femme. Je crois donc que, dans la véritable légalité, tout est fini entre M. de Rocheboise et moi.

— Eh bien ?

— Mais il y a peut-être entre nous deux, Léon, un autre obstacle que vous ne connaissez pas.

— Un obstacle ?

— Mon Dieu ! oui ; il est une circonstance bien puissante dans ma vie actuelle que vous ignorez entièrement.

Elle ajouta en souriant, et pour tâcher d'adoucir la gravité de cet entretien :

— Car je vois, mon ami, que tout en croyant nous connaître si bien, nous avions de grands secrets l'un pour l'autre... Mais je dois vous confier le mien avant de répondre à vos offres généreuses.

— Oh ! parlez !

— Oui, mais pas ce soir.

— Pourquoi ?

— Il faudrait vous parler longtemps de moi ; et ce soir, j'ai la tête et le cœur trop remplis de vous, Léon, de ce que vous m'avez confié... Je crois, en vérité, que je ne pourrais pas m'intéresser à moi-même.

— Oh ! Valentine !... mais bientôt, du moins.

— Ecoutez, mon ami, je m'adresse encore à cette ineffable bonté dont vous m'avez donné depuis si longtemps des preuves, même à mon insu ; je vous demande d'être un mois sans me revoir avant de revenir entendre le secret que j'ai à vous confier.

— Dieu !... si longtemps.

— La même confidence vous apprendra si j'accepte ou refuse d'accomplir ce projet, dans lequel vous voulez me dévouer votre existence.

— Dans un mois ?

— Oui.

— Vous le voulez... mais ensuite pas de retards ?...

— Je vous le promets.

— Mais alors ce sera le même jour du mois, à la même

heure où nous sommes, car je ne veux pas vous donner un momment, une minute de plus.

— Soit.

Valentine se leva.

— Maintenant, mon ami, dit-elle, je vous dis adieu pour longtemps Mais ce sera pour penser à vous, je vous le jure!

Léon baisa la main de la jeune femme; il la regarda avec une expression de tendresse pieuse et solennelle, et se retira.

Herman le suivit des yeux à travers l'étroite fente des rideaux, le cœur ardent de haine et de colère.

Il resta encore un moment immobile, étourdi des coups successifs de cette soirée, incapable de chercher une issue à son étrange situation. Cependant, la vieille gouvernante, après avoir accompagné Léon Dubreuil, remonta près de sa maîtresse. La vue de cette femme dans la chambre de Valentine ôtait à Herman toute ideé d'y rentrer lui-même; l'éclat que causerait sa présence ne pouvait avoir lieu devant un tel temoin... En même temps, il était sûr de ne plus rencontrer personne au bas du pavillon, et pensa à descendre du balcon dans le jardin.

Son évasion s'effectua heureusement. En sautant du balcon, dont il n'avait pas mesuré la hauteur, il tomba sur un gazon épais qui le reçut sans danger et sans bruit; de là, les arbres lui prêtèrent leur soutien pour escalader le mur, après quoi il se retrouva en liberté.

Herman, avant de s'éloigner, se retourna encore une fois vers le pavillon, jurant sur son âme de s'y retrouver au jour qui avait été indiqué, et d'empêcher ce rendez-vous si tendrement donné et reçu.

Il devait s'y retrouver en effet, dans ce court délai, mais dans une situation bien différente, et après bien des événements passés

IX

RUINE

Une après-midi, Herman de Rocheboise était dans son cabinet, assis devant une table couverte de papiers. Il penchait la tête sur sa main dans une attitude accablée;

son visage était profondément altéré et soucieux. Pasqual se tenait en face de lui ; tous deux examinaient ces papiers couverts de timbres et de chiffres.

Des dépenses excessives avaient rapidement absorbé la fortune laissée par madame de Rocheboise à son mari ; le prix de l'hôtel, les rentes sur l'Etat avaient été engloutis dans des prodigalités journalières et sans bornes. La ruine, imminente depuis quelque temps, approchait rapidement.

C'était peu de jours après la visite nocturne et ignorée d'Herman dans le pavillon, et lorsque son amour et sa jalousie étaient exaltés au dernier degré. Ces préoccupations douloureuses l'absorbaient entièrement ; il ne pouvait en détacher ses pensées ; et sa plus vive souffrance, dans le désastre qui le menaçait, était de se trouver enchaîné à de longues discussions d'intérêt.

Tantôt il se livrait à ce travail avec une attention forcée qui lui brisait le cerveau, tantôt il rejetait les papiers sur la table avec une violente impatience, et il se promenait à grands pas dans sa chambre.

— Il m'est impossible de m'occuper d'affaires dans la situation d'esprit où je suis, dit-il enfin ; je donnerais la moitié de ma vie pour être délivré de ces choses. Je ne peux pas y penser.

Il le faut pourtant bien, monsieur, répondit froidement Pasqual. Il y a ici plusieurs assignations...

— Et pour des sommes effrayantes... Mais, mon Dieu, où a donc pu passer tout cet argent !

— Les derniers soupers donnés par monsieur...

— Coûtent un prix fou... je le sais bien... mais encore...

— La maison de mademoiselle Hermance absorde dix mille francs par mois.. sans compter l'argent que mademoiselle me fait demander tous les jours pour des dépenses particulières.

— Que peut-elle en faire ?

— Mon Dieu, cela passe si vite... Jugez des petites choses aux grandes : une fleur de Constantin coûte 150 fr., des gants, des pafums montent souvent au même prix.

— Une fleur, 150 fr... mais cela n'a aucune valeur.

— Demandez la valeur de la plus jolie femme à l'homme qui n'en est pas amoureux, il ne lui en trouvera aucune ; cependant celui qui en est épris fait des folies pour elle. Elle en fait autant pour la fleur qu'il lui plaît d'avoir.

— Ce n'est pas le moment de paroles inutiles, dit Herman en frappant du pied.

— Et quand mademoiselle donne des fêtes, poursuivit Pasqual, vous pouvez penser...

— Des fêtes! interrompit Herman... Il y a précisément une fête chez elle ce mois-ci, elle est annoncée, et je veux qu'elle ait lieu; je le veux absolument.

— Alors, monsieur, venez donc vous occuper un instant de vos affaires, puisqu'il faut se débarrasser du tribunal de commerce avant de songer au bal.

Herman revint se placer devant la table.

— Au total, dit-il, nous devons aux divers fournisseurs...

— Cent sept mille cinq cent soixante-deux francs.

— Et il nous reste d'argent comptant? demanda Herman en indiquant un portefeuille posé sur la table.

— Eh! mon Dieu! monsieur le sait bien : vingt-cinq billets de 1,000 fr. déjà comptés vingt fois.

— Au moins, la rente de mon père a-t-elle été exactement payée?

— Parfaitement, jusqu'au dernier terme... mais celui-là, M. le comte de Rocheboise l'attend encore.

— Comment sortir de là? dit Herman en se frappant le front... Je ne veux pas emprunter... Oh! non, pour tout au monde je ne demanderais un sou à personne... On ne verra pas où j'en suis réduit... J'ai tout fait pour être admiré, envié... Pardieu, je ne veux pas qu'on me plaigne!..

— On peut pourtant trouver quelques amis discrets.

— Obtenez donc le silence des gens que l'orgueil et la jalousie poussent à parler. Il y a rivalité entre les hommes de luxe et d'opulence, mon cher, comme dans les autres corps; celui qui a été un instant le plus fort ne pourrait pas plus se taire que le soldat cacher sa croix. Le siècle, en formant l'aristocratie d'argent, lui a donné, à défaut de gloire, la gloriole pour se soutenir.

Pasqual réfléchit quelques minutes, mais en paraissant découragé et à bout de ses ressources. Enfin, passant la main sur son front sans relever la tête, il dit avec une extrême hésitation :

— En désespoir de cause, je vous proposerais bien quelqu'un qui, sous le rapport de la discrétion, ferait parfaitement votre affaire..... Un homme qui verse de l'argent comme un coffre, et reste aussi muet.

— Eh bien ?

— Mais je ne sais si je dois...

— Seriez-vous sûr de son silence?

— Oh! son intérêt même le force à cacher des prêts

faits au-dessus du taux légal et d'une manière peu licite..

— Dieu me pardonne! dit Rochebоise en l'interrompant je crois que vous voudriez m'envoyer chez un usurier.

— Non, en vérité, monsieur, j'aurais fait la commission moi-même.

— Pardieu! la différence est grande... et j'irai bien ains' me livrer à un de ces suppôts de ruine... Emprunter d'un usurier, mais c'est comme un pacte avec Satan; il vous sauve d'un danger pour posséder ensuite votre âme...

— Monsieur parle de fortune à conserver, de ruine à éviter...

— Comme si j'en étais encore là, n'est-ce pas? Je connais très-bien la situation de mes finances. Je dois quatre fois plus que je n'ai d'argent; mais il me reste un mobilier, des objets d'art, des équipages dont le prix peut s'évaluer à cent cinquante mille francs. Je veux garder encore mon train de maison cet hiver; et j'y parviendrai, après avoir fait face aux premières affaires, soit en marchant sur le crédit, si j'en obtiens encore, soit en vendant mon mobilier à un acquéreur qui, pour une diminution de prix, m'en laissera encore la jouissance, la possession apparente, pendant quelques mois..... Ensuite, avec cette vente, je paierai mes dettes... Et dans ce temps-là, dit Herman en se parlant à lui-même, il me sera doux de vivre de peu, avec le seul bien que je désire... ou il me sera indifférent de ne plus vivre du tout!

— Mais ce n'est pas de l'avenir qu'il s'agit, reprit imperturbablement Pasqual, c'est de demain; demain il faut payer les créanciers les plus pressés, ou bien...

— Eh! certes, c'est là tout ce qui m'inquiète.

— Monsieur craint le danger de s'adresser à la personne que je propose?

— Le dégoût seul d'avoir affaire à de tels gens suffirait pour m'en éloigner.

— Cependant l'argent nous est indispensable, et pour s'en procurer il faut choisir entre les inconvénients.

— Sans doute, je ne veux laisser soupçonner à personne la position critique où je me trouve... Je veux encore moins aller mendier de l'argent auprès de messieurs mes amis... S'il fallait en venir à de pareilles extrémités, j'aimerais encore mieux l'usurier, la Providence de l'enfer... En attendant, je tâcherai fort de m'y soustraire.

— Monsieur a sans doute d'autres resources, dit Pasqual avec une froide indifférence; j'attends les ordres qu'il voudra me donner pour les mettre en usage.

— Eh bien, oui, monsieur Pasqual! tandis que vous rêvez à des moyens extrêmes et dangereux, je viens d'en entrevoir un plus près de nous et plus facile... Il y a encore vingt-cinq mille francs dans ce portefeuille?

— Oui, monsieur.

— Nos principaux marchands, Delisle, Mombro, se contenteront de renouvellements; il faut faire le sacrifice de l'argent comptant qui nous reste et le répartir en à-comptes parmi les autres fournisseurs... Cela vous regarde, Pasqual; mesurez la somme offerte à chacun d'eux d'après leurs diverses exigences, et tâchez d'obtenir du temps pour les fins de comptes.

— En effet, monsieur, c'est une démarche qu'on peut tenter.

— Nous resterons alors sans le sou, mais en faisant encore assez bonne contenance pour avoir du crédit quelque temps... Ensuite... oh! ne parlons plus de cela... ma tête se fend...

— Je vais écrire à vos fournisseurs, dit Pasqual en se levant.

— J'attends votre retour dans ce cabinet. Vous me direz, tout compte fait, ce que vous aurez pu offrir à chaque créancier, et nous en finirons pour ce soir avec ces insupportables affaires.

Herman, demeuré seul, se laisse tomber dans une chaise longue, et le front appuyé dans sa main se livra à ses pensées.

Ses soucis de fortune étaient moins cruels que les angoisses d'un amour repoussé, d'une ardente jalousie. S'il voulait conserver encore quelque temps l'éclat de sa vie de luxe et de plaisir, c'était par les idées troublées, incohérentes d'un amour désespéré. Il voulait se venger de Valentine par les apparences de la liberté d'esprit et du bonheur; il voulait dans d'autres instants se montrer à elle, égaré, insensé, consumant follement sa fortune et sa vie, prêt à se perdre dans le désordre et la ruine, pour qu'elle eût pitié de lui et revînt lui tendre la main, toujours par cet amour de mère qu'elle avait avoué conserver pour lui.

— Etrange fatalité! disait Herman en lui-même pendant ce moment de repos qui lui était laissé. J'ai appelé à moi toutes les ivresses pour m'étourdir, pour perdre la raison, le souvenir, et je suis toujours au même point de tristesse et de regrets. Le malheureux qui n'a que sa gourde d'eau-de-vie boit, s'endort et oublie !... moi qui ai absorbé en si peu de temps une fortune entière, je n'ai rien oublié ; j'aime Valentine plus que jamais, je sens plus que jamais qu'elle est nécessaire à ma vie.

« Cette existence de faste, de bruit, de mouvement ne me semble rien qu'un spectacle continuel et fastidieux, où j'assiste sans y être pour rien. Si je regrette encore cette fortune, c'est qu'elle me venait de Valentine, c'est qu'elle était tout ce qui me restait d'elle... l'amour ! toujours l'amour ! je ne sens que lui !...

« Et c'est maintenant, lorsque j'ai bien atteint cette certitude d'être, quoi que je fasse, enchaîné à Valentine, sauvé ou perdu à jamais par ce qu'elle voudra décider de mon sort ; c'est maintenant que je me vois séparé d'elle non-seulement par cette indifférence qu'elle m'a si bien montrée, mais peut-être par son amour pour un autre, pour cet homme qui ose hautement lui demander de fuir de la France avec lui, de ne voir et de n'aimer que lui !...

En cet instant, Herman cessa presque de penser pour ne sentir qu'une rage jalouse.

La nuit commençait à tomber ; mais, absorbé dans sa douloureuse rêverie, il avait oublié de demander de la lumière.

Il tourna par hasard la tête du côté de sa chambre, où une grande glace était incrustée dans le lambris, et une apparition sombre, étrange s'offrit tout à coup à ses yeux.

Il se dressa de son siége pour la regarder plus attentivement.

Dans la profondeur de la glace, entourée de tentures cramoisies, se peignait un personnage entièrement noir de figure et de vêtements ; cette figure d'ébène détachait nette ses contours dans la limpidité blanchâtre du cristal, rehaussée du reflet chaud et vigoureux des draperies rouges.

Quoique les traits de ce visage fussent indistincts dans l'enfoncement, il semblait voir passer sur cette face ténébreuse un regard errant et un sourire.

Rocheboise se rejeta en arrière, et sans prendre le temps de s'avouer, encore moins de s'expliquer l'effroi que lui causait cette vue, il voulut sortir du cabinet.

A la porte, il se trouva face à face avec une figure semblable à celle de la glace, ou plutôt avec l'original qui jetait son image dans le cristal. Il laissa échapper un cri de surprise et il allait appeler ses gens, quand le premier mot prononcé par le sombre personnage éclaircit pour lui le mystère, et en même temps lui ôta l'envie de rendre personne témoin de la visite qu'il recevait.

— Monsieur avoir pas peur, c'est Jupiter, le bon serviteur à lui qui vient le voir.

A ces mots du nègre, Herman avait fait un mouvement de répulsion en arrière, dont Jupiter avait profité pour avancer, et celui-ci se trouvait ainsi installé dans le cabinet.

— Vous ici! dit Rocheboise en s'adossant contre son bureau et en regardant le noir avec une violente impatience. Qui vous a permis de venir ?

— Moi demande seulement une audience à bon maître.

— Pas de mots inutiles... Parlez, que voulez-vous ?

— Dix mille francs, dit le nègre, obéissant à cet ordre d'aller droit au but.

— Vous êtes fou... Et de quel droit demandez-vous cette somme?

— Vous savoir mieux que moi, dit Jupiter avec son rire méchant et silencieux.

— Apparemment non, puisque je le demande.

— Oh ! oh ! mauvaise raison; monsieur de Rocheboise oublier chose dont lui veut pas se souvenir... Oh ! mauvaise raison !

— Je n'ai rien oublié, dit Herman en frémissant. A mon service, vous étiez devenu incapable de travailler, je vous ai donné de quoi vivre sans rien faire... vous voyez que je me souviens.

— Moi ai bien obéi à monsieur, moi ai vécu sans rien faire... Mais monsieur avoir pas dit à moi combien de temps il fallait vivre avec l'argent, moi ai vécu cinq ans.

— Misérable ! trois mille francs par an !

— Ah ! si bon maître aurait pas voulu que serviteur à lui vécût comme un chien.

— Peut importe ce que vous avez fait... mais maintenant, sortez, ou je vous fais jeter dehors.

— Que non... parce que Jupiter s'en irait chez le procureur du roi, et conterait à lui une histoire... une histoire véritable.

— Malheureux! s'écria Herman avec trouble et colère, vous seriez le premier puni.

— La prison.... moi en avoir pas peur du tout.... à preuve que moi viens d'y passer plus d'une année bien gentiment... Sans quoi, vraiment, moi être venu plus tôt voir le bon maitre.

On se rappelle que Jupiter, après avoir signalé M. de Rocheboise à ses camarades pour le haut personnage duquel il pourrait tirer une forte contribution en se présentant à sa vue, s'était solennellement engagé à remettre ce bénéfice entre les mains de la société. Mais lorsque deux jours après, les compagnons du nègre s'étaient réunis au *Trou-à-Vin* pour opérer le partage, il n'avaient point vu venir Jupiter, et même celui-ci s'était éclipsé pendant quelque temps. C'est que, peu d'instants après celui où ce conciliabule s'était tenu, le pauvre nègre, surpris en flagrant délit de mendicité, avait été arrêté et conduit en prison, d'où il venait seulement de sortir.

Il répétait encore :

—Oh! la prison pour Jupiter, partie de plaisir, mais pour monsieur de Rocheboise, oh!

— Il vous faudrait des preuves que vous ne possédez pas, dit Herman en se contraignant. D'ailleurs, le temps écoulé...

— Non, non, Jupiter entend les affaires... Et puis il a consulté son avocat... un bien honnête homme... D'après le code, pas encore prescription pour le délit... Et quant aux preuves, l'avocat avoir dit à Jupiter qu'il y aurait des témoins assez pour amener la condamnation de monsieur de Rocheboise... et de Jupiter aussi comme complice.

Herman, au milieu de la colère que lui inspirait cette insolente menace, sentit ce qu'elle enfermait de positif. Une condamnation à obtenir contre lui au sujet de la catastrophe de la famille Augeville, dans les circonstances données, ne paraissait pas vraisemblable, mais une accusation du moins était possible. La pensée seule d'un scandale public, d'un procès allant retentir dans les journaux, dans le monde, glaçait son âme d'épouvante... Il eût donné sa vie pour se soustraire à cette honte!... Il pouvait bien sacrifier dix mille francs, puisque le silence du misérable était à ce prix... C'était lui maintenant qui aurait voulu rassasier le nègre d'argent pour étouffer la parole dans sa gorge. Heureusement le portefeuille était encore sur la table.

Restait l'humiliation de céder à cet être infâme, de plier sous son insolence; Rocheboise la subit et dit d'une voix altérée :

— C'est dix mille francs que tu demandes?

— Pas un sou de moins... Jupiter voulait quinze mille... mais l'avocat... un bien honnete homme... a décidé que c'était assez de dix, et Jupiter s'est rendu.

— Et qui me répondra qu'après avoir dissipé cette somme tu ne viendras pas en demander d'autres ?

— Ah! voilà le diable, dit l'effronté mendiant, vous n'avoir pas d'autre garantie que la parole du noir, et vous être forcé de vous en contenter.

— Eh bien, finissons-en.

— Jupiter veut bien.

— Tu auras tes dix mille francs...

— Ah! dit le nègre avec un épanouissement de joie qui fit étinceler au milieu de sa face sombre ses yeux blancs et ses dents d'ivoire.

— Mais tu vas jurer sur le dieu de tes pères de ne jamais, à l'avenir, me montrer ton atroce figure.

Le nègre frissonna; il n'était pas dans sa résolution, de s'en tenir à ce seul rapt d'argent envers Rocheboise et en faisant le serment contraire, il croyait fermement que le dieu des bords de l'Orange verrait le parjure au fond de son cœur. Sa religion sauvage était même tellement enracinée en lui, qu'il se sentait petit et tremblant en entendant rappeler le souvenir de sa divinité dans l'instant où il commettait un acte de bassesse et de rapacité.

— Cependant les billets de banque étaient à ce prix.

Rocheboise l'en assura de nouveau par ces paroles :

— Jure donc!... car rien ne me coûte pour me débarrasser de ton odieuse vue ! mais si je ne puis acheter ton éloignement par ce sacrifice, *je le jure, moi*, que tu vas sortir à l'instant, et que tu n'emporteras rien d'ici que l'exécration dont je charge ta tête.

Herman disait vrai, car son irritation toujours croissante était arrivée à une colère aveugle, dans laquelle il aurait pu se perdre lui-même.

Le nègre le sentit; il jeta un coup d'œil sur le portefeuille que Rocheboise tenait déjà ouvert, et la cupidité l'emportant, il essaya de proférer les paroles demandées.

— A genoux ! malheureux, à genoux !... et songe que tu vas parler devant le dieu que ton père t'a appris à adorer.

Le nègre tomba prosterné; tous ses membres tremblaient; au milieu de l'ombre, on voyait briller les lueurs jaunes que dardaient ses prunelles dilatées... Sur un commandement plus impérieux de Rocheboise, il prononça le serment de ne jamais reparaître devant son ancien maître.

— Tiens, misérable! dit Herman en jetant devant le nègre le paquet de billets de banque.

Il mit dans ce geste tant de mépris écrasant, tant d'indignation foudroyante, que le noir, déjà étourdi, altéré, frémit sous la puissance de son maître et tomba la face inclinée contre terre, appuyé sur ses deux mains, dans l'attitude de l'animalité.

Mais à la même minute, il bondit sur le tapis, saisit les billets, et, s'élançant vers la porte, disparut dans l'escalier dérobé par lequel il était venu.

Rocheboise demeura quelques instants immobile sous le coup de cette funeste apparition.

Il n'était pas encore revenu de sa stupeur pénible, lorsque Pasqual descendit tenant à la main les lettres dans lesquelles il offrait des à-comptes à divers fournisseurs, dans le but d'obtenir d'eux un sursis au paiement.

— Déchirez ces lettres, Pasqual! s'écria Herman encore exaspéré. Et puisque le diable veut se mêler de mes affaires malgré moi, il faut bien qu'il soit le maître... Allez conclure avec l'usurier... qu'il vole tout ce qu'il voudra, puisqu'il est maintenant notre unique ressource; mais qu'il donne de l'argent et se taise, puisque nous avons encore cela à espérer.

Pasqual, toujours impassible, s'inclina devant l'ordre de son maître, et sans s'informer de ce qui avait amené cette nouvelle détermination chez M. de Rocheboise, répondit qu'il allait se conformer à ses instructions et terminer cette affaire à l'instant même.

X

LE LOGIS DU PÈRE CORBEAU

Après avoir passé la barrière d'Enfer, la route qui conduit à Clamart est semée de loin en loin de très-petites maisons parfaitement isolées, à façades larges de deux fenêtres et hautes de deux étages. Par derrière, des champs plats, jaûnâtres, s'étendent au loin, dans un espace désert.

Le second étage de l'une de ces étroites bicoques est divisé en deux misérables logements, dont l'un est la demeure du père Corbeau.

Ce réduit se compose d'une chambre à une seule fenêtre et d'un cabinet noir. Le sol est de plâtre inégal, raboteux; le plafond, aux solives sobres et nues, loge dans ses profondeurs des araignées dont les générations se perpétuent d'âge en âge; la cheminée est de plâtre comme le sol, et ne se rapproche du marbre que par les veines noirâtres que la fumée y a capricieusement imprimées, le tuyau en saillie est coupé de diagonales de papier de toutes nuances qui en bouchent les crevasses; du même côté, le mur, qui se trouve mitoyen entre cette chambre et un énorme monceau de fumier dressé dans la cour voisine, suinte d'une eau noire qui filtre dans les joints de la pierre.

Une chaise en bois vermoulue, à fond de paille éraillé, est le siége d'honneur de l'appartement; il s'y trouve en outre une table grasse et huileuse, sur laquelle trônent une cruche de terre ébréchée, un couteau dont la lame est dentelée comme celle d'une scie, une fourchette en fer à manche cassé. La couche, placée à droite de la cheminée, se compose de quatre morceaux de chêne verticaux, équarris et assemblés par des traverses où des ficelles croisées supportent une paillasse, un matelas de foin, un drap fait de toile à voile de navire et une couverture percée en cent endroits. Un vieux vêtement étendu devant la croisée, sur une corde, sèche son tissu mouillé et sert en même temps de rideau de fenêtre.

Il est sept heures du soir. Une pluie trouble qui tombe à torrents rend encore la nuit d'hiver plus sombre; le froid stagnant de ce réduit est plus âpre, plus pénétrant que celui qui règne au dehors.

Le père Corbeau, après avoir terminé sa ronde de mendicité, vient de rentrer, complétement inondé. Sa besace et son bâton reposent près de lui; son premier soin a été de vider soigneusement ses poches, et de ranger en pile sur la table les gros sous recueillis dans la journée.

Maintenant il est assis près de l'âtre, où brûlent quelques morceaux de bois et de mottes; leur cendre rouge fait griller un hareng posé sur les pincettes, en même temps que le vieux vagabond s'empare du surplus de calorique pour sécher ses pieds ruisselants d'eau.

Autour de lui nul meuble à serrer le linge, nul vêtement épars n'annonce qu'il puisse se changer à volonté. En effet, le mendiant n'a que son unique défroque, avec laquelle il couche tout habillé, dans laquelle il meurt, et qui lui sert encore de linceul.

Quoi qu'il en soit, son piteux état et l'appareil de son souper qui se prépare ne paraissent préoccuper le père Corbeau d'une manière pénible ni agréable... Il jette des regards avides, errants, sur toutes les parties de sa demeure, et ses épais sourcils, les mèches grises et ardues de son énorme crinière, avançant sur son front, semblent, quoiqu'il soit seul, vouloir cacher ses regards. Ses traits hideux, mais fortement expressifs, reflètent le cours de ses pensées : ils sont tantôt animés d'une joie étrange, tantôt obscurcis de sombres soucis.

Rien n'interrompt sa méditation sauvage.

Des gouttes d'eau, passant par le toit délabré, tombent, à temps égaux, avec un son monotone, et cette gouttière semble l'humble horloge qui mesure le temps dans ce misérable réduit. Au dehors, le long grincement d'une roue de charrette, qui sillonne lentement la route, est le seul bruit qui se fasse entendre.

L'attention du vieillard est cependant ramenée aux choses positives par l'éclat du foyer qui pétille en dévorant le bois sec; à la clarté de cette flamme splendide, il se reproche de consommer trop vite ses provisions, et se hâte de retirer les tisons fumants, qu'il ménage pour l'avenir.

Le hareng étant cuit à point, le père Corbeau le fait passer sur l'assiette, qu'il pose au milieu du couvert; il va chercher dans son cabinet une cruche d'eau dont il casse l'épaisse couche de glace; il tire de sa besace des morceaux de pain de différente qualité, dont chacun représente une aumône, puis se met à table et procède à son souper.

Il promène d'abord longtemps le couteau ébréché sur l'étendue du poisson, afin de le diviser en deux parties bien égales, dont la seconde doit servir pour le lendemain. Cette opération terminée, la part qu'il se destine lui semble sans doute un peu mince en raison de son appétit, car il pousse un soupir, et se répond ensuite à lui-même d'un ton bourru :

— Parbleu ! est-ce que je n'en ai pas assez.... Avec trois poissons pareils, Jésus-Christ a nourri une foule affamée !

En effet, malgré cette révolte passagère de son estomac contre l'exiguïté des vivres, et l'intensité de son appétit excité par une journée de courses, il mange avec modération, presque avec indifférence, humectant le hareng de l'eau de la cruche qu'il fait venir à ses lèvres avec un chalumeau de paille, faute de verre.... Il s'interrompt souvent; il jette un regard d'une singulière expression sur le coin de son plancher qui avoisine le grabat; et, après quelques minutes de contemplation muette, se remet à manger.

Mais, à chaque instant, les coups d'œil vers la partie mystérieuse de son logis deviennent plus fréquents, plus animés... Bientôt, il ne peut plus y tenir, il abandonne son repas à peine commencé, et se lève vivement de table.

Il va d'abord à sa porte, qu'il ferme à l'intérieur par un ressort à secret, connu de lui seul, étend davantage devant sa fenêtre les hardes qui garantissent des regards; puis, cela fait, écoute quelques minutes

Satisfait de ces précautions, il s'approche de la muraille qui sépare la chambre du cabinet, se baisse sur ses genoux, appuie par terre son poignet droit, dont, comme on le sait, la main a été coupée, et promène sa main gauche sur la plinthe de bois. Tout à coup, à cette pression, une partie de la planche, se séparant de l'autre, se relève sur elle-même, et découvre une petite ouverture semblable à celles qui servent de passage aux souris dans leurs pérégrinations aux lieux habités.

Alors le vieillard, introduisant un doigt dans un trou, tire à lui; à ce mouvement, une plaque de plâtre d'un pied carré, qui fait partie de plancher, s'ébranle et se soulève.

Le trou profond qui se découvre est rempli de pièces d'or, d'argent, de cuivre, de monnaie de toute sorte.... Mais c'est l'or qui domine.

En apercevant son trésor, le vieux mendiant tressaille; il se répand sur son horrible et sombre figure des éclairs de joie insensée, de bonheur frénétique; sa poitrine se dilate, ses yeux jettent des feux ardents; il pose la main sur son sein bondissant, dont il craint même que la respiration haletante ne se révèle au dehors...

Pendant le quart d'heure où il contemple son or, il épuise tout ce que font sentir les suprêmes jouissances humaines.

Il demeura fixe, muet, les bras pendants, replié sur

lui-même au bord de ce trou : l'univers n'est plus composé que de lui et de son trésor !

— Ah ! dit-il enfin en brandissant son poignet droit tronqué, la nature a voulu m'ôter ce qui qui fait la force de l'homme, sa *droite* formidable... J'ai été condamné, moi né misérable, à ne point arracher par la violence les biens dont j'étais dépossédé... Condamnation dérisoire ! ajoute-t-il avec un orgueil sauvage : la force n'a point suivi ma main abattue, elle est restée en moi et s'est déployée sous une autre forme... Malgré la nature, je me suis fait riche ! plus riche que les maîtres des opulents hôtels, qui ne savent souvent comment les payer ; plus riche que les gens couverts de dorures, et qui doivent encore leurs habits... Deux fois riche par la possession de cet or et la force de savoir m'en passer !

Puis il considère en détail ces diverses espèces, et son orgueil superbe tombe pour faire place à une expression de gaieté acerbe et railleuse.

— Allons ! reprend-il, la caisse des fricotteurs tient encore une bonne petite place !...

Il m'a fallu de grands sacrifices pour me mêler à leurs orgies ; mais, vrai Dieu ! j'en suis bien payé... Eh ! eh ! ils riraient bien s'ils savaient que leur oiseau est venu faire ici son nid... Mais, en attendant, c'est moi qui ris !

Il se mit à rire en effet, mais seulement des lèvres, et aussi silencieusement que le sauvage en garde contre l'ennemi.

En ce moment, un bruit se fit entendre..... c'étaient comme des murmures sourds venant du cabinet ou du logis à côté.

Le vieillard tressaillit. Pendant quelques secondes, le saisissement le retint immobile. Quoique seul, inaccessible, enfermé, barricadé même contre les regards, il frémissait encore ! Son haleine était suspendue ; toutes les forces de son être avaient passé dans l'ouïe qui percevait les sons.

Cependant le bruit s'élevait ; il venait décidément du logement voisin, séparé de celui-ci par une mince cloison. On entendait alors une voix d'homme, qui d'abord faible et plaintive, avait monté jusqu'au ton du désespoir ; puis des cris d'enfants, lamentables, déchirants.

Mais la terreur du père Corbeau, loin de croître avec le bruit, s'était totalement dissipée après avoir nettement distingué les sons. Il haussa les épaules et sourit de ce qu'il voulait bien appeler sa faiblesse. Puis il rabaissa la plaque qui fermait sa caisse, ramena sur les joints la poussière qui les cachait, arrangea toute chose avec autant de lenteur et de tranquillité qu'il l'eût jamais fait.

Se replaçant avec le même calme devant sa table, il oublia de nouveau son souper pour compter et recompter le petit tas de sous qu'il avait ramassé en mendiant dans la journée. Bien qu'il vînt de contempler son magnifique trésor, loin de se montrer injuste et dédaigneux pour ce petit pécule, il le caressait avec le même amour du regard et de la main.

Il entendit dans la chambre voisine, où le bruit n'avait pas cessé, la porte s'ouvrir et se refermer violemment, et des pas précipités descendre l'escalier.

— A la bonne heure donc! dit le vieux mendiant, voilà l'homme qui sort.... Quand il n'y a que la femme et les enfants à larmoyer, ça ne me fait rien, mais cet animal-là a la voix si forte dans ses accès de désespoir, qu'il me casse la tête... Ah! ajouta-t-il presque aussitôt, je savais bien! voilà le concert des marmots qui recommence....

Les gémissements se renouvelaient, entrecoupés, haletants, plus tristes encore par leur faiblesse, car il semblait que ce fût la mort qui commençât à les étouffer; il s'y mêlait des sanglots bas et interrompus, et parfois un cri de femme.... de mère, profond, déchirant.

Quelques instants s'écoulèrent, marqués par ce murmure de désolation; puis des coups d'une main tremblante se firent entendre à la porte du père Corbeau.

Le premier mouvement du sordide vieillard fut de serrer précipitamment dans sa poche le tas de gros sous, puis dans le cabinet les restes du misérable souper, dont on ne vit plus trace sur la table.

Ensuite il se leva et alla entrebâiller sa porte, tenant son visage à l'ouverture et sa main fortement fixée au bouton pour que le panneau ne s'ouvrît pas davantage.

Une femme du peuple, le visage hâve et creusé, les yeux égarés, les cheveux épars, était sur le seuil, ayant près d'elle une petite fille de six ans, qui montrait dans tout son être l'empreinte de la dernière misère, de l'excès des souffrances.

— Ayez pitié de moi! père Corbeau, disait la mère d'une voix mourante. Au nom de tous les saints du ciel, ayez pitié de moi!...

— Ne dirait-on pas que le feu est à la maison, à vous entendre crier ainsi, répondit le vieux mendiant avec impatience. Qu'y a-t-il? que voulez-vous?

— Oh! mon Dieu, ce que je veux!... Mais il y a un instant François est sorti désespéré .. il est allé... je ne sais où... se jeter à la rivière peut-être... il ne voulait pas voir ses enfants mourir de faim!...

— Et puis, après?... Parlez donc au lieu de pleurer!

La petite fille, ne pouvant plus se soutenir, venait de s'affaisser contre la robe de sa mère, qui la soutenait d'un bras.

— Ma pauvre enfant! s'écria la malheureuse femme.... Hélas! si jeune! elle s'est aperçue que je ne mangeais pas pour laisser un peu de pain à ses deux petits frères... elle a voulu faire comme moi... elle a eu moins de force pour supporter la faim.... Ange de bonté et d'amour.... va!. .

Le visage délicat et touchant de la pauvre petite créature devenait d'une pâleur livide; ses yeux se fermaient; elle penchait sa tête, que ses longs cheveux venaient envelopper comme un voile funèbre... Cette enfant, se laissant mourir pour donner sa misérable part de nourriture à sa famille, eût attendri le cœur d'un tigre.

— A la fin, c'est que ça m'embête, moi, dit le père Corbeau... Parlerez-vous, madame François?

— Il n'y a plus rien! plus rien chez nous!

— Les temps sont durs pour tout le monde...

— Prêtez-moi un peu d'argent!... Oh! si peu que vous voudrez! ..

— De l'argent!... et où le prendrais-je, miséricorde!

— Que je puisse faire vivre encore un jour... un seul jour... ma pauvre petite!...

— Je vous ai prêté deux francs cinquante sur votre couverture... qui n'en valait pas la moitié... avez-vous un autre gage à me donner?

— Oh! rien!... rien!... répondit la malheureuse femme en se tordant les mains.

— Point de gage, point d'argent... bonsoir!

La petite fille en ce moment baissa la tête, ses mains se détendirent; elle lâcha la robe de sa mère à laquelle elle était attachée, et tomba évanouie ou morte.... sur le palier.

La mère jeta un cri qui partait du fond des entrailles.

puis elle s'affaissa sur elle-même, et resta immobile, les membres crispés, le front couvert de sueur froide, les yeux hagards et perdus dans l'espace, devant ce corps inanimé.

Corbeau profita de ce moment pour fermer brusquement et bien clore sa porte.

Ayant ainsi reconquis sa solitude, le vieillard, avec un sang-froid stoïque que la pitié des maux d'autrui n'avait jamais un instant troublé, se mit à ranger son ménage, puis passa aux préparatifs de son coucher.

Il tournait lentement autour de son lit, y faisant une légère façon, lorsque trois coups, bien différents de ceux qui avaient été précédemment frappés, retentirent à sa porte et furent suivis, à peu de distance, de trois autres coups réguliers et distincts.

Le vieux mendiant avait suspendu sa besogne et attentivement écouté.

Ayant d'abord faiblement poussé le panneau en dehors, il reconnut une figure dont la vue lui fut probablement agréable, car il chercha à ouvrir vivement la porte de tout son large.

Un obstacle s'opposait à ce mouvement. C'était le corps de l'enfant qui était tombée d'inanition sur le seuil de sa demeure; la mère, anéantie, l'esprit égaré, était restée immobile à la même place.

L'étranger, sur le palier entièrement sombre, ne distinguait rien de ces masses inertes; mais Corbeau, dont les yeux étaient mieux faits à cette obscurité, vit ce qui gênait l'ouverture de sa porte, et d'un rude coup de pied repoussa les restes inanimés de la pauvre petite fille, en jurant contre une maison si mal tenue, que les locataires embarrassaient ainsi le carré!...

Puis il introduisit la personne qui se présentait.

Ce visiteur était Pasqual.

Corbeau jeta d'abord sur lui un regard d'oiseau de proie, et lui adressa ensuite un assez cordial bonjour, en indiquant de la main la seule chaise de son logis, et en s'asseyant lui-même au bord de son grabat.

— D'abord, monsieur Pasqual, dit-il en se hâtant de prendre la parole, parlons bas, s'il vous plaît.... car les murs ici ont des oreilles... et sans doute ce que nous avons à dire ne doit être entendu que de nous.

— Très-bien. mon cher Corbeau, répondit Pasqual en

mettant sa voix au diapason demandé ; et, de plus, allons de suite au fait.

— C'est ce que je désire.

— Et moi encore plus... car il fait diablement froid dans votre palais.

— Voulez-vous que j'ouvre la fenêtre?... ça radoucit un peu l'air...

— Merci... vous savez ce qui m'amène.

— Votre lettre me l'a à peu près fait comprendre.

— Il me faut quarante mille francs.

— Mais... pas pour vous ?

— C'est moi qui traite... le reste ne fait rien à l'affaire.

— Je vous demande pardon, mon petit... Ah! excusez, monsieur de Pasqual... l'ancienne habitude...

— Allez toujours!

— Le nom de l'emprunteur fait beaucoup, car les sûretés en dépendent.... Du reste, comme je devine de qui il s'agit, je dirai comme vous : Allez toujours.

— Il me faut quarante mille francs demain avant midi.

— On peut vous les faire trouver, dit Corbeau, dont le visage se colore peu à peu, dont les yeux s'illuminent dans leurs sombres orbites... ça dépendrait des conditions.

— Faites-les vous-même. J'écoute.

— Avons-nous des propriétés au soleil?

— Non... mais un mobilier de grande valeur, des équipages qui seuls représentent au delà de la somme.

— Hum... sur de telles garanties, ça vous coûtera plus cher.

— Mais, mon cher, vous ne comptiez pas sur des hypothèques?

— C'est juste, reprend Corbeau avec une ironie acerbe ; pour un emprunt régulier, on a recours aux valeurs des notaires... qui valent mieux que les nôtres. Alors, que voulez-vous?

— De l'argent sur billets.

— C'est bien présomptueux.

— Avec notre crédit ?

— Parbleu, votre crédit ne doit pas être si bégueule, puisqu'il a recours à nous.

— Mon vieux.... des circonstances particulières nous forcent... ce prêt doit être secret.

— Bon, bon, je sais bien; il y a toujours des raisons qui font qu'on vient nous voir plutôt que d'autres... Mais, enfin, le mystère qu'exige l'emprunteur me fait juger qu'il craindrait fort Sainte-Pélagie ou autre lieu semblable... et alors.

— Vous exigez donc des lettres de change? dit Pasqual, dont les traits se colorèrent aussi d'une émotion intérieure.

En même temps, le vieillard tressaillit violemment et s'écria dans un transport dont il ne fut pas le maître :

— Crois-tu donc que je te livrerai mon sang, ma vie, pour tes beaux yeux!.... Mais il se reprit subitement et ajouta d'un ton béat : Que pour tes beaux yeux, je m'exposerais à perdre mon crédit près de l'homme qui m'honore de sa confiance? Ah! je dévorerais ma langue plutôt que d'engager imprudemment l'argent de celui....

— Suffit, suffit, je te connais parfaitement, interrompit Pasqual en appuyant sur ce mot. Ainsi, ce sont des lettres de change qu'il te faut absolument?

— Et je vais droit en affaires : à l'échéance, l'argent ou la saisie, et, s'il manque un sou, la prison.

— Voyons les conditions sur cette donnée.

— Je ne puis, dit l'oiseau de proie après un moment de réflexion, je ne puis faire cela à moins d'un escompte de deux pour cent.

— C'est exorbitant!

— J'en demande autant pour ma commission.

— Diable d'homme!

— Il faut que le prêtre vive de l'autel.

— C'est votre dernier mot?

— Je n'en ai qu'un.

— Et puis est-ce tout?

— Oui. Je prends même à mon compte les frais de timbre, correspondance, pas et démarches, etc.

— Mais il n'y a point d'*et cætera*.

— C'est égal, je les prends à ma charge. Quant à l'argent, il vous le faut demain?

— Expressément... avant midi... J'irai le prendre à l'endroit que vous indiquerez.

— Fort bien... vous aurez une voiture?

— Non... un porteur... à moins que vous ne me livriez toute la somme en billets de banque.

— Je vous remettrai trente billets, cinq mille francs en

écus, le reste en marchandises. Munissez-vous d'une voiture.

— En marchandises?... Vous êtes fou!

— C'est mon usage.

— Mais il nous faut demain quarante mille francs en espèces! entendez-vous. Des marchandises, bon Dieu! qu'en faire? nous en avons déjà beaucoup trop, c'est pour cela que l'argent manque.

— C'est à prendre ou à laisser.

— Homme de fer? n'y a-t-il pas moyen d'éluder cette clause et d'avoir la somme intégralement?

— *Si.*

— *Allons donc*... c'est bien heureux!

— Souscrivez-moi pour cinquante mille livres de lettres de change, payables dans quinze jours, l'intérêt du commerce en sus, c'est-à-dire en raison de six pour cent, et je fais votre affaire.

Pasqual, au lieu de se récrier de nouveau, eut sur les lèvres un sourire équivoque et se hâta de répondre :

— Soit, nous acceptons. Demain matin, à neuf heures, la personne en question se trouvera?

— Au café à main droite, en descendant la rue d'Enfer, répondit Corbeau se levant comme Pasqual, qui se disposait à partir.

— A demain donc, dit celui-ci en saluant de la main son ancien camarade.

Et bornant là ses compliments, il disparut.

La porte se referma sur lui, et le logis du père Corbeau, dans lequel la lumière qui remplace le jour était à jamais inconnue, resta plongé dans l'obscurité et le silence.

Bientôt la nuit s'étendit tout à fait sur cette pauvre masure, où l'habileté infernale d'un fou hideux avait enfoui et annulé des sommes qui auraient pu sauver la vie de tant de malheureux, tandis que pour lui toutes les jouissances de la possession existaient dans ses yeux avides, qui se repaissaient de la vue de l'or!... Crime stupide, auquel la raison se refuserait de croire, si tant d'exemples n'en avaient révélé l'existence.

Il est facile de comprendre que les quarante mille francs comptés par Corbeau le lendemain furent engloutis le même jour dans des dettes immenses, et ne firent que hâter la ruine de Rocheboise.

XI

IL EST FÊTE CHEZ ROBINETTE

Le jour de la fête donnée par Robinette était venu ; il devait y avoir matinée musicale et dansante.

Dès midi, l'appartement occupé par la belle jeune fille, dans une des plus élégantes maisons de la rue Neuve-Saint-Georges, était disposé pour la réception fixée à deux heures.

Robinette avait choisi à dessein cette heure de réunion. La lumière du jour, la profusion des fleurs, la fraîcheur des décors, où tout était empreint de jeunesse et de grâce, donneraient à cette fête l'aspect d'un printemps improvisé au milieu duquel la maîtresse de maison, d'une beauté si jeune et si vivante, était dans le cadre qui lui convenait le mieux.

Après la collation, on devait tirer une loterie, composée d'objets de toilette offerts aux femmes présentes par M. de Rocheboise, et qui allaient du simple éventail jusqu'aux bijoux et aux cachemires.

Peu de temps avant la réunion, Robinette était devant sa toilette. Mademoiselle Laure, la femme de chambre qui datait du principe de sa fortune, arrangeait ses cheveux. Un costume gracieux, mais bizarre, choisi pour ce jour-là, était étalé sur un divan.

La coiffure à laquelle mademoiselle Laure travaillait avec le plus grand soin était singulière aussi : elle consistait en deux tresses de toute longueur et de toute beauté, terminées par des nœuds de ruban rouge, et destinées à rester flottantes sur les épaules.

Robinette, choisie par le hasard pour connaître le plus haut degré de fortune, au milieu de sa vie de luxe et de mollesse, regrettait parfois son enfance plus libre et plus insoucieuse encore, ses courses vagabondes, l'imprévu de ses journées, les émotions indicibles que lui donnait la moindre Jouceur dans cette existence misérable, le bien-être délicieux que lui faisait goûter un rayon de soleil après avoir essuyé la forte ondée, dont les gouttes ruisselaient encore sur ses vêtements.

Elle y pensait souvent avec une douceur mêlée de tristesse, soit par la tendance que nous avons tous à embellir et à regretter le passé, soit parce que cette existence errante, livrée au grand air abandonnée à la charité publique, a des charmes connus seulement de ceux qui l'ont pratiquée.

La jeune fille, dans un de ces instants de mélancoliques souvenirs, avait désiré se voir encore une fois dans son petit habillement de musicienne ambulante, et avait fait faire pour ce jour-là un costume extrêmement frais et élégant, mais tout semblable, pour la forme, la couleur et les ornements bigarrés, à celui qu'elle portait en allant chanter sur les places publiques.

Son ancienne harpe, seule chose qu'elle eût conservée du temps de mendicité, était posée auprès de ce vêtement.

— Voyons, dépêchez-vous de me coiffer, Laure, disait la jeune fille. Je serai longtemps à m'habiller, maintenant que je n'ai plus l'habitude de ce costume-là.... Et là-bas, *tout est-il prêt ?*

— Les tapissiers viennent de sortir du salon, le pâtissier et le glacier sont prévenus, on pose les dernières caisses de fleurs dans le vestibule.

— Et la corbeille de loterie?

— Elle est placée sur le buffet, entre les plats montés de la collation... cela fait un effet magnifique... si madame veut voir....

— Je n'ai pas le temps... habillez-moi... A propos, Laure, savez-vous ce que sont venus faire hier ces deux hommes qui regardaient partout et écrivaient je ne sais quoi ?

— Madame, ce sont des gens...

— Envoyés par le propriétaire pour prendre un état de lieux... comme ils sont déjà venus une fois?

— Non, madame, ils venaient pour...

— Mon Dieu, mademoiselle, faites donc attention! vous posez ces nœuds d'épaule tout de travers... celui-ci tombe trop... bien maintenant.... Donnez-moi ma parure d'émeraudes.

— Voci.

— Et cet autre individu que j'ai aperçu deux fois dans le vestibule, les bras croisés, que veut-il donc?... Est-ce que le propriétaire fait garder son appartement maintenant?

— Mais, madame, c'est un gardien qui...

— Une voiture... voilà du monde qui arrive. Courez à l'antichambre, que les domestiques soient là pour recevoir les pelisses, courez au salon pour voir si rien ne manque

Robinette, demeurée seule, se plaça devant la psyché et laissa échapper un cri mêlé de joie et de regret en se trouvant plus charmante sous ce costume d'autrefois que dans aucune de ses toilettes journalières.

Elle portait un corsage de satin rouge galonné sur toutes les coutures, une jupe de soie blanche, recouverte de la tunique de gaze pailletée, des souliers rouges bordés d'argent, le tout garni de rosettes de rubans et des divers affiquets qu'amassent sur elles les petites bateleuses, mais relevés par la fraîcheur et la richesse. Les manches courtes, le corsage décolleté laissait voir les tons délicats et rosés de la peau satinée de la jeune fille; sa chevelure, déroulée en nattes brillantes, paraissait dans toute sa beauté.

Robinette, pour compléter l'illusion, se mit à sa harpe, et chanta sa vieille romance : *Donnez-moi cette fleur chérie......*

Peu à peu sa voix trembla d'une légère émotion, ses grands yeux, ordinairement si riants, devinrent humides, son regard se perdit dans l'espace, ses traits laissèrent voir une émotion aussi profonde qu'elle devait être fugitive, et, lorsqu'elle modula les dernières notes de sa chansonnette, ses accents se détendirent peu à peu jusqu'à s'éteindre tout à fait.

— C'est étrange! dit-elle. Il me semblait y être encore... Je voyais l'arbre des Champs-Elysées contre lequel je m'adossais; je voyais les étoiles scintiller entre les feuilles, puis la file des équipages passer rapide comme le vent; je sentais l'air du soir, si doux à respirer avec la liberté; je regardais à mes pieds si je ne verrais pas tomber un sou dans ma sébille : j'étais folle! Oh! c'est que ce sou me donnait autant de bonheur que toutes mes richesses d'à-présent, plus peut-être; car je viens d'entendre je ne sais quelle voix murmurer à mon oreille : C'était là le bon temps.

On entendait sans cesse des voitures entrer dans la cour.

— Bon Dieu! à quoi vais-je penser! s'écria Robinette, quand tout mon monde doit être venu maintenant!

Elle essuya ses beaux yeux, laissa là avec sa harpe ses doux ressouvenirs, et courut au salon.

Une centaine de personnes se trouvaient déjà réunies.

Cette société était naturellement très-mêlée. Les femmes étaient de grandes dames de hasard, ainsi que la maîtresse de maison, mais d'autant plus jolies et gracieuses qu'on les avait choisies dans la foule du peuple pour les élever à la fortune. Les hommes, d'apparence semblable en ce moment, étaient des conditions les plus opposées : les uns s'élevaient, les autres s'abaissaient en venant dans cette maison. Parmi les derniers étaient des fils de famille, qui faisaient là leurs premières armes, et des vétérans du grand monde, qui venaient y prendre leur retraite.

La réunion était complète, et Herman de Rocheboise, le maître de maison en toute propriété, n'avait pas encore paru.

La musique commença. On entendit quelques artistes, *comme il est* de rigueur en bonne compagnie, mais en prêtant à leurs accords une oreille inexperte, et en attendant avidement des plaisirs moins éthérés que l'harmonie.

La danse fut ensuite on ne peut plus animée et joyeuse. Tout se réunissait pour donner plus d'entrain et de gaieté. Le soleil, qui ne voit pas souvent des bals, se prêtait à la circonstance, et semait ses rayons sur les buissons de fleurs qui répandaient un plus pénétrant parfum. Dans cette société, jeune, vivace, hardie dans ses fêtes, le plaisir répandait aussi son excitation la plus vive, et il y avait des rires et de la joie dans cette étroite enceinte de quoi faire envie au reste du monde.

Robinette, dans son capricieux costume, était à la fois originale et charmante, et attirait à elle tous les succès.

Herman n'arrivait pas, malgré l'heure avancée ; mais comme il avait envoyé de la veille la corbeille remplie des objets que sa somptueuse galanterie offrait aux dames, la maîtresse de maison s'inquiétait peu de son absence.

On passa en dansant encore dans la salle des rafraîchissements. Les femmes prirent place à table ; les hommes se tinrent debout derrière elles, et, dans leur génie, capables de se livrer à quatre plaisirs à la fois, ils buvaient, mangeaient, servaient les dames et tentaient leur conquête.

Le moment le plus important est enfin venu.

La maîtresse de maison fait desservir la table, en y laissant seulement les vases de fleurs et les flacons de champagne, et on dépose au milieu la corbeille de soie blanche contenant les lots que le hasard va distribuer.

Chacune des femmes fixe un regard de convoitise sur

ce bel amas de dentelles, de cachemires, de tissus brodés, de bracelets, de châtelaines, et chacune attend, le cœur palpitant, de savoir ce que le sort lui donnera.

L'orchestre continue à jouer dans le salon; et, à chaque lot qui sera tiré, on doit entendre une fanfare et faire couler le vin mousseux en l'honneur de celle qui sera favorisée.

Mais à cet instant un mouvement extraordinaire se fait entendre dans l'antichambre, et la porte s'ouvre brusquement.

On voit entrer un personnage vêtu de noir, à la tenue assez magistrale, sans qu'aucun signe particulier indique ses attributions, et qui est suivi de plusieurs hommes également inconnus.

Tout le monde reste *stupéfait.*

Robinette se lève, et darde ses grands yeux étonnés sur ces messieurs, qu'elle n'a nullement invités.

Cependant, comme celui qui se présente le premier a tout l'aspect d'un agent de l'autorité, elle croit s'expliquer le but de sa visite, et pense pouvoir facilement le dominer.

— Qui êtes-vous, monsieur, et que demandez-vous ? dit-elle impérieusement.

— Vous le savez bien, madame, répondit-il.

— Je ne sais rien du tout, mais je devine, reprend la jeune fille.

Et gesticulant avec son verre de champagne qui est dans sa main, elle continue :

— Vous venez faire ici de la morale publique... Mais savez-vous, monsieur, chez qui vous êtes... Je trouve bien surprenant qu'on vienne dans un bal du grand monde comme le mien inspecter sans doute les façons des danseurs..? ni plus ni moins que chez Mabille ou à la Chaumière... Apprenez, monsieur, que le bon ton et les manières distinguées veillent mieux à l'ordre public que votre habit noir ne peut le faire.

— Excusez, madame, je ne venais point observer vos contredanses plus ou moins enlevées... j'ignorais même qu'il y eût bal ici... je venais...

— Ah ! j'y suis... dénicher quelques joueurs de lansquenet, voir si l'or ne roulait pas un peu sur le tapis... Eh bien ! passez dans le salon si vous voulez en avoir le cœur clair... vous trouverez toutes les tables de jeu fermées, et pas plus de cartes que sur la main ; allez !

— Eh non! madame, il ne s'agit pas de cela, dit le nouveau venu en parlant plus haut, car il trouve qu'il est temps de se faire entendre à son tour. Je suis huissier, j'accompagne ici le commissaire-priseur, car vos meubles sont saisis, et on va les vendre.

— Vendre mes meubles! s'écria Robinette en pâlissant.

— Tout ce qui est ici appartient au sieur de Rocheboise, reprend l'huissier, ainsi qu'il est prouvé par le bail de l'appartement fait en son nom, et par les billets à sa signature donnés en paiement aux tapissiers, ébénistes, miroitiers, etc... Le sieur de Rocheboise est insolvable... nous faisons vendre ici au nom de ses créanciers... Comprenez-vous, enfin?

Robinette n'a pas le temps de répondre; des cris de terreur s'élèvent de tous côtés.

— On va vendre ici!... juste ciel! on va vendre.

Car cette vente par autorité de justice est l'effroi continuel, le fantôme familier de ces dames, dont la maison est si fragile qu'elle peut à chaque instant manquer sous leurs pas.

Elles jettent des exclamations bien plus douloureuses lorsque l'autorité au cœur de marbre, après avoir fait débarrasser la table des vases de fleurs, des bouteilles vides, choisit pour premier objet à mettre à l'enchère la riche corbeille de loterie qui devait être leur partage...

Les cachemires, les bijoux, auxquels ces dames tiennent comme à elles-mêmes, vont être donnés au plus offrant.

Cependant les hommes de peine déménagent les banquettes de bal, montent aux fenêtres, aux lambris, pour enlever les rideaux, les tentures, ébranlant les meubles dans toute l'étendue de l'appartement.

Les musiciens, désolés de leurs airs de quadrilles jetés en pure perte, s'enfuient en serrant leurs instruments entre leurs bras.

Les femmes, saisies d'une peur légitime, tremblent qu'on ne ramasse leurs pelisses, leurs fourrures avec les effets à jeter en proie à la justice, se croisant, se querellant avec les manœuvres, elles courent après leurs éventails, leurs mouchoirs, et dans leur trouble extrême emportent jusqu'à leurs bouquets.

Puis, les dames, les jeunes gens s'élancent au dehors, tandis que la foule des marchands, des revendeurs, s'engouffre dans l'hôtel... Ainsi, des arbustes fleuris ont été rangés le long de l'escalier pour faire passer sous leur arc embaumé des gens en sabots.

Toute la fête est maintenant évanouie. Par un changement de décor à vue, l'enceinte du plaisir est transformée en vulgaire magasin. Les murs nus sont dégradés par le déplacement subit des tapisseries. Les meubles en palissandre, en bois de rose, les glaces encadrées de mille feuillages d'or, les bronzes, les porcelaines, toutes ces choses dont l'harmonie était si gracieuse, semblent déjà déflorées dans le désordre; les fenêtres dégarnies jettent un jour cru et blafard sur ce chaos.

La vente marche rapidement. Tout ce luxe, qu'on disait fait pour rehausser la beauté, n'était donc fait que pour amener quelques spéculations de gros sous... La musique devait donc s'évanouir si vite dans ces salons, pour que les échos ne répétassent plus que les vieux *mots de l'encan : Personne ne dit plus rien... adjugé.*

Robinette, pendant toute l'opération, est restée tapie dans un coin, rouge de colère, les sourcils contractés, et ne pouvant même tempêter à son aise, parce que sa voix serait étouffée par les sons plus hauts de la criée.

Mais lorsque les derniers meubles ont été enlevés, la jeune fille voit un des hommes de service apporter devant le commissaire sa harpe, son cher souvenir d'enfance, le seul objet qui lui appartienne réellement en propre dans cette demeure.

A cette vue, un mouvement de l'âme se fait sentir en elle. Cette humeur maussade et boudeuse d'un enfant auquel on ôte ses jouets disparaît pour faire place à un vague attendrissement; son cœur bat, ses yeux se mouillent de larmes; elle s'élance vers l'agent de l'autorité les mains jointes.

— Monsieur, dit-elle, je vous en prie, ne vendez pas cette harpe : elle est à moi.

— A vous, comme tout le reste, mademoiselle.

— Laissez-la moi.

— Je ne peux pas.

— Voyez donc, elle est toute abîmée... et ne vaut pas grand chose.

— Le prix des objets ne me regarde pas... en vente!...

Robinette réfléchit une minute et s'écrie :

— Ecoutez, écoutez, monsieur! vous devez me laisser mon lit... *La loi accorde à l'exproprié son lit pour se coucher...* je le sais, moi... Eh bien, prenez mon lit et laissez moi ma harpe.

Le commissaire, ayant jugé qu'un seul matelas de la couche moelleuse qui était sous ses yeux valait plus que le vieil instrument, consentit à l'échange, et le reste du déménagement fut effectué.

Restée seule dans ce grand logement nu, Robinette fut d'abord saisie de stupeur. Cet espace vide et sonore, qui allait devenir si froid, si sombre dans quelques heures, était plus triste que la plus étroite chaumière enfermant le mouvement et la vie. La pauvre enfant regarda autour d'elle et se mit à pleurer.

Mais ses larmes avaient à peine eu le temps de perler sur ses joues, lorsqu'un coup de vent ouvrit une fenêtre. Un air encore tiède pénétra dans la chambre. La jeune fille découvrit le mouvement animé de la rue, toujours attrayant pour elle. Elle entrevit, en ce moment, un parti à prendre.

Robinette n'était pas femme à mûrir longtemps une idée; dès que celle-ci se fut fait jour dans son esprit, elle courut à sa chambre à coucher, elle prit parmi le peu de vêtements qu'on lui avait laissés une pelisse brune à capuchon et s'en enveloppa... La parure d'émeraudes qu'elle portait ce jour-là était le seul objet de quelque valeur qu'elle possédât encore; elle l'enferma dans un petit écrin et le mit dans sa poche; puis elle prit sa harpe et s'élança au dehors.

Au milieu du bruit et du mouvement des rues, la jeune fille se retrouva dans son élément. Elle n'avait pas perdu l'habitude de porter son instrument à la manière des bohémiennes; et, enveloppée de sa cape brune, sa harpe jetée sur l'épaule, elle cheminait légèrement. En voyant passer près d'elle de petits marchands ambulants, de jeunes vagabonds des rues, ses frères d'autrefois, elle avait envie de leur tendre la main... Depuis un instant, elle se sentait rajeunie de deux ans; il lui semblait que c'était la veille encore qu'elle errait dans la ville en chantant et en tendant la main, et que son opulence fugitive était un rêve de la nuit dernière.

Robinette reprenait paisiblement, gaiement sa vie vagabonde, mais elle n'avait de projet arrêté que celui-là. Sans argent, sans asile, l'endroit même où elle passerait la nuit suivante était incertain. Elle avait encore en sa possession sa parure d'émeraudes, mais ne savait à qui s'adreser peur la vendre, et d'ailleurs elle n'aurait pu le faire sans danger... Quant à retourner chez sa mère, elle n'y songeait pas : de toute sa fortune passée, elle voulait au moins garder la liberté... Robinette, en satisfaisant son instinct de retourner vivre au grand air, risquait donc d'y passer la nuit qui allait venir.

Ayant marché par les rues au hasard, elle arriva à la fin du jour sur la place du marché des Innocents.

XII

LES DINERS A UN SOU.

Parmi les usages populaires de Paris, il en est un très-peu connu en dehors du cercle où il se pratique : cest celui des dîners à un sou ; voici l'indication du vaste restaurant où on peut se les procurer.

Au marché des Innocents, dans les quatre faces qui avoisinent la place sur laquelle s'élève la fontaine, on voit rangés sous des auvents un grand nombre d'offices, sur lesquels s'étalent une quantité de viandes froides, dessertes des grandes tables, tandis que tout à côté, dans des cuisines en plein air, des fourneaux toujours allumés font cuire lentement les lourds légumes et bouillonner à grand feu les pétillantes fritures.

Au milieu de la place est situé un des plus précieux monuments de Paris, la fontaine dessinée par Pierre Lescot, sculptée de bas-reliefs et ornée de naïades par Jean Goujon Cette antique merveille, entourée du menu peuple qui fourmille à ses pieds, sans avoir jamais eu un regard pour ses beautés, s'élève là à peu près comme l'obélisque dans le désert.

D'un côté de la fontaine, le soldat du poste voisin va et vient à pas comptés comme un balancier éternel...

Les habitués de l'immense restaurant de la halle arrivent à la file vers cinq heures, en apportant leur pain sous le bras. Ils se dirigent vers la ligne des traiteurs, et achètent une portion parmi les mets inscrits au prix fixe d'un sou sur la grande carte que chacun possède de mémoire. Ensuite ils vont s'asseoir sur les degrés de la fontaine, ils s'attablent sur leurs genoux, et n'ont plus qu'à tourner la main pour recevoir dans leur verre l'eau qui coule d'étage en étage jusqu'à un vaste bassin.

Les heures de ces dîners se passent dans un calme et un ordre parfaits. Le bruit de l'eau qui jaillit en cascade domine de beaucoup la légère rumeur des assiettes et des verres... La place des Innocents est bien alors celle des *innocents dîneurs :* un plat et de l'eau claire! rien ne montre mieux la bonhomie modeste de celui qui sait se contenter de peu, et rien assurément ne porte moins à la tête.

Ainsi, sans qu'on s'en doute à peine, se retrouve encore près de nous une dernière trace de cet antique usage des repas publics, servis au grand air et pris en commun, qui existait sur cette terre avant qu'elle portât le nom de France, et qu'on vit reparaître un moment au temps de notre république.

Ce jour-là, les dîners de la fontaine étaient égayés par la présence d'un jeune consommateur, beau garçon de douze ans, aux cheveux blonds, aux grands yeux limpides comme l'eau azurée qui coulait près de lui, et marchand d'oiseaux de profession.

Assis à la dernière marche, il avait étalé devant lui une dizaine de cages, contenant merles, pinçons, rouge-gorges et passereaux; cet essaim emplumé chantait à gorge déployée à ses pieds, et lui-même ne cessait de jaser en mangeant ses pommes de terre frites, et en tendant son verre à l'un des quatre lions de bronze qui lui servait d'échanson.

Robinette, en arrivant sur cette place, le pas léger et la tête au vent, jeta un regard sur l'assemblée de consommateurs, et reconnut le marchand d'oiseaux.

Alors elle vint droit à lui en disant :

— Bonjour, Pierrot.

Et elle tendit la main à son ancien camarade avec autant d'aisance et de simplicité que si elle l'eût quitté la veille.

Mais lui fut quelques secondes avant de la reconnaître.

— Comment! dit-il enfin en ouvrant de grands yeux, c'est vous, mademoiselle Robinette!... Ah ben! je vous croyais bien loin...

— C'est-à-dire bien haut perchée, n'est-ce pas? Eh bien! mon garçon, me voilà dans la rue.

— Est-ce bien possible!

— Et plus pauvre que jamais.

— Eh bien! vrai, ça ne m'étonne pas... Je vous l'avais même prédit quand on vous engageait à aller avec ce beau monsieur.

— C'est vrai.

— La fortune qui vient d'un mauvais côté, dit Pierrot d'un air gravement réfléchi, est bien grosse tout de suite, puis s'en va en diminuant jusqu'à rien du tout; au contraire de ça, la fortune qui vient par le travail est bien mince pour commencer, mais elle va en grossissant et devient superbe un jour.

— On s'en aperçoit, réponuit Robinette en regardant les cages pleines d'oiseaux. Tu as bien augmenté ton commerce depuis que je ne t'ai pas vu.

— Ah! c'est pas sans peine... Ce printemps-là, je vendais des z'hannetons, et les affaires allaient pas mal... Mais un beau jour, en allant dans les bois chercher ma marchandise, qu'est-ce que je vois!... mam'zelle Robinette...

— Qu'est-ce que tu vois?

— Hélas! rien du tout! les z'hannetons étaient tous disparus!... partis! je ne sais où!

— Tiens, c'est tout simple!

— Plus un seul dans la campagne!... Alors je dis : faut que la campagne me donne autre chose.

Je trouve des violettes, je me mets à les cueillir à pleins paniers et à les apporter aux herboristes. Ça allait encore, on pouvait se faire une position indépendante.... Mais tout à coup, bon! v'là les petites violettes parties à leur tour, qu'il n'en reste pas l'ombre... Je ne me décourageais pas. Il y avait encore les immortelles, j'en fais des couronnes que j'apporte pour vendre dans les cimetières... c'était bien triste... mais enfin on y gagnait sa vie.

— Pauvre Pierrot!

— Pas si à plaindre... car un jour, pour une couronne que j'avais posée sur une tombe, je trouve là un homme bien généreux qui me donne une belle pièce d'or... Vous croyez peut-être que je l'ai mangée... pas si bête... J'avais vu dans le temps du départ des z'hannetons, des merles et des pinçons au nid, qui auraient joliment remplacé mes *cris-cris!*... mais j'avais pas de cage pour les mettre... Alors, quand les fonds me sont venus, j'ai eu bientôt fait d'acheter le magasin et de le remplir... Les petits oiseaux ont grandi et prospéré... Et voilà la compagnie, dit-il en étendant la main vers les cages.

— Très-bien, mon garçon.

— Mais vous, mam'zelle Robinette... c'est bien plus intéressant... où allez-vous de ce pas?

— Je n'en sais rien.

— Bah!

— J'ai quitté d'aujourd'hui mon bel appartement.... où on a tout vendu.... et je n'ai pas un grenier où coucher ce soir.

— Et ça ne vous tourmente pas?

— Non... Tiens, Pierrot, il faut que je te dise la vérité... Je sens que je devrais être bien triste, bien désolée, et avec ça je ne peux parvenir à me faire du souci.

— Et le beau monsieur?

— Hum... je ne l'aimais guère.

— Vrai!...

— Si vrai que j'aurais toujours préféré Pasqual s'il avait voulu répondre à mon amour.

— *Et il ne voulait pas... Ah! pristi... il me semble que si j'étais grand!...* Et l'avez-vous revu, ce Pasqual?

— Non... quoiqu'il fût au service de M. de Rochedoise, il évitait de venir chez moi... Une fois je lui ai écrit... mais ma lettre s'est perdue, et je n'ai pas voulu recommencer... ça m'avait donné trop de peine... Pauvre Pasqual, le voilà aussi sur le pavé!

— Mais vous... vous?

— Moi, comme je te le disais, je ne peux m'appesantir sur ma situation... et, quoique je sois sans un sou vaillant, aussi bien que sans feu ni lieu, je me sens le cœur plus content que jamais.

— Eh bien! mademoiselle Robinette, vous avez raison, car la Providence vient à votre secours.

— La Providence... qui ça?

— Moi.

— Ah bah! Pierrot.

— Parole d'honneur... Tandis que vous parliez, moi je réfléchissais.... D'abord, pourrai-je vous offrir à dîner.... une portion de pommes de terre frites, comme les miennes?

— Ce n'est pas de refus; elles ont l'air joliment bonnes.

— Et puis, à table, nous causerons. Je vais vous faire servir.

Robinette prit place sur les degrés de la fontaine; Pierrot lui fit part du dîner à un sou; il partagea son pain avec elle, et ils burent tous deux dans le même verre.

— Maintenant, reprit le petit marchand, voici ce que j'ai arrangé dans ma tête. J'ai un logement pour moi et pour mes oiseaux, qui est à un septième. Il faut un peu monter, mais les oiseaux sont accoutumés à demeurer très-haut... Eh bien! je vous céderai ma place dans la chambre. Il y a une petite entrée où je pourrai très-bien coucher sur un paillasson... comme ça, je serai la nuit à votre porte... et je vous garderai... ah! mais, comme si j'étais un homme... ne craignez rien.

La jeune fille réfléchit une seconde, et répondit gravement :

— Eh bien! Pierrot, ça me va.

— A la bonne heure.

— Le jour, continua Robinette, je roulerai dans la ville, pendant que tu seras à ton commerce, et, le soir, nous rapporterons chacun la recette de la journée... Eh tiens!... je sens là que mes moyens ne sont pas perdus pour faire tomber les sous dans la sébile!...

— Mam'zelle Robinette! dit le petit bonhomme d'un ton solennel, cet établissement-là ne vaut pas, sous certains rapports, celui que vous aviez... Mais, foi de Pierrot, vous verrez bien qu'il sera plus solide.

— Ah! une idée, interrompit Robinette. Je vois bien qu'on dîne bien ici... et pas cher... Si tu veux, tous les soirs, après la journée achevée, nous nous retrouverons ici, à la fontaine des Innocents, et nous nous ferons servir de la cuisine toute faite... comme ça il n'y aura pas de ménage à tenir.

—Ça y est. Et puis, après avoir dîné, nous retournerons ensemble au logis... comme nous allons faire à cette heure, car il est temps de rentrer... Allons, mademoiselle Robinette, je vais vous montrer le chemin de la maison.

Ils se levèrent, et la jolie bohémienne, le brave petit garçon, la harpe, les oiseaux, tout cela chemina de compagnie dans la ville.

XIII

LES DEUX RETRAITES.

Le passage Sainte-Marie, qui donne de la rue du Bac dans la rue de Grenelle, a sur la droite un embranchement terminé en impasse. Mais cette partie du passage ne contient que d'anciennes maisons obscures, délabrées, habitées seulement par des ouvriers, et séparées les unes des autres par des ateliers ou des cours semées de quelque verdure. C'était dans l'une d'elles que Pierrot avait trouvé, sous les toits, un nid pour lui et ses oiseaux.

Le jour baissait lorsque le petit marchand arriva à sa demeure avec Robinette, à laquelle il donnait asile. Pierrot entra dans une allée sombre dont une porte donnait dans la cour de la maison. Avant de conduire sa belle hôtesse à l'appartement qu'il lui destinait, il tourna dans la cour plantée d'arbustes et d'un peu de gazon pour garnir ses cages d'oiseaux de verdure fraîche.

Robinette l'aidait à chercher quelques brins d'herbe échappés à l'hiver ; mais ils étaient à peine livrés à ce soin, lorsque la jeune fille jeta un faible cri de surprise, et montra à son compagnon deux hommes arrêtés dans le passage.

Ils étaient jeunes, élégamment vêtus, mais leur physionomie, leur contenance à tous deux trahissaient une violente agitation. On les voyait de la cour à travers une balustrade garnie d'épines sèches, qui séparait cet endroit de l'impasse.

— C'est M. de Rocheboise et Pasqual, dit vivement à demi-voix Robinette.

— C'est là M. de Rocheboise? dit Pierrot avec non moins de vivacité; mais je le connais, alors... C'est lui qui, pour prix d'une couronne d'immortelles posée sur la tombe de Jeanne, m'a donné cette pièce d'or avec laquelle j'ai fondé mon commerce.

— Chut! interrompit Robinette, il faut entendre ce qu'ils disent.

Et les deux jeunes gens, très-près de Rocheboise et de Pasqual, quoique dérobés par la clôture de la cour, écoutèrent attentivement l'entretien rapide et entrecoupé qu'Herman avait alors avec son confident.

— Quelle fatalité! disait Rocheboise en regardant autour de lui avec une impatience frémissante, nous sommes entrés dans une impasse!... Il faut maintenant passer une seconde fois devant ces hommes pour regagner la rue...

— Ou bien rester ici, où ils viendront facilement nous rejoindre! ajouta Pasqual, qui paraissait aussi inquiet que son maître.

— Mais êtes-vous bien sûr que ce soit?...

— Un garde du commerce, accompagné d'un recors, je n'en doute pas... Le premier, depuis l'entrée de la rue du Bac, s'est trouvé deux fois devant nous ; il vous a regardé fixement ; puis il a consulté une feuille qui ressemblait fort à un signalement. Ensuite il s'est mis à suivre nos traces.

— Et plus rien! dit Herman avec une rage concentrée, plus rien pour payer au moins celui qui les envoie, et se soustraire à la prison!

— Comment songer à payer ses dettes quand on n'a pas pour vivre soi-même!

Pierrot dit tout bas à Robinette :

— Mon Dieu! qui les inquiète donc si fort?

— Tu entends, il y a des gens ici près qui veulent arrêter M. de Rocheboise pour le conduire en prison, répondit la jeune fille.

— Ce monsieur-là a bien des torts, dit le petit marchand; mais enfin il s'est montré généreux envers moi, et il ne faut garder que les bons souvenirs. Oh! si je pouvais faire quelque chose pour lui...

En ce moment deux individus parurent dans l'impasse, où ne se trouvait personne à cette heure, à l'exception de Pasqual et de M. de Rocheboise. Pierrot et la jeune fille redoublèrent d'attention. Herman, à la vue de ce personnage, pâlit et fit voir un vif mouvement de répulsion.

— C'est à monsieur de Rocheboise que j'ai l'honneur de parler? dit l'un des nouveaux venus, en saluant Herman avec la politesse exquise qui signale les gardes du commerce. Monsieur, continua-t-il en tirant de dessous son manteau un volumineux portefeuille, j'ai ici une procédure qui vous concerne... Il s'agit de quelques billets que je vous demanderai de vouloir bien me payer.

On sait que telle est la formule par laquelle les gardes du commerce annoncent au débiteur insolvable qu'ils se disposent à l'arrêter.

Celui-ci, tout en dénouant l'enveloppe de maroquin, porta à l'horizon un regard que suivit Herman.

Le soleil abaissé laissait encore paraître un rayon... un seul, le dernier de son orbe terne et pâle! mais c'en était assez!..., l'autorité, dont le règne finit avec le *coucher du soleil*, était encore dans ses limites. Herman et l'agent de justice se comprirent très-bien en ramenant leurs regards de ce même point.

Herman restait silencieux, les sourcils et les lèvres contractés. Le garde du commerce reprit, en faisant passer entre ses doigts divers papiers :

— Je vais trouver la procédure à l'instant, monsieur....

Votre créancier m'a remis le dossier bien en règle... Soyez assez bon pour attendre.

Cependant le jour, encore assez clair dans les espaces *élevés, décr*oissait sensiblement en arrivant dans l'étroit passage, et l'homme d'affaires avait peine à distinguer parmi ses jaunes parchemins la pièce en vertu de laquelle il pouvait exercer prise de corps contre M. de Rocheboise.

A cet instant, Pierrot, qui avait suivi de l'œil tous ces mouvements, posa vivement sa main sur celle de Robinette, en lui disant tout bas :

— Attends ! je pense à quelque chose.

Puis il s'élança hors de la cour.

Le jeune garçon courut prendre dans l'appentis la lanterne qui lui servait à monter le soir sous ses combles, l'alluma, et, en un clin-d'œil, fut sur le pas de la porte.

L'agent de l'autorité, voyant cette clarté qui venait si opportunément à son aide, abaissa son portefeuille sous les rayons de la lanterne.

— Monsieur désire de la lumière, dit Pierrot ; voici, monsieur.

En même temps, il souleva son luminaire comme pour le mettre mieux à la portée de celui qui s'en servait.... puis il fit insensiblement quelques pas en arrière.

Une fois dans l'allée, il posa la lanterne sur une planchette destinée à cet usage.

Le garde du commerce suivit machinalement la clarté en déchiffrant toujours à haute voix la suscription des dossiers.

En faisant ce mouvement, il ne cessait pas de veiller sur sa capture : le débiteur tombé en son pouvoir était bloqué dans l'impasse, et ne pouvait en sortir sans passer devant la porte de l'allée, dont il n'était qu'à quelques pas ; de plus, il pensait que son affidé tenait les arrêts et empêchait toute tentative d'évasion.

En cela cependant, il se trompait ; le recors, accoutumé à suivre avec une fidélité passive le garde du commerce, était venu se placer derrière lui.

A l'instant même où le second des agents de justice franchit le seuil, Pierrot poussa la porte et disparut dans le fond de l'allée sombre.

A ce mouvement, le garde du commerce bondit d'impatience et fut prêt à éclater en invectives contre la *niaise-*

rie de l'enfant qui l'enfermait ainsi. Mais, comme chez une espèce de magistrat le devoir doit commander avant tout sentiment personnel, le garde du commerce, au lieu de poursuivre le petit garnement, demanda *le cordon* de toutes les forces de sa voix. Personne cependant ne répondit à cet appel.

Pierrot, du fond de l'allée, s'était déjà glissé dans la cour.

L'enfant avait attiré le garde du commerce dans le piége avec une étincelle de lumière, à peu près comme les feux follets, à ce qu'on prétend, font briller leur lueur trompeuse devant les pas des voyageurs pour les conduire dans l'abîme.

Ensuite, il lança pardessus la haie sèche de la cour un un *psst* prolongé qui attira l'attention d'Herman et de Pasqual de son côté, et il leur dit vivement:

— Ils sont pris dans la maison!... Filez.... filez au large!

En même temps, Robinette s'éleva sur la pointe du pied, et, avec un mouvement plein de grâce et de franchise, tendit de l'autre côté de la balustrade un objet qu'elle tenait à la main, en disant à Pasqual:

— Il paraît que tu n'as plus rien au monde. Moi, voilà le reste de ma fortune... Tiens, Pasqual, je te le donne.

C'était son écrin d'émeraudes.

La disparition des agents de justice et ces derniers mouvements s'étaient opérés en moins d'une minute. Les deux captifs de l'impasse se hâtèrent de profiter de la liberté qui leur était rendue.

Ils étaient déjà bien loin lorsque le garde du commerce, après avoir inutilement cherché un portier dans tous les coins du logis, parvint à intéresser à sa situation une locataire, qui consentit à descendre ses étages pour ouvrir la porte avec son passe-partout.

L'agent de justice sortit bien désappointé d'avoir manqué sa proie, mais sans qu'une telle mésaventure, du reste très-commune dans sa profession, altérât en rien sa gravité.

Une demi-heure après, Robinette et Pierrot étaient déjà installés dans leurs nouveaux arrangements, couchés et endormis.

Le jeune garçon s'était mollement étendu sur un paillasson, dans un tout petit carré qui servait d'entrée, et avait cédé sa chambre à Robinette.

La jolie bohémienne, après s'être éveillée le matin au milieu des recherches et des splendeurs du luxe le plus opulent, se reposait le soir sous les toits avec les nombreuses familles de pinçons, de merles, de rouge-gorges... Quand elle avait vu s'écrouler en un jour l'abri de l'homme riche et puissant, c'était le plus faible, le plus humble de tous qui l'avait recueillie... Il lui donnait du moins un asile pur, durable, où elle dormait paisiblement, en attendant le point du jour, qui, en entrant dans la chambre des oiseaux, ferait lever autour d'elle mille chants joyeux.

En même temps, M. de Rocheboise et Pasqual étaient aussi réfugiés dans le gîte qu'ils étaient venus chercher en fuyant de l'hôtel, envahi par les créanciers et les cohortes judiciaires.

Cet asile était la mansarde de la rue Las-Cases; étroit réduit, plein d'impressions profondes pour Pasqual, qui était venu y cacher ses premières douleurs, pour Herman, qui était venu y chercher en secret la vue de Valentine.

Cette ancienne demeure du mendiant allait être habitée par M. de Rocheboise et son intendant.

Mais les hôtes de la mansarde étaient loin de songer au repos. Pasqual, au milieu de son calme ordinaire, avait pourtant le regard éclatant d'une vive animation; tandis qu'il s'occupait à allumer du feu dans une mauvaise cheminée et à dresser un second lit, Herman se promenait dans la chambre à grands pas; ses traits bouleversés indiquaient plus de désordre de pensée et de souffrance de l'âme que ne devait en causer même le renversement d'une fortune entière.

— Je crois, disait-il en pressant de la main son front pâle et brûlant, je crois que, depuis deux jours, j'ai perdu la raison.

— Non, sans doute, dit Pasqual, nous ne pouvions pas nous attendre à un coup aussi subit. Hier matin, vous veniez de régler l'ordonnance d'une fête et de choisir les objets de la corbeille de loterie qui devait y figurer, lorsque sont venus coup sur coup la saisie des meubles de l'hôtel, l'annonce de plusieurs prises de corps lancées contre vous...

— Et il ne me restait plus rien de ma fortune... pas même la liberté de souffrir en paix !

— Il restait encore, dit Pascal avec un étrange sourire,

de l'encre, des plumes, du papier timbré, comme il y en avait toujours chez vous depuis que vous faisiez tant de billets.

— Ah! dit Herman en frappant du pied, ne rappelez pas cela!... C'est pour moi le souvenir le plus insupportable de ce qui s'est passé.

— Monsieur...

— Je ne peux comprendre ce que j'ai fait qu'en répétant encore que j'avais la tête perdue.

— Vous étiez mortellement frappé de la terreur de la prison, qui menaçait de s'ouvrir pour vous; il se présentait un moyen de vous soustraire aussitôt à toute poursuite, vous l'avez accepté...

— Ce moyen était infâme.

— Il peut pourtant vous soustraire dans l'avenir au danger que vous venez de courir à l'instant même, et auquel vous avez échappé par je ne sais quel miracle.

— N'importe, je regrette de m'être prêté aux précautions indignes que vous m'avez fait prendre. Je ne sais pourquoi la pensée seule de cet acte me trouble au dernier point... cette faute...

— Que votre imagination exagère...

— Cette faute me sera fatale.

— Voyons, monsieur, pourquoi ne pas poser la question à haute voix? Ce matin, une arrestation me paraissait imminente et prompte; il n'y avait d'autre moyen de vous y soustraire que de passer à l'étranger; pour cela de l'argent... une forte somme d'argent était nécessaire... Nous avons fait des billets en y plaçant la signature contrefaite de Bachelu, qui a cours dans le commerce. Cet usurier a gagné beaucoup avec vous; vous lui repreniez une faible partie de ce qu'il vous avait volé... délicatesses de convention, cet argent était bien à vous. Vous deviez vous en servir, non pour désintéresser vos créanciers, puisque, à l'époque de l'échéance, le danger n'eût été que plus grand, mais pour passer la frontière et gagner quelquelque lieu d'asile où les poursuites présentes et celles soulevées plus tard au terme des billets n'auraient pu vous atteindre.

— Mieux vaut cent fois la prison que la liberté à ce prix!

— A la bonne heure, mais vous ne pensiez pas ainsi ce matin. Seulement, vous avez subitement changé de résolution; l'idée de quitter la France a paru vous devenir odieuse... Alors, en désespoir de cause, je vous ai offert l'abri de cette pauvre mansarde, où sans doute on ne soupçonnerait pas votre retraite, à la condition d'y demeurer étroitement enfermé... vous avez accepté ce parti...

— Oui, avec joie.

— Donc, les billets de portefeuille...

— Dites le mot, *les faux billets.*

— Les faux billets sont restés sur vous, entre vos mains. Et je ne vois pas en quoi leur existence vous agite à ce point, puisque vous seul pouvez en disposer, ce me semble.

— Grâce au ciel!

— Cependant, je ne vous conseille pas de les anéantir... atendez!

— Oui tout cela est vrai... vous avez raison, Pasqual... mais je suis tombé bien bas... et mon imagination creuse l'abîme jusqu'à ce qu'elle trouve l'enfer.

Herman regarda autour de lui, et dit d'un ton de tristesse plus calme :

— Ici, mon âme va s'apaiser, je le sens... ce coin sombre et étroit me convenait pour y cacher ma vie... J'ai tant souffert au milieu de toutes les magnificences de la fortune! J'avais besoin d'être retiré, seul, dans cette ombre... il me semble maintenant qu'en payant un tribut au malheur par toutes les privations qu'il me faudra subir, je serai plus épargné... d'ailleurs la pauvreté même de cet endroit me rassure et me soulage.

— Il s'en est bien peu fallu, monsieur, dit Pasqual, que nous fussions ici au-dessous de la pauvreté même... Nous avons quitté l'hôtel à la hâte, sans rien emporter avec nous.

— Eh bien?

— Mais, tandis qu'une voix inconnue nous annonçait que nous pouvions fuir du passage Sainte-Marie, une main bienfaisante m'a tendue ceci :

Il ouvrit l'écrin.

— Comment! dit Herman, une des parures de cette pauvre enfant!

— Oui, elle se trouvait par hasard sur notre passage, et m'ayant entendu dire qu'il ne nous restait plus rien, elle m'a tendu ces pierreries, dont le prix peut nous soutenir dans le premier moment.

— Allons ! dit Herman avec un mélancolique sourire, c'est elle qui nous fait la charité maintenant !

— Notre existence sera en rapport avec notre humble logis... mais, enfin, vous avez voulu venir habiter cette mansarde.

— Oui, et je le veux encore.

— Il y a quelque chose d'étrange que je vous reçoive ruiné et malheureux dans cette chambre où je suis arrivé pauvre, vagabond et si malheureux moi-même ! dit Pasqual d'un ton de réflexion profonde.

— Il est étrange aussi que je sois ramené ici par la fatalité pour y expier mes fautes, dit Herman en jetant un regard vers la croisée, et comme se parlant à lui-même.

Après ces mots, un long silence s'établit, et les fugitifs passèrent leur première nuit dans la mansarde où devait s'écouler désormais leur existence clandestine.

XIV

LES MENDIANTS A DOMICILE.

Il est en toute époque de l'année grand nombre de masques qui s'ébattent sur le pavé de Paris. De pauvres hères, sans ressources ni moyens, et n'ayant reçu de la nature qu'une dose d'astuce et de rouerie assez forte pour ne pas mourir de faim, s'attachent aux opinions qui ont cours dans le public, prennent un travestissement, à l'aide duquel ils figurent tant bien que mal ceux en qui se personnifieraient les idées et les sentiments ayant puissance d'émouvoir et de passionner, et arrivent ainsi au cœur et à la bourse de nombreux innocents.

C'est dans les rangs de ces masques des quatre saisons qu'était tombé le vieux comte de Rocheboise.

Privé à la fois de la pension que lui servait son fils et des aumônes de la cour et des ministères, dont la patience finissait par se lasser, il voyait chaque jour baisser ses ressources. Comme ses relations s'abaissaient en même temps, dans l'un des obscurs tripots qu'il fréquentait alors, il s'était rencontré avec M. Friquet, dont il avait autrefois reçu la visite à l'hôtel de Rocheboise.

Malgré l'embarras que pouvait amener entre eux le souvenir de cette première entrevue, ces deux hommes, faits pour s'entendre, s'étaient bientôt réunis. Ils étaient déjà d'accord sur la bassesse des moyens par lesquels on peut assouvir les instincts cupides, et le mendiant de la cour n'eut qu'un pas à descendre pour arriver au mendiant de la ville.

Bientôt naquit entre eux l'idée d'une association d'après laquelle Rocheboise accompagnerait et seconderait Friquet dans ses excursions, et partagerait les bénéfices que pourraient amener son expérience du monde et son aspect vénérable.

C'était pour s'entretenir des clauses de ce traité que Rocheboise se rendait un matin dans la rue Saint-Jacques, au logis de M. Friquet.

Il entra comme le mendiant à domicile était à sa toilette. Celui-ci indiqua un siége au vieux comte, et revenant se poser devant son petit miroir, continua d'abattre la moitié d'un favori dont la première avait déjà disparu sous le rasoir.

— Vous permettez... dit-il à Rocheboise. Nous pouvons également causer.

— Je vous en prie.

— Et d'abord, avez-vous touché quelque chose au ministère ?

— Trente misérables francs !... sur les fonds secrets... et encore m'a-t-on prié de n'y plus revenir. . des ingrats !

— Le mot est juste... vous les avez entourés de sollicitudes... Eh bien, il faut vous attacher à une autre branche... nous travaillerons ensemble...

— Je suis venu pour cela... Pourquoi diable coupez-vous vos favoris ?

— Parce que les sœurs de Saint-Vincent-de-Paul n'en portent pas.

— Ah ! je comprends... vous me donnerez des conseils... des instructions.

— Allons donc ! avec votre intelligence, vous en saurez demain autant que moi... Auriez-vous la bonté de me passer ce jupon ?

— Le voici. Vous êtes religieuse, et vous allez quêter pour...

— Avez-vous lu hier des journaux ?

— Sans doute.

— Eh bien, vous avez dû voir un article ainsi conçu : « On apprend à l'instant que l'une des principales maisons de l'ordre de Saint-Vincent-de-Paul, établie à Granville, a été dévorée par les flammes. Nous déplorons sincèrement le malheur qui vient de frapper une congrégation dont l'humanité a retiré tant d'admirables et touchants services. Espérons que tous les cœurs généreux, sans distinction de croyance ou d'opinion, viendront en aide aux malheureuses sœurs privées de leur asile. Le couvent n'était point assuré. »

— Ah! ah! j'y suis, dit Rocheboise.

— Faites-moi donc le plaisir de me tendre ma guimpe!, cette réclame, comme vous le pensez, est de moi. J'ai des facilités avec le *Véridique*, journal grand format, qui insère mes notes à tant par mois. Celle-ci est reproduite ce matin par tous les journaux vertueux. Le démenti arrivera bien dans quelques jours, mais alors l'affaire sera dans le sac.

— Et vous avez pris, du reste, toutes précautions?

— Mon costume est de la dernière rigueur, pas une dévote qui ne s'y trompe... Ensuite, la scène terminée, je l'endosse à un confrère qui l'utilise à son tour et m'en débarrasse en même temps... sans compter que les différents signalements qu'on donnerait de la fausse religieuse, après nous avoir vu tous deux sous cette forme, rendraient les rapports suspects et dérouteraient la justice.

— Vous avez des papiers?

— En règle comme *une minute* de notaire qui ne projette point de faillite. Tenez, mon cher, lisez.

Tandis que Rocheboise parcourait des *pièces justificatives* où tout était fort bien imité, même l'empreinte du temps, Friquet achevait sa métamorphose. Il se posa ensuite devant son futur collègue.

— Parfait! dit celui-ci, l'air anti-mondain au delà de toute expression.

— C'est bien. Mon chapelet à ma ceinture, mes papiers dans ma poche, et vous, Rocheboise, vous allez m'accompagner.

— Certainement.

— Vous serez l'homme d'affaires de la communauté.

— Mais vous allez sortir ainsi vêtu devant votre portier?

— Et mon ami qui est venu tout à l'heure dans ce costume et s'est retiré en paletot... c'est lui ou plutôt c'est elle qui sort en ce moment. Je défie bien le concierge de nous distinguer l'un de l'autre sous le bandeau.

Ils montèrent en fiacre et se firent conduire chez la comtesse de Fondrieux.

— Tenez-vous à mes côtés, dit Friquet à son compagnon en entrant à l'hôtel. L'air grave et composé, vous êtes quasi-prêtre.

La comtesse était une femme de trente ans, ronde, rose, potelée, enfoncée dans les coussins d'une causeuse et dans les mille draperies d'une soyeuse retraite, comme une fauvette dans son nid de duvet.

— Pardon, ma chère sœur, si je ne me lève pas, dit-elle à la sœur de Saint-Vincent, qui, grâce à sa robe, avait été aussitôt reçue qu'annoncée, je suis on ne peut plus souffrante ce matin.

— Encore une atteinte de cette odieuse névralgie, dit la sœur.

— Comment! vous savez!...

— L'habitude de voir des malades, répondit-il d'un ton pénétré à la fraîche et brillante comtesse.

— Ah! vous appartenez, ma sœur, à l'ordre de...

— Sœur Sainte-Thérèse, dit Friquet en mettant la main sur la poitrine, supérieure d'une communauté de Saint-Vincent-de-Paul, en Basse-Normandie... Monsieur Blancœur, ajouta-t-il en tournant la tête du côté de Rocheboise, régisseur de notre maison.

— Dans ce fauteuil près de moi, ma chère sœur, et veuillez me dire le sujet de votre visite.

Friquet, de l'air un peu gauche d'une bonne personne de province, s'assit sur le bord du fauteuil comme pour moins en user le satin, croisa les mains dans ses manches, baissa les yeux et dit d'un ton doucereux qui féminisait sa voix autant que possible :

— Madame la comtesse jouit d'une réputation qui justifiera sans doute à ses yeux la liberté que je prends... On m'a parlé partout de madame la comtesse comme d'une des saintes dames auxquelles je pouvais m'adresser avec le plus de confiance.

— Je serai toujours charmée en effet de prouver mon zèle pour la religion... Qu'y aurait-il pour votre service?

— Madame la comtesse connaît sans doute l'affreux malheur dont le bruit est déjà parvenu jusqu'ici?

— Je n'ai vu personne ce matin.

Ici Friquet se mit à faire avec une volubilité extrême, et une éloquence parfumée de termes mystiques, l'histoire de la communauté et de toutes les tribulations qu'elle avait subies depuis sa fondation jusqu'au terrible incendie qui en avait détruit les bâtiments de fond en comble.

— Ah ! mon Dieu ! s'écria la comtesse avec un subit et véritable intérêt. Et vous êtes de la communauté de Saint-Vincent-de-Paul... en Basse-Normandie ?

— Oui, madame la comtesse.

— Etablie près de Granville ?

— C'est cela.

— Et votre maison a été brûlée !... Juste ciel !... Ah ! ma pauvre tante !

— Votre tante ! répète Friquet un peu saisi, mais non déconcerté.

— Certainement... ma chère tante... sœur Eulalie.

— Ah !... sœur Eulalie... oui... oui... une bien sainte femme, l'honneur de la communauté. Mais rassurez-vous, elle est en parfaite santé... *Il n'y a pas eu, Dieu merci*, de victimes dans le désastre, et nos bâtiments seuls ont été détruits... La communauté ne possède plus rien... et nous sommes forcées d'implorer l'assistance des âmes généreuses...

— Il faudrait bien peu de chose pour relever ces modestes bâtiments, dit le chargé d'affaires... Mon Dieu, quelques mille francs...

— Nous devons avoir recours pour cette somme aux bienfaits de la charité. Je suis venue à Paris recueillir les dons qu'on voudra bien nous faire... et c'est pour ce sujet...

En ce moment un domestique entra.

— Pour madame la comtesse, dit-il en présentant une lettre sur un plateau d'argent.

— De Granville !... s'écria madame de Fondrieux. Ah ! cette lettre est de ma bonne tante ; elle a voulu bien vite me rassurer sur l'événement.

— Sans doute elle vous donne de longs détails, dit Friquet en se levant vivement, mais sans lâcher prise... et je serai heureuse de lui porter des nouvelles de madame la comtesse... quand la triste mission que je remplis ici... car il est toujours bien pénible d'implorer la pitié publique !... on n'est pas aussi bien accueilli par tout le monde que par madame la comtesse...

— Certainement... Je vais vous remettre ma petite offrande, dit madame de Fondrieux en tournant la lettre de Granville entre ses doigts et en se dirigeant vers un secrétaire.

— Ah ... c'est un don bien placé, dit la sœur avec une larme d'attendrissement.

La comtesse lui tendit un billet de cinq cents francs, avec ces paroles consacrées :

— C'est tout ce que je puis faire. Priez pour moi, ma bonne sœur.

— Ma bien chère dame, que le ciel vous récompense! dit Friquet avec transport.

Dans l'effusion de sa reconnaissance, il avait embrassé la comtesse.

— Autant de pris par-dessus le marché, dit-il en lui-même.

— Cet homme a l'instinct du vol le plus prononcé! dit Rocheboise à part lui.

Et tous deux se hâtèrent de sortir.

Dès qu'elle fut seule, madame de Fondrieux ouvrit la lettre de sa tante. Il n'était rien arrivé du tout à Granville; sœur Eulalie se portait bien, tout le couvent se portait bien, et la bonne religieuse envoyait à sa nièce une jolie collection des fruits confits de la saison.

— Ah! comme j'ai été jouée! dit la comtesse... J'aurais dû me méfier de cette supérieure de couvent qui avait un si grand pied (1)!

Pendant ce temps-là, Friquet et Rocheboise roulaient vers d'autres hôtels du faubourg Saint-Germain. Friquet se hâta de faire dans cette journée ses meilleures maisons, la robe de religieuse ne devant plus être portable le lendemain.

Le jour suivant, il était question d'un autre stratagème.

— Il faut toujours s'adresser aux sentiments généreux, disait Friquet; on trouve ainsi plus facilement sous sa main des gens de qui on puisse se faire entendre; l'enthousiasme est rare maintenant; nous ne rencontrons guère de cœurs à émouvoir et de prétentions à rançonner, que grâce à une certaine réaction religieuse. Les idées libérales dans le temps pâle et endormi où nous vivons ne peuvent s'exercer qu'à propos des peuples étrangers. C'est

(1) Tous les détails de ce chapitre sont complétement historiques. Bien des dames, en lisant ceci, se rappelleront la supérieure de Saint-Vincent-de-Paul, qui faisait un récit si pathétique des malheurs de sa communauté, et tout le monde reconnaîtra les personnages suivants pour avoir reçu leur aimable visite.

ce dernier sentiment que nous allons exploiter aujourd'hui. Vous aurez le rôle actif et moi je ne serai là que pour vous seconder. Savez-vous l'allemand ?

— Non, mais je parle facilement l'italien.

— Bah !... c'est de l'allemand qu'il me faut.

— A la rigueur j'en barbouille quelques mots.

— Cela me suffira pour faire de vous un réfugié polonais... le public n'y regarde pas de si près... Habillons-nous d'abord convenablement, et ensuite je vous donnerai mes instructions pour terminer la métamorphose.

Cela fait, ils se rendirent chez M. Galuchet, rue Coquenard, 13.

M. Galuchet, négociant retiré des affaires, avait peu d'esprit, beaucoup de vanité, et une très-recommandable fortune. Il avait tenté d'entrer au conseil-général de la Seine, tenté de se faire nommer maire de son arrondissement, ou du moins colonel de la garde nationale, et tout cela n'avait abouti qu'au grade de sergent dans sa compagnie. De dépit, M. Galuchet, détestant l'autorité qu'il n'avait pu obtenir, était devenu libéral à l'excès.

S'il n'était pas la gloire de son parti, il en était du moins la caisse : on lui réservait ordinairement dans chaque disposition prise les dépenses à faire ; en retour, il jouissait des honneurs dus à ses nobles sentiments. Le jour dont nous parlons, M. Galuchet avait prononcé sur la tombe d'un patriote un discours qui lui avait atttiré de nombreux suffrages.

En ce moment donc tout était joie, orgueil, épanouissement dans l'âme de M. Galuchet et autour de lui ; il eût voulu faire illuminer l'intérieur de sa maison pour rendre hommage à lui-même. Aussi lorsqu'on vint lui annoncer la visite d'un étranger, se disant réfugié polonais, il fit trève au plaisir qu'il éprouvait à se répéter à haute voix les plus beaux passages de son discours pour accueillir noblement l'infortune.

— C'est à monsir Kalujat que chai l'honneur te barler ? dit en entrant Rocheboise, vêtu d'une redingote de drap vert à brandebourgs, et suivi de Friquet en habit noir.

— A lui-même. Donnez-vous donc la peine de vous asseoir.

— Vous n'êtes pas, monsir, sans savoir les événements qui ont achité le nord de l'Allemagne et les efforts que les badriotes ont faits pour recoufrer la liberté.

— Moi, monsieur! dit en souriant d'orgueil Galuchet, mais je suis membre du comité polonais.

— Diable! dit à part Rocheboise. Puis il reprend : Je ne l'ignore point, monsir, votre nom est barvenu jusqu'à nous, au fond de la Pologne. On a crié fife Kalujat dans les rues de Gragovie.

— En vérité! s'écrie le négociant rougissant de plaisir.

— Ya, meinher... et moi-même tout le premier, en faisant lè coup de fusil, j'ai crié : vive Kalujat!

— Vous êtes bien bon... mais c'est *Galuchet.*

— Kalujat... je sais... ah! signor... meinher, il est chuste gue les amis te la liberdé remblissent le cœur des badriodes.

— Monsieur, vous me comblez... et comment cela va-t-il là-bas?

— Parfaitement... nous sommes pattus de tous côtés... mais nous allons brendre notre revanche... l'Allemagne est avec nous... la preuve, c'est que moi-même je suis Allemand, né sur la terre de...

— Vous êtes Allemand?

— Si signor.

— Tiens!... tiens! dit Galuchet pinçant les lèvres.

— Quoi donc?

— C'est que je vous demande si vous êtes Allemand...

— Et pien?

— Vous me répondez : *si signor.*

— Ya, ya, chai traversé le Tyrol, le Milanais afant d'entrer en France... Depuis mon tépart, jé suis opliché te chancher d'idiome comme de chemise... Ah! partons, sign... meinher.

— Il n'y a pas de mal.

— Afant la fin de l'été, nous aurons repris Gragovie.

— Comment donc! il y a des projets, et on ne m'a rien dit de cela au comité!

— Le comité ne sait la chose que te ce madin. Il brépare une grande séance pour ce soir... fous avez bas reçu de lettre confocation?

— Non.

— Fous allez la recevoir... Il s'achit texaminer nos plans... Ché crois que fous n'en serez pas mécontent en ce qui fous touche bersonnellement.

— Moi... comment cela?

— Tenez, monsir, ché fous barle à cœur oufert... ché souis chargé te fous sonder...

- Bon! et sur quoi?

- Il est question d'associer au goufernement de notre noufelle République tes noms considérables, tes noms influents pris parmi les étrangers... Accepteriez-vous pour votre compte?

— Moi! s'écrie Galuchet rayonnant; mon nom aurait tant de puissance!

— Buisque on a crié : vive Kalujat! dans les rues de Gragovie, ché vous dis!... Enfin, répontez, meinher. Beaucoup de noples Français s'offrent déchà, mais je ne fois pas té nom blus bobulaire et blus influent que le fôtre.

— Vous croyez?

— J'en suis sûr. Voilà pourquoi je foudrais connaître fos sentiments afin te bousser vigoureusement à la rame. Il y aura quelques périls, mais, en définitif, ce sera un peau rôle.

— Jaccepte, dit Galuchet avec le geste d'un Romain.

— Ah! monsir! s'écria le réfugié se jetant au cou du négociant, permettez gue je fous empresse. Ah! fous êtes un frai badriote. A ce soir donc au comité.

— A ce soir! C'est étonnant que la lettre de convocation n'arrive pas.

— Non, non... cette séance est imbrovisée; la lettre ne fientra que tout à l'heure... Ainsi, ché fotre abrobation pour tourner les esprits de fotre côté?

— Certainement.

— Et che buis faire partir mon aide de camp dout de suite pour annoncer fotre arrivée à Gragovie, quand il en sera temps.

— Sans doute, dit Galuchet à demi-ivre. Mais c'est donc à un officier supérieur que j'ai l'honneur de parler?

— Au général Weiskirchem... si, signor.

— Signor!

— Ah!... c'est frai!... ya meinher... Mais foilà *ma commission* que je fous montre... car te pareilles affaires toivent être traitées sérieusement.

Il tira de sa poche une feuille de papier couverte de caractères allemands, revêtue de plusieurs signatures, et la tendit à Galuchet.

— Sans doute votre brevet? dit le négociant en repoussant le papier d'un air magnanime; je n'ai pas besoin de le lire pour reconnaître en vous un digne militaire.

— A ce soir donc... d'ici là j'aurai fait bartir mon aide de camp ... Ah! tarteff!...

— Quoi donc?

— C'est temain que ché reçois ma lettre te créance sur notre panquier, mais aujourd'hui je n'ai pas trente francs faillants, et il faudrait que l'aide de camp bartît à l'instant même.

— De combien avez-vous besoin?

— Oh! trois cents francs enfiron.

Il passa un éclair de soupçon dans les yeux de Galuchet. Mais le négociant se fit ce raisonnement: si je montre de la méfiance, je suis perdu; et si je me livre étourdiment, qu'est-ce que trois cents francs pour moi?

— Les voici, dit-il en étalant sur son bureau quinze pièces d'or.

— Ah! meinher... je ne sais si je tois... après une si courte connaissance...

— Je vous en prie.

— Allons, j'emprunte ceci chusqu'à demain... Mais tenez-fous tout prêt pour la séance, che fous en supplie!

— Je m'habille à l'instant.

— Sans adieu, monsir... S'il y avait beaucoup de badriotes tels que fous, la tyrannie serait bientôt aux apois!

Et après une cordiale poignée de main, le réfugié s'éloigna.

Galuchet, après avoir fait une splendide toilette, se mit à attendre la lettre de convocation avec une impatience toujours croissante. Enfin, ne voyant rien venir, il envoya au comité, d'où on lui répondit qu'il n'y avait ni séance pour le soir, ni projet d'envoyer personne à Cracovie.

Le soir, en se mettant au lit, Galuchet se disait:

— Aussi, j'aurais dû me méfier de cet Allemand qui avait la rage de répondre *si signor*.

Cependant Rocheboise et Friquet, qui pendant l'entretien avait gardé un silence obstiné pour paraître tellement Polonais qu'il ne sût pas un mot de français, s'étaient hâtés de continuer leur tournée en débitant ailleurs d'autre histoires.

Ils ne rentrèrent que très-tard au logis pour se reposer sur leurs lauriers. Leur association se présentait sous les plus heureux auspices. Cependant Friquet décida qu'il fallait s'en tenir là pour cette semaine, afin de ne pas abuser des bontés de la police.

— Nous avons gagné en un jour de quoi en attendre d'autres. C'est un métier des dieux! dit Rocheboise en se frottant les mains.

— Ne vous y fiez pas!... les chances ne sont pas toujours aussi belles. Tenez, le mois dernier, j'ai quêté partout pour fonder une école dans un pauvre village, et je n'ai pas ramassé vingt-cinq francs...

— La philanthropie ne flatte personne.

— J'ai essayé aussi *des lettres*. Je me suis fait amateur d'autographes, et j'ai frappé à la porte de tous les auteurs, leur demandant à genoux quelques mots de leur écriture sur une page à jamais précieuse... où on souscrivait pour cinq francs... Je me suis dit lecteur enthousiaste, et ayant été jeté dans les passions orageuses, dans tous les désordres de la vie, par l'influence terrible de leurs ouvrages!... Ah bah! rien du tout!

— Vraiment!

— Il n'y a rien à faire avec les littérateurs, la plupart n'ont pas le sou, ce qui les rend très-circonspects dans leurs dons, et de plus ils se moquent de vous.

— Laissez-les!

— Seulement, nous essaierons encore de la poésie la semaine prochaine, mais dans un autre genre. Nous adresserons des pièces de vers à de grandes dames, en joignant à l'épître adulatrice le compte de notre petit garni...

— Ah! nous pourrions être aussi de grands artistes dramatiques, ruinés, perdus par les cabales de l'envie; nous proposerions alors d'aller déclamer à domicile pour qu'on juge de notre talent et plaigne notre infortune... On refuse l'audition, on accorde la *pièce ronde*. J'ai reçu de semblables demandes au temps de ma prospérité! ajouta Rocheboise avec un soupir.

— Vous avez eu un temps de prospérité! dit Friquet avec un soupir semblable. Moi, je n'ai jamais été... que ce que je suis!...

— Ce qui signifie que les hommes arrivent tous au même niveau, dit Rocheboise se drapant de philosophie.

— Et finiront toujours par se tendre la main, ajouta Friquet d'un ton non moins sublime.

XV

UNE PARTIE

Dans la soirée du vingt-deux février, un peu avant huit heures, deux hommes se rencontrèrent dans le jardin du Palais-Royal. Une impression si pénible les pénétra tous deux aux premiers regards qu'ils échangèrent, que leurs traits s'altérèrent en même *temps*, et que leurs paroles entrecoupées avaient peine à se faire entendre.

L'un était Herman de Rocheboise, qui depuis la tombée de la nuit, heure qui lui apportait la liberté de sortir de sa retraite, errait sous les arbres du Palais-Royal, enveloppé d'un manteau, le chapeau rabattu sur les yeux, et ne perdant pas de vue l'arcade dans laquelle s'ouvre le restaurant Corazza; l'autre était Léon Dubreuil, qui sortait de ce même restaurant, et qui, après avoir consulté sa montre, allait se diriger vers le faubourg Saint-Germain.

C'était le soir que Valentine avait fixé pour ouvrir son âme à Léon, et avoir avec lui un entretien qui fixerait leur destinée mutuelle. Dubreuil et Herman s'en souvenaient bien, et tous deux avaient attendu ce soir-là avec une égale anxiété.

Depuis longtemps les anciens amis ne s'étaient rencontrés; ils étaient sous l'influence de cet embarras douloureux qui se fait sentir après une amitié brisée, lorsque, au lieu du *toi* si longtemps échangé, le *vous* doit venir sur les lèvres; lorsqu'on sent encore d'anciennes et intimes confidences déposées dans le sein de celui auquel on va adresser des paroles indifférentes et froides.

Mais c'était surtout une répulsion profonde que Rocheboise et Dubreuil éprouvaient l'un pour l'autre : le premier était trahi, le second trahissait; car malgré les motifs généreux de Léon, le fait d'enlever à Herman la femme qui pouvait devenir son seul soutien était le même, et, en pareil cas, la haine de celui qui commet l'offense n'est pas moins vive que celle de l'offensé.

Ainsi, lorsque dans cette allée d'arbres, obscure et déserte, par une soirée d'hiver, Herman se trouva subitement devant les pas de Léon, tous deux tressaillirent et restèrent un instant immobiles. Ils s'abordèrent ensuite avec une contenance où se mêlaient l'ancienne familiarité et le salut que s'adressent deux étrangers.

Herman se remit le premier, étant préparé à cette entrevue, car il était venu attendre Dubreuil à la sortie du restaurant où celui-ci dînait tous les jours. Il avait aussi son plan tracé, et devait appeler à lui autant de forces que de sang-froid.

— Puisque j'ai l'avantage de vous rencontrer, dit-il à Léon après quelques paroles insignifiantes, je profiterai de ce moment pour vous adresser une demande.

— Je ne puis que vous assurer de ma bonne volonté à y souscrire, répondit Léon en s'inclinant.

— J'ai toujours été malheureux avec vous, monsieur Dubreuil ! reprit Herman avec un sourire dont il était impossible de comprendre le sens et en regardant son interlocuteur.

— Que voulez-vous dire ? demanda Léon d'une voix très-altérée par le trouble de sa conscience.

— Mais... que dans nos dernières parties j'ai perdu plusieurs fois de suite avec vous des sommes assez rondes.

— Ah ! c'est cela ? interrompit Dubreuil souriant à son tour. Je vous rappellerai alors que si j'ai joué avec vous, c'était sur vos vives instances, et que je ne puis m'attribuer un malheur venant de votre faute ou de celle du sort.

— Aussi n'est-ce point de la pitié que je demande, veuillez ne pas vous y tromper, mais une revanche.

— Oh ! rien n'est plus légitime... Fixez vous-même le moment.

— Alors, ce soir ; à présent, si vous le voulez bien.

— A présent ? dit Léon en tressaillant, c'est impossible.

— Impossible ! répéta Herman, reprenant son sourire énigmatique et son regard pénétrant. Vous avez donc précisément pour ce soir de bien importantes affaires ?

— Non, vraiment, répondit Léon en redoublant d'efforts pour que les battements de son cœur ne se fissent pas entendre dans sa voix, mais j'ai des engagements... et comme je présume qu'il vous est tout à fait indifférent...

— Vous vous trompez... Je suis superstitieux comme un joueur, et certain pressentiment me dit que cette heure doit m'être favorable. Dans ma situation vis-à-vis de vous il m'est permis, je pense, de profiter de tous les avantages, même de ceux qu'on pourrait croire imaginaires.

— Monsieur, cette instance...

— Est bizarre, insensée, si vous le voulez, mais enfin

je tiens à me mesurer avec vous, et en ce moment même plus que vous ne pouvez l'imaginer. Et tenez, nous voici précisément à quelques pas de l'hôtel Vaudoul.

Herman désignait une de ces maisons de jeu clandestines qui, depuis la fermeture des établissements de ce genre, se sont formées sur plusieurs points de Paris, à la condition de conserver toujours les apparences d'une maison particulière, et de ne s'ouvrir que pour des habitués qui gardent le secret de leur commerce illicite. Ceux-ci peuvent s'y réunir en liberté à toute heure.

A cette provocation pressante, Léon recula d'un pas; l'inquiétude qui l'agitait depuis le commencement de cet étrange entretien redoubla vivement.

Il eût voulu, au prix de tout au monde, aller chercher auprès de Valentine une décision dont sa destinée dépendait, et un vague pressentiment lui annonçait que cette soirée perdue ne se retrouverait pas. Il sentait le soupçon d'Herman peser sur lui, il entrevoyait à travers le motif apparent dont celui-ci se couvrait, la volonté de le séparer de Valentine ce soir-là, et peut-être pour toujours.

Mais cela même était une raison puissante pour ne pas affermir par un refus obstiné les suppositions qu'avait pu former Rocheboise, et compromettre ainsi les projets dans lesquels il avait mis son plus ardent espoir.

Ce dernier sentiment l'emporta.

— Je vous suis, monsieur, dit-il à Herman d'une voix brève.

— C'est bien.

— J'espère du moins que lorsque je vous aurai donné une revanche suffisante, vous me laisserez libre?

— Vous n'avez jamais cessé de l'être par mon fait : c'est l'honneur qui vous commande, à ce que je suppose.

Dès lors ce fut Dubreuil qui marcha avec le plus de résolution et d'impatience vers la maison de jeu.

Les deux jeunes gens entrèrent dans une pièce où ils se trouvaient seuls. Une table à tapis vert éclairée de deux bougies était garnie de cartes et de jetons.

Mais les regards des deux rivaux se portèrent en entrant sur la pendule. Elle marquait sept heures et demie.

Herman, en attirant Dubreuil dans cette maison de jeu, voulait gagner sur son rival le temps que celui-ci destinait à un rendez-vous précieux, et cette victoire-là il était presque sûr de l'obtenir.

Il déposait avec lenteur ses gants, son chapeau, arrangeait ses cheveux, tandis que Léon, les sourcils contractés, battait déjà les cartes, et d'un regard impatient pressait son adversaire de venir prendre place.

En même temps, dans son for intérieur, il jurait Dieu d'aider la fortune de manière à ce que Herman eût bientôt toutes les revanches possibles et lui fît grâce de la rage du jeu qui le possédait.

Mais les chances de malheur échappent à la volonté comme celles du succès. La bonne veine dans laquell Dubreuil s'était toujours trouvé en face de Rocheboise le poursuivait impitoyablement. D'ailleurs, s'il jetait les cartes au hasard, ou commettait à plaisir les plus grandes maladresses, Herman n'était guère plus à son jeu : l'équilibre se rétablissait ainsi de ce côté, et le bonheur de Léon l'emportait toujours.

Herman, loin de sembler abattu par ces défaites, conservait un sourire triomphant et railleur.

— Ma revanche tarde bien à venir, disait-il parfois en accentuant ses paroles ; mais n'importe, je suis sûr de l'obtenir ce soir.

Cette chance fatale prolongeait le jeu bien plus que le malheureux captif ne l'avait présumé. Enfin, après une demi-heure, Herman gagna quelques coups de suite ; les deux parties se trouvaient à peu près au pair, et Dubreuil fit un mouvement pour quitter la table.

— Un moment ! dit Rocheboise d'un ton impératif. Il reste encore un terrible arriéré, dont je prétends aussi faire justice aujourd'hui.

Léon retomba à sa place pâle et frémissant.

— Vous faites ?.... demandat-il.

— Dix louis, si vous voulez.

— Tenus.

Dubreuil gagna. Depuis cet instant, la chance revint de son côté plus fixe et plus implacable que jamais.

Les mises augmentaient à chaque instant. Les joueurs étaient animés par cette ardeur âpre et cruelle que donne toujours la vue de l'or passant et repassant sous les yeux, mais cent fois plus par la passion puissante qui se cachait en eux. Le temps qui s'écoulait était leur plus vif intérêt, et le temps s'écoulait rapidement... il apportait une joie amère à Herman, un découragement extrême à Léon. Les coups égaux du balancier venaient répondre dans leur sein à tous deux et s'unir aux battements de leurs cœurs.

Le jeu se poursuivait dans un calme sombre qu interrompaient seulement les mots consacrés au retour de chaque partie; ensuite on n'entendait au milieu du silence que le froissement des cartes, et ce mouvement de la pendule qui semblait résonner plus haut dans cet espace ému et solitaire.

Herman perdait des sommes qu'il ignorait lui-même, mais il triomphait de son rival; il le tenait enchaîné pendant l'heure de ce rendez-vous outrageant pour lui, et dont la pensée lui était odieuse. Souvent son regard furtif consultait le cadran; il voyait l'heure de ce rendez-vous s'écouler, et chaque minute qui lui emportait ses faibles ressources, les derniers débris de sa fortune, lui donnait à savourer en retour les peines, les angoisses, la colère de son rival! Il souriait sur le penchant de sa ruine, et gardait avec bonheur la victime qu'il tenait enfermée dans ses serres.

Léon n'avait plus le pouvoir de contenir ses impressions en lui-même; son irritation impétueuse jaillissait sur ses traits enflammés, dans ses mouvements brusques, violents. Herman s'animait en même temps; leurs paroles, leurs cartes étaient jetées et croisées avec une rapidité étourdissante... et le jeu s'élevait toujours davantage.

Au milieu de cette tempête intérieure, et comme Herman relevait et comptait les jetons d'une partie, la pendule sonna onze heures. Léon sentit chaque coup de ce timbre tomber sur son cœur. Dans le rapide instant de repos qui lui était accordé, il appuya le coude sur le tapis et laissa tomber sa tête dans sa main, se livrant sans contrainte à son accablement, quand l'heure était venue où il lui fallait absolument renoncer à voir Valentine.

Herman, sans paraître l'observer, aperçut la pâleur, l'altération profonde de ses traits et murmura en lui-même:

— Mon Dieu, il l'aime donc bien!...

Une impression poignante le saisit; il compare ce sentiment si pur, si dévoué de Léon avec son amour, à lui, égoïste et cruel; il se sentit vaincu de ce côté et humilié de lui-même!..

Un moment de mélancolie profonde, de rêverie silencieuse vint régner à la place des passions ardentes.

Quand les deux adversaires relevèrent la tête, l'intérêt suprême qui les avait jusque-là possédés secrètement tous deux était décidé; il ne s'agissait plus que de jouer pour le jeu même, et d'en finir avec la fortune.

Les parties successives ne furent plus alors qu'un duel à outrance. Il régnait dans cette étroite salle une chaleur extrême, les bougies agitées se consumaient vite, comme l'existence des joueurs dans ces moments de lutte violente. Tout avait pris le caractère d'un combat mortel. Le front des rivaux était chargé de colère, leurs poitrines palpitantes, leurs yeux couverts avaient ce regard froid et perçant du combattant qui cherche à porter sa lame dans le cœur !... Certes, en ce moment, le jeu n'était pour eux qu'un simulacre de l'ardeur qu'ils auraient mis tous deux à se saisir, à s'étreindre, à s'arracher la vie !...

A minuit, on vint les avertir qu'il était temps de se retirer.

Le compte fait, Herman, *qui jouiat depuis longtemps* sur parole, devait dix mille francs.

Dans la situation particulière où il se trouvait, poursuivi pour dettes, sans domicile avoué, il sentait que son adversaire avait droit d'exiger de lui d'autres garanties qu'un engagement verbal.

— Je vais, dit-il à Léon, vous faire une reconnaissance de cette somme.

— Une reconnaissance ! répéta Dubreuil avec le plus ironique sourire.

— Vous dites cela, monsieur... d'un ton...

— Qui exprime ma façon de penser. Je dois croire un billet de vous chose à peu près nulle.

En toute autre circonstance, Dubreuil, avec sa dignité de caractère, eût rougi d'outrager la pauvreté, mais il avait le cœur plein de rage contre Herman; toute vengeance était bonne.

Rocheboise avait tressailli de honte et de colère à cette insulte. Il venait de tirer son portefeuille pour déchirer un feuillet des tablettes sur lequel il pensait écrire une reconnaissance de la somme perdue. De nombreux billets se trouvaient entre ses doigts. C'étaient ces valeurs de criminelle origine fabriquées par lui sous la funeste influence de Pasqual, et dont les deux associés ne devaient faire usage qu'au moment de quitter la France... Même en ce moment où d'autres émotions le possédaient fortement, Herman éprouva un frisson douloureux en les revoyant.

Cependant il pouvait s'en servir à cet instant pour prouver à Dubreuil qu'il n'était pas aussi dénué et misérable que celui-ci le pensait... Cédant à la pitoyable vanité de paraître encore riche, faible avec lui-même, inconsidéré dans ses actions, il jeta sur le tapis plusieurs de ces billets endossés de signatures d'aspect divers, en disant d'un air de hauteur vindicative :

— Vous voyez pourtant, monsieur, que je pourrais faire honneur à mes engagements.

Malheureusement Dubreuil était de sang-froid, et la raison lui suggéra une proposition fort logique et fort simple.

— Ces valeurs me semblent bonnes, en effet, dit-il en les examinant; alors pourquoi ne m'en donneriez-vous pas en paiement?... Voici, ajouta-t-il, un billet de six mille cinq cents, et un de trois mille cinq cents qui feraient la somme.

Herman frémissant, l'haleine suspendue, fit un mouvement rapide pour jeter la main sur les billets...

Un regard de Léon l'arrêta.

Léon avait tressailli en même temps qu'Herman, et la pâleur qui couvrait le visage de son ancien ami s'était répandue sur le sien.

Il réfléchit une minute, et dit en ne conservant plus qu'un peu d'altération dans la voix :

— Vous consentez à me remettre ces billets, n'est-ce pas?... Si vous êtes dans la résolution de faire honneur à votre dette, que vous importe que je reçoive en nantissement votre signature ou ces titres ; donc, une hésitation, un refus de me les livrer pourrait faire supposer le contraire.

Le moment où il ferait usage de ces funestes papiers s'était toujours présenté à Herman dans un lointain très-vague ; sur le point de les faire passer en d'autres mains, de prendre en face de lui-même le nom de faussaire, il frissonna de tout son corps... Mais la nécessité était absolue, implacable ; il prit d'une main glacée les deux billets désignés et les tendit à Dubreuil.

Celui-ci, après avoir placé les valeurs dans son gousset, se leva en silence, salua Rocheboise sans porter les regards sur lui, et sortit.

Herman, qui s'était levé machinalement, retomba à sa place et cacha son visage entre ses mains.

Ce ne fut que lorsque le domestique de la maison lui eut réitéré l'invitation de se retirer qu'il revint à lui. Il descendit alors les degrés et marcha dans la rue avec une rapidité fébrile. Les passants étaient rares à cette heure :

en montant la rue du Bac, il aperçut Dubreuil qui tournait dans celle de l'Université pour regagner sa demeure. Alors il eut encore un mouvement de joie en songeant qu'il l'avait forcé du moins à changer l'emploi de sa soirée. Puis il se ressouvint trop rapidement de ce qu'il lui en avait coûté!

Le lendemain, Herman, surexcité encore dans sa passion par le sacrifice qu'il lui avait fait, monta une garde assidue à sa fenêtre pour surveiller le moment où Dubreuil se présenterait à la porte du pavillon.

Ce n'était point de sa part un vain espionnage qui ne dût servir qu'à calmer ou redoubler ses inquiétudes. Il avait cédé encore à la faiblesse de son caractère, en prenant un moyen détourné pour arracher Léon à une entrevue avec Valentine qui devait être décisive; mais il s'était bien juré en même temps, qu'après avoir éludé ainsi le moment le plus difficile, il mettrait un terme à une liaison coupable, en usant hautement et ouvertement de ses droits. Il prétendait donc, à l'instant où Dubreuil se présenterait chez madame de Rocheboise, y paraître lui-même; et cette demeure, enfin, étant celle de la femme qui portait son nom, il pouvait légalement en expulser un rival, quitte ensuite, s'il l'exigeait, à lui rendre raison par les armes.

Il était donc depuis le matin à sa croisée, s'efforçant de percer du regard une brume épaisse, et épiant toutes les ombres qui approchaient du pavillon.

Mais vers cinq heures du soir, Pasqual, rentrant d'une longue course, lui remit quelques lettres arrivées à l'hôtel de la Chaussée-d'Antin depuis qu'il l'avait quitté pour une retraite inconnue.

Deux de ces lettres étaient de son père; Herman ne put point tarder de les ouvrir.

Dans la première, datée du mois précédent, le comte de Rocheboise se plaignait amèrement de la suspension de paiement de la rente que lui avait allouée son fils, et de l'embarras dans lequel le jetaient trois mois écoulés sans toucher d'argent.

La seconde, beaucoup plus récente, ne contenait que quelques remontrances sévères sur l'inconséquence de conduite par laquelle Herman avait dissipé si rapidement sa fortune. Cependant, le vieux comte, pour ne pas augmenter les tourments d'esprit de son fils, lui disait que, quant à lui, il avait rencontré une ressource inattendue dans cette seconde lettre.

Après avoir donné le temps strictement nécessaire à cette lecture et au dîner, qui fut promptement terminé, il retourna à son poste d'observation.

Le jour, qui avait baissé tout à coup, ne permettait plus de distinguer les objets. Il descendit, et se mit à errer devant le mur d'enceinte du jardin, où l'ombre du soir était augmentée par les rameaux surplombants des arbres.

Comme il s'attachait à observer ceux qui pourraient venir du fond de la rue et se diriger vers la demeure de Valentine, la petite porte du jardin fut entr'ouverte par quelqu'un qui allait sortir, mais continuait à s'entretenir avec une personne à l'intérieur.

Herman reconnut bien vite les deux voix qui parlaient : c'étaient celles de Dubreuil et de Valentine.

Il était venu trop tard..... bouillonnant de colère, il eut cependant la force d'écouter ce qui se disait.

C'étaient des mots d'adieu, sans suite, mais dont l'accent concentré était encore empreint de l'émotion qui avait régné dans l'entretien.

— Rentrez, Valentine, disait Léon, vous êtes demeurée trop tard dans ce jardin. Votre main est glacée.

— Non... l'air me fait du bien, répondit Valentine. J'avais la tête brûlante.

— Oh ! oui... tout ce que vous m'avez dit...

— Maintenant, vous me connaissez comme moi-même.

— Trop bien !

— Vous savez ce secret qui remplira toute ma vie..... qui devait mourir avec moi... Maintenant il mourra *avec nous*.

Il y eut un moment de silence causé par l'impression profonde qui brisait leurs voix.

Puis Léon prononça, de l'accent le plus altéré :

— Adieu, Valentine.

— Oui, dit-elle d'une voix non moins frémissante, adieu pour le présent... mais ensuite...

— Oh ! ensuite... qui sait !... qui sait ! murmura Léon avec un profond soupir.

Puis il sortit, et là la porte du pavillon se referma.

Dubreuil, s'éloignant avec précipitation, et tournant du côté opposé à celui où se trouvait Herman, ne l'aperçut point.

Pour Rocheboise, qui avait été ainsi joué sans que la faute en fût à personne, il se croisait les bras de stupeur et tremblait de rage impuissante. Jeté en dehors de ce *secret*, il ne comprenait rien, ne pouvait rien deviner..... Les projets de fuite formés par Dubreuil étaient-ils accueillis ou repoussés par Valentine? Il n'avait plus aucun moyen de l'apprendre... Mais ce qu'il voyait du moins, c'est que tous deux s'aimaient, et que leurs cœurs s'entendaient parfaitement.

Dans cette extrémité, Herman s'arma de résolution, prit un parti décisif et plus digne que tout autre, celui de renoncer à Valentine, de ne plus rien tenter pour la voir, de perdre tout souvenir d'elle.

Peut-être eût-il eu la force de tenir ce serment si un événement ne fût venu mettre sa résolution à une épreuve plus difficile.

XVI

LE MENDIANT ARMÉ

La place encore à peine bâtie qui s'étend entre la rue Las-Cases et celle de Grenelle est un des points les plus déserts de Paris, et des moins éclairés à la tombée de la nuit.

Un soir, Herman, portant un ennui de plomb depuis huit jours qu'il ne consumait plus le temps dans la contemplation du lieu qu'habitait Valentine et le désir incessant d'y pénétrer, promenait ses tristes pensées dans cet endroit solitaire. Dans sa marche sans but, ses pas se trouvèrent par hasard suivre ceux de deux individus vêtus de longues redingotes étroitement boutonnées, comme celles que portent les prêtres, et qui tiennent le milieu entre la soutane et l'habit séculier.

L'attention d'Herman fut légèrement éveillée par l'aspect de ces hommes. Il les apercevait à peine, n'entendait rien du peu de mots qu'ils échangeaient parfois à voix basse, et cependant il les déclarait déjà en lui-même de purs malfaiteurs, rôdant dans de mauvais desseins.

Leur marche était inégale, leur allure clandestine; ils allaient d'un côté à l'autre, balançant sur la direction à suivre; le cou avancé, la tête basse, ils jetaient à chaque pas des regards furtifs autour d'eux. Sur ces indices, quelque vagues qu'ils fussent, Herman imagina de surveiller de loin ces deux personnages; et il s'était mis sur leurs traces, lorsqu'ils tournèrent dans la rue Las-Cases.

Là, Herman fut peu à peu enlevé à toute préoccupation étrangère; ses regards, par une habitude indestructible, se dirigèrent vers le pavillon, dont il connaissait assez bien la place pour le reconnaître dans la ligne brune qu'un côté de la rue décrivait sur l'ombre plus transparente de l'espace.

Une faible lumière tombait à travers le joint des persiennes... Ce rayon de la clarté qui enveloppait Valentine pénétra dans le sein d'Herman, et y répandit une ineffable douceur : c'était pour lui la lumière des jours passés, des jours où il était aimé avec une confiance profonde et une tendresse idolâtre. Une larme vint mouiller sa paupière.

Quand son cœur faiblissait ainsi, comme il arrivait souvent depuis huit jours, il ne pouvait le retremper que dans la colère. Il appela donc à son aide le souvenir de tout ce qu'il avait souffert, dans ces derniers temps, d'humiliations, de peines amères, et il répéta à demi-voix le serment de fuir et d'oublier Valentine.

Une minute après, cependant, il était arrêté devant la porte du pavillon, par une circonstance qui le frappait de surprise et d'une vague terreur.

L'un des deux hommes, dont la poursuite instinctive l'avait ramené dans la rue Las-Cases, était arrêté devant la demeure de Valentine, et il sonnait à cette petite porte dérobée... dans une rue déserte... à la nuit close...

Il était seul alors. Dans son moment de rêverie, Herman, ayant perdu de vue les deux personnages, ne savait ce que le compagnon de celui-ci était devenu.

La gouvernante de madame de Rocheboise vint ouvrir, et l'inconnu monta.

Herman demeura sous la fenêtre. Il lui semblait que de là il pourrait distinguer ce qui se passait dans l'appartement de Valentine, et pourquoi un homme, qui paraissait de condition subalterne, qui était certainement de physionomie très-suspecte, avait voulu s'y introduire.

Il devait être seul avec madame de Rocheboise, car, à travers les barreaux de la lucarne, on apercevait, dans la pièce basse, à demi-enfoncée dans le sol, la vieille gouvernante assise auprès de sa lampe.

Herman resta ainsi quelques instants à sa place sans savoir ce qu'il faisait là lui-même, mais comme si ses pieds eussent été enracinés à la terre. Il n'entendait le son d'aucune parole sortir de la chambre de Valentine ; la lumière ne subissait pas le moindre mouvement. Au bout d'une minute seulement, il entendit au-dessous de lui un mugissement lent et sourd. Il était poussé par Diamant qui regardait du côté de l'escalier et paraissait vouloir s'élancer dans la chambre de sa maîtresse, tandis que la vieille femme le retenait par son collier et le flattait pour le faire rester couché à ses pieds.

Rocheboise regarda et écouta plus attentivement du côté de la fenêtre. La même apparence de calme régnait dans l'intérieur du pavillon.

Cependant, Herman attendait avec une anxiété poignante que cet étranger redescendît. Le temps lui semblait d'une longueur affreuse, il était en proie à une terreur, à une souffrance mortelle dont il ne pouvait s'expliquer la cause.

Tout à coup il s'aperçut que la gouvernante n'avait pas entièrement refermé la porte. Emporté par une impulsion irrésistible, il s'élança dans l'escalier.

Il entra au moment où le bandit tenait un pistolet sur la poitrine de Valentine, renversée dans son fauteuil.

Herman avançait derrière le malfaiteur, son pas n'avait pas été entendu. A la faveur de sa position et de la surprise, il arracha l'arme d'une main, saisit le bandit de l'autre, et, en même temps, le renversa et déchargea le pistolet sur lui.

Cet homme, blessé à l'épaule, jeta un affreux rugissement.

A ce cri, à la vue du sang, Valentine, déjà mourante de frayeur, s'évanouit.

La gouvernante, attirée par la détonation, montra son visage épouvanté dans le cadre de la porte, tandis que Diamant aboyait et bondissait autour du groupe immobile.

— La garde ! la garde ! crie Herman. Attendez... son complice est près d'ici, qu'on l'arrête... Un homme seul, grand, en redingote brune... courez !

La vieille femme disparaît aussitôt.

Tandis qu'Herman a tourné la tête vers la gouvernante, le malfaiteur a essayé de se relever ; mais, ne pouvant se soutenir, il est retombé aussitôt de tout son poids en portant la main à sa blessure et en grondant :

— Le gueux!... le chien!... frapper un homme ainsi!...

Herman revient à Valentine évanouie, se penche vers elle, tenant la main appuyée sur le dossier de son fauteuil, et la protège ainsi de tout son corps.

Mais le blessé a tourné un regard oblique vers lui, et dit aussitôt :

— Mais c'est lui!... le jeune Rocheboise... d'où diable sort-il donc?

Puis son visage s'éclaire tout à coup d'une joie ironique :

— Ah! vous avez envoyé chercher la garde, dit-il, pour faire arrêter mon associé?

— Qui aura disparu, le misérable! répond Herman.

— Non, non... il rôde autour de la maison pour m'attendre.

— Tant mieux.

— Ah! vous êtes bien aise qu'on l'arrête?

— Votre odieux complice?

— Votre père, ne vous déplaise, monsieur le comte de Rocheboise!

— Mon père! s'écria Herman en pâlissant.

— Eh bien, qu'en dites-vous?

— C'est impossible... que ferait-il là?

— *Des affaires* avec moi, dit le blessé en indiquant du regard des brochures éparses sur le tapis.

Car l'homme qui venait de tomber ainsi sous le coup de son propre pistolet était Friquet, mendiant à domicile, et pour le moment trafiquant de brochures religieuses.

— Mon Dieu!... voilà donc ce qu'il m'écrivait! dit Herman qui sent une affreuse conviction pénétrer en lui.

— Oui, reprend le blessé avec peine. Il y a huit jours, nous étions dans une passe superbe...

— Assassins!

— Non... mais tout a changé subitement... dans cette carrière, il y a de bons et de mauvais moments. Depuis deux jours, ton père ni moi nous n'avons mis un morceau de pain à la bouche... Quelques gouttes d'eau de-vie, voilà tout... cela rend entreprenant auprès des femmes, ajouta-t-il avec un affreux sourire.

— Malheureux! tu voulais la tuer!

— Je ne sais; j'avais faim. Je m'étais aperçu qu'une femme demeurait seule dans ce logement retiré. Je suis venu lui demander d'acheter mes brochures; je voulais cinquante francs; pourquoi ne me les a-t-elle pas donnés? alors j'ai vu briller à son cou cette chaîne d'or.

Le blessé n'acheva pas, mais une rage avide perça sur son visage; son regard ardent, sa main tendue et crispée s'élançaient vers Valentine.

Herman pressa en frémissant la jeune femme évanouie dans ses bras.

Puis il tressaillit, se frappa le front et s'écria éperdu :

— Mais mon père! mon père!

— C'est lui, reprend le mendiant avec son rire insultant, c'est lui que vous venez de signaler aux soldats du poste... un homme seul en redingote brune.

— Oh! c'est horrible!

— Si vous avez du cœur, courez le délivrer.

Mais en même temps le regard du mendiant, allumé d'une convoitise hideuse, s'est reporté sur Valentine.

Herman l'observe.

— Abandonner Valentine! ici! en ce moment! s'écrie-t-il, palpitant de désespoir.

Il voyait cette femme... cette femme adorée, évanouie, sans défense, livrée à cet être hideux, sanglant, demi-cadavre, qui pourrait encore se traîner jusqu'à ses pieds, porter sur elle ses mains de malfaiteur, et lui arracher cette chaîne qui enflammait sa cupidité, même en rendant le dernier soupir.

— Du bruit... au fond de la rue... dit le blessé en écoutant.

— Oui, dit Herman terrifié.

— La garde vient... et votre père est ici près, reprend le mendiant d'un air de défi insultant.

Herman fait un mouvement pour sortir... mais il regarde Valentine, frissonne, et s'arrête.

— Les pas approchent, ajoute le malfaiteur. Ecoutez!

Herman avait toujours le regard fixé sur Valentine, pâle, inanimée.

— Non! non! je ne te quitte pas, lui dit-il dans une exaspération insensée.

Puis il s'écrie, en tombant à genoux :

— Ah! que Dieu me pardonne!

On entend sous la fenêtre un tumulte confus, un bruit de crosses de fusils tombant sur le pavé.

Au même instant, la garde envahit le pavillon; une

partie des soldats pénètre dans la chambre de madame de Rocheboise.

Le caporal entre en jurant et tempêtant contre ces bandits qui viennent attaquer à main armée jusque dans l'intérieur de la ville. Il regarde le blessé et le reconnaît pour un repris de justice, qui, en allant mendier, s'est déjà livré plusieurs fois à des actes de violence.

— Son complice est arrêté, ajoute le caporal; nos gens le tiennent ferme là-bas... à celui-ci, maintenant.

A ces premiers mots, Herman, toujours agenouillé, s'est affaissé sur lui-même, et reste anéanti.

Le commandant du poste lui adresse plusieurs fois la parole, lui demande des informations exactes sur ce qui s'est passé sans pouvoir obtenir aucune réponse. Pendant cela, les soldats ont lié les mains du blessé. Ils l'emportent sans éprouver de résistance, et la garde s'éloigne avec la capture qu'elle vient de faire de deux malfaiteurs.

A tout ce bruit, ce mouvement, Valentine a repris connaissance. Herman, en voyant le regard revenir dans ses yeux et le souffle entr'ouvrir ses lèvres, fait signe impérieusement à la gouvernante de se retirer, et demeure bientôt seul avec la jeune femme.

Cet intérieur, quelques minutes après la scène sanglante et tumultueuse qui vient de s'y passer, est donc redevenu tout à coup silencieux et solitaire, et n'enferme plus que les deux personnes qui se trouvent dans une situation si saisissante en face l'une de l'autre.

Valentine, bien faible encore, restait assise, accoudée sur le bras du fauteuil, essuyant la sueur refroidie sur son front et cherchant à rassembler ses pensées. Ce fut elle cependant qui parla la première.

— Cet homme qui était là... ce soir... dit-elle, il allait m'assassiner!...

Elle secoua la tête et releva les yeux, tâchant encore de dissiper l'engourdissement de la défaillance... son regard retomba sur Herman.

— Vous étiez là, reprit-elle. J'ignore de quelle manière... Vous m'avez défendue... sauvée... vous avez frappé cet homme... puis... je ne sais plus ce qui s'est passé.

Ils restèrent quelques instants en silence, agités tous deux, troublés jusqu'au fond de l'âme, l'haleine suspendue.

Herman surtout avait subi dans cette soirée des coups si violents, il se mêlait alors en lui tant d'effroi, de douleur d'avoir perdu son père tant de bonheur de se retrouver auprès de Valentine, qu'il sentait son cœur se briser, sa raison se perdre. Cependant, comme après s'être souvenue de ce qu'elle lui devait, Valentine continuait à le regarder avec une douce exaltation qui ne devait venir toutefois que de la reconnaissance, Herman reprit un peu de force, et prononça d'une voix entrecoupée et frémissante :

— Oui, Valentine, je vous ai défendue, sauvée, mais vous ne savez pas à quel prix.

Il s'arrêta et devint d'une pâleur si profonde que la jeune femme frissonna en l'interrogeant vivement du regard.

— Apprenez, d'abord, reprit-il, une circonstance... horrible... Mon père... demeuré sans ressource, par suite de mes détestables folies, et sans doute égaré par l'excès de la misère, s'est associé à ces misérables qui s'introduisent dans les demeures sous une apparence quelconque, et y sollicitent de l'argent par ruse ou violence... Il était venu ce soir avec son associé à la porte de ce pavillon isolé... sans savoir qui l'habitait.

Valentine écoutait avec stupeur et palpitante d'inquiétude.

— L'un de ces misérables est monté, reprit Herman d'un voix sourde, l'autre... mon père !... est resté dans la rue... Et moi ! moi ! continua le malheureux respirant à peine, en appelant ici la garde, je les ai fait arrêter tous deux.

— Oh ! quel malheur affreux ! s'écria Valentine frémissante et les yeux baignés de pleurs.

Mais elle était si belle dans sa pâleur, dans ses larmes, qu'Herman, transporté d'amour, enhardi par l'attendrissement qu'il voyait en elle, reprit avec plus de force et de chaleur :

— Valentine, écoutez-moi. Voici ce que j'ai fait pour l'amour de vous... amour méconnu et outrageusement repoussé. J'ai dissipé en peu de temps une fortune considérable... appelant à moi tous les plaisirs pour y trouver un moment d'oubli à la passion qui me dévorait, cherchant, dans une orgie continuelle, l'ivresse, la folie ou la mort... Hélas ! je n'ai rencontré que la ruine... la ruine qui m'a conduit à des actes déplorables, à l'humiliation éternelle.

La voix d'Herman fut un instant brisée par ses émotions violentes.

— Depuis plus d'un mois, reprit-il en étendant la main du côté qu'il désignait, je suis là, en face de vous, dans une pauvre mansarde; consumant mes jours et mes nuits dans les remords, dans les larmes, ne vivant que de l'espérance de vous apercevoir une minute, de bien loin... prosterné devant vous, et vous demandant grâce, pitié, de tous les cris de mon âme!

Valentine tenait la tête penchée dans sa main, on ne pouvait voir l'expression de son visage; Herman continuait :

— Ce soir, ici, attiré près de vous au moment du danger par l'inspiration de mon cœur, j'ai pu vous soustraire à la mort. Et lorsque j'ai appris du malfaiteur le nom de son complice, lorsque j'ai su dans quel affreux péril je venais de jeter mon père, retenu près de vous par le besoin de vous protéger encore contre ce bandit blessé, sanglant, qui restait à vos côtés; appelé au dehors pour avertir le malheureux comte de Rocheboise et le sauver des fers de la justice, partagé entre l'amour et le devoir le plus sacré... Valentine, je suis resté ici, je suis resté en vous enlaçant de mes bras.

Entraîné par ses paroles, véhément, exalté, Herman continuait encore :

— J'ai donc, pour vous, été coupable mille fois, malheureux tous les jours, et ce soir, dévoué jusqu'au sacrilége... Les erreurs, les folies, les crimes de la passion, ses larmes incessantes, ses extases idolâtres, son fanatisme ardent, son dévouement suprême, j'apporte tout devant vous, je mets tout à vos pieds... Maintenant, dites-moi, Valentine, me pardonnerez-vous?

Le moment de silence qui suivit fut terrible pour tous deux. Herman, bouleversé par tant de mouvements impétueux, le regard enflammé, le visage d'une pâleur mortelle, était agité d'un tremblement nerveux qui apparaissait dans tout son être. Valentine avait besoin, pour répondre, d'une force de résolution si grande qu'elle redoutait de ne pas la trouver en elle.

Elle se leva grave, imposante, s'appuya sur le marbre de la cheminée, et dit d'une voix tremblante malgré tout son courage :

— Je regretterai jusqu'à la mort le malheur que, pour l'amour de moi, vous avez attiré sur la tête de votre père.

— Ce n'est pas là ce que je demande! dit impétueusement Herman, vous le savez bien, Valentine. Ainsi, répondez-moi.

— Je ne vois de réel dans les mérites que vous vous attribuez près de moi que de m'avoir sauvée tout à l'heure de la mort, dit-elle avec un sourire, expression si triste dans ces moments de déchirements et de douleurs éternelles. Maintenant, je répondrai : Vous m'avez ôté le bonheur pour toujours, je ne vous dois aucune grâce de m'avoir conservé la vie...

Herman allait l'interrompre, elle continua avec plus de vivacité et d'un ton absolu :

— Autrefois, lorsque je vous aimais, c'était avec une foi profonde; jamais confiance plus pure, sérénité plus grande ne rayonna dans une âme. Quand on est jeune, et au premier amour de la vie, il est permis, il est légitime de se tromper; être heureux par l'amour est notre droit en ce monde; pourqurquoi ne penserions-nous pas que le ciel nous l'accorde... Mais, après avoir été tristement désabusée, retomber dans le même aveuglement, accueillir la même illusion par une attache insensée à un bien qui nous fuit, c'est être faible et lâche, c'est abdiquer sa raison, son jugement, pour être heureux un instant de plus dans la vie... Non, non, je ne le veux pas. La force, la lumière de l'esprit sont des rayons divins aussi... divins comme l'amour... et on ne peut les éteindre sans crime.

— Ainsi vous me repoussez! s'écria Herman exaspéré d'entendre un raisonnement quand son cœur se soulevait avec violence, quand l'exaltation emportait sa pensée.

— J'ai cru devoir me séparer de vous, dit Valentine; le passé est toujours le même, pourquoi mon sentiment serait-il changé?

— Et moi aussi, dit Herman, je reprendrai la force, le courage... et cette raison que vous appréciez tant. Je sens en ce moment que la passion la plus violente peut céder devant tant d'indifférence et de froideur. Et si je vous quitte en ce moment, dans la situation où nous sommes, ce sera pour la vie.

— Je le sais.

— Et vous le voulez?

— Je le veux.

Herman fit quelques pas précipités vers la porte et se retourna.

— Adieu, Valentine, dit-il. Avec cet adieu... vous l'entendez bien... avec cet adieu tombent entre nous l'indifférence éternelle, l'oubli... oh! oui! l'oubli! la mort et le néant de notre amour... Adieu!

Puis il sortit et s'éloigna à grands pas.

XVII

LES FAUX BILLETS.

En rentrant dans la mansarde, Herman se jeta sur un siége au coin de la cheminée, et resta anéanti, dévorant en silence la colère, l'humiliation, la souffrance qui débordaient de son cœur.

Pasqual n'interrompit point sa sombre absorption. Assis de l'autre côté du feu, le bras appuyé sur le dossier de sa chaise, il regardait quelques traits formés au crayon sur le plâtre nu de la muraille. C'était la date du jour où il était venu habiter cette chambre, et qu'il avait inscrite en y arrivant; d'autres dates plus récentes étaient marquées au-dessous. Ayant toujours conservé ce petit réduit dans les diverses phases de sa fortune, Pasqual y avait sans doute aussi inscrit depuis les jours marquants de sa destinée, et il semblait en ce moment embrasser par la pensée le laps de temps qu'ils enfermaient entre eux... Du reste, il était plus que jamais livré à cette étrange distraction qui s'était toujours montrée en lui, quand les désastres de son maître étaient au comble, quand il s'était jeté lui-même dans le danger d'une peine infamante; il paraissait plus que jamais insouciant de toute chose, s'absorber dans ses propres sentiments, et vivre en dehors de ce monde.

Herman releva enfin la tête, et dit brusquement :

— Je vous préviens que je veux quitter ce logement... Je désire sortir d'ici le plus tôt possible.

Pasqual ne parut pas l'entendre.

— Cette mansarde est inhabitable, continua Herman. On ne peut pas y tenir plus longtemps... Et puis je veux... je veux absolument m'éloigner de la rue Las-Cases.

Ce dernier mot contenait toute sa pensée. Le malheureux ne savait ce qu'il y avait de plus cruel pour lui dans cet endroit, de la pensée de Valentine ou de celle de son père.

— Vous préférez le séjour de la prison? demanda froidement Pasqual.

— Quand cela serait ! dit Rocheboise avec une sombre impatience, eh bien, oui !... j'aimerais mieux être emprisonné que caché... c'est une situation plus franche.

Il se tut un instant et reprit d'un ton grondeur :

— Si on m'arrêtait, ma réclusion humiliante serait au moins involontaire, tandis qu'ici je me mets moi-même au secret, je m'enferme honteusement... Enfin, je verrais le jour dans la cour de la prison, au lieu de vivre comme un affreux hibou qui n'est fait que pour la nuit.

Le son d'un orgue se fit entendre sous la fenêtre.

Pasqual se dressa vivement de sa place et écouta quelques instants.

— *L'or est une chimère,* murmura-t-il en rappelant les paroles de l'air que jouait l'orgue. Oui, une vraie chimère pour le pauvre musicien qui répète cette maxime... Et pour nous aussi, continua Pasqual avec un sourire et en regardant un gros sou qu'il venait de prendre dans son gousset.

Il enveloppa la pièce de dix centimes dans un morceau de papier écrit et la jeta par la croisée.

— Vous avez donc bien de l'argent de reste, que vous en donnez à de telles gens ! dit Herman, par pure mauvaise humeur.

— Que voulez-vous... j'étais leur compagnon autrefois, répondit Pasqual légèrement. Et il ne faut pas oublier ses amis dans l'orgueil de... l'infortune.

— A la bonne heure !

— Tenez, reprit Pasqual en écoutant l'orgue qui jouait sur la même pédale, ce brave musicien joue maintenant sans intérêt, et redit son air gratuitement pour me remercier de mon aumône.

Pasqual, attentif, suivait les sons qui allaient se perdant dans le lointain.

— M'écouterez-vous, enfin ? demanda Herman avec plus d'impatience.

— Sans doute... vous me disiez ?

— Que je voulais sortir d'ici à mes risques et périls... fût-ce même pour aller en prison.

— Oui, dans la prison pour dettes ?

— Sans doute.

— Où les détenus de bonne compagnie vont passer la saison pour se rendre intéressants... comme on va aux eaux... et où ils se libèrent aussi joyeusement que les malades se guérissent là-bas... Mais il est d'autres sujets d'arrestation... d'autres lieux de détention...

— Oh ! ne dites pas cela...

— Dont la pensée vous fait trembler, à ce que je vois. Rasseyez-vous, ne me regardez pas ainsi, nous n'y sommes pas encore.

— Au nom du ciel, que voulez-vous dire ! Il est en moi une terreur affreuse... incessante...

— Celle de ces billets.

— Oui.

— Vous en avez donné quelques-uns en paiement à Léon Dubreuil, à la suite d'une soirée de jeu orageuse.

— Comment le savez-vous ?

— Lorsque nous avons créé ces valeurs, il était impossible de s'en servir envers vos créanciers, qui, connaissant l'état de vos affaires, auraient pu concevoir des soupçons. Il fallait les négocier avec une maison de banque éloignée, en retirer les moyens de passer à l'étranger, où nous nous trouverions hors d'atteinte, au moment de l'échéance... Depuis, vous vous êtes obstinément refusé à partir... Et vous mettez ces billets en circulation en demeurant ici !... C'est une extravagance complète qui porte déjà ses fruits.

— Pour Dieu ! expliquez-vous... parlez !

— Dubreuil a conçu des doutes sur l'authenticité des signatures... vous vous serez trahi en les livrant.

— C'est possible... je tremblais... et il a attaché sur moi un regard fixe... que je sens encore.

— Ah !... je m'en doutais.

— Mais enfin... achevez !

— Eh bien, Léon Dubreuil, une fois ses soupçons éveillés, est allé chez le vieux Bachelu pour savoir si le marchand d'argent avait réellement souscrit ces billets. Par un bonheur extrême, Bachelu était absent de Paris, son commis n'a pu donner les informations demandées ; et il n'y a rien encore d'ébruité.

— Ensuite ?

— Mais un homme qui est au courant des affaires de Bachelu mieux que Bachelu lui-même, et sait parfaitement que celui-ci ne vous a pas souscrit de billets, a eu avis de la demande de Dubreuil et me l'a rapportée.

— Comment voyez-vous cet homme ? comment sait-il notre demeure ?

— Eh! c'est à lui que je vends le peu d'objets que nous avons gardés et dont le prix sert maintenant à nous faire vivre... Hier donc, comme j'allais chez lui, il m'a appris ce qui se passait, en ajoutant que si les billets n'étaient pas retirés des mains du dépositaire avant trois jours et brûlés devant lui, Bachelu, sur son avis, s'adresserait à Léon Dubreuil et ferait constater l'illégalité de la signature.

— Dans trois jours!

— C'est un terme de rigueur qu'il nous laisse... Il vient de me le rappeler.

— Comment?

— L'orgue qui jouait tout à l'heure sous la fenêtre était un souvenir de lui... Un de nos musiciens ambulants, sans savoir ce qu'il faisait lui-même, venait me rappeler la volonté de cet homme et surtout recevoir ma réponse.

— Votre réponse?

— J'ai promis, en termes que lui seul peut comprendre, que les billets lui seraient remis avant trois jours. Et le gros sou jeté par la fenêtre a emporté le message.

— Ainsi ce secret terrible est entre les mains d'un misérable!

— Il ne le trahirait qu'à la dernière extrémité, et pour ne pas compromettre la caisse de Bachelu; mais son propre intérêt doit lui faire désirer que tout ceci reste dans l'ombre, et une fois les billets remis entre ses mais, il n'y a rien à redouter de son indiscrétion; ainsi, pas de craintes chimériques, il en reste assez d'autres.

Herman retomba abattu sur son siége.

— Vous restez là en silence, monsieur, reprit Pasqual; mais le temps presse : il faut voir M. Léon Dubreuil.

— Que pourrai-je lui dire?

— Vous lui direz que l'un de vos créanciers, celui qui a obtenu prise de corps sur vous, paraît disposé à se désister de ses poursuites si on lui remet des valeurs sûres pour une partie de ses créances. Et vous le prierez avec instance, lui, Léon Dubreuil, de vous remettre, pour en faire usage près de votre créancier, les billets dont il est nanti, et de recevoir en échange une simple reconnaissance signée de vous... S'il y consent, les billets reviennent en nos mains et sont anéantis; s'il refuse, il n'y a plus qu'à négocier en toute hâte ce qu'il nous reste de fausses valeurs et à quitter la France.

— Mais de quel droit lui demanderai-je ce sacrifice?

— Vous lui direz que par ce service il sauvera de l'ignominie de la prison le mari de Valentine.

— A ce mot, Herman tressaillit et se frappa le front.

— C'est le seul titre que vous puissiez invoquer près de lui, reprit Pasqual... Il faut faire un puissant appel à ses sentiments pour qu'il consente à se dessaisir de ces titres, qui sont une arme contre vous auprès de celle qu'il aime.

— Il aurait l'infamie de me dénoncer près d'elle.

— C'est peut-être dans ce but qu'il cherche à constater le faux.

— Ah! oui... oui! s'écria Herman en se levant d'un air égaré; il faut voir Dubreuil ce soir même.

— Monsieur, vous perdez la raison... il est plus de minuit. Demain, dans la journée, nous ferons demander à votre ancien ami un entretien particulier qui aura lieu à la nuit tombée.

— Faites... que tout se passe au plus vite.

— Où verrez-vous monsieur Dubreuil?

— Je ne veux pas aller chez lui.

— Il peut encore moins venir ici... Il faut un terrain neutre... Voyons, les cafés sont trop éclairés pour nous... les promenades publiques se ferment à l'entrée de la nuit... J'y suis... Donnez rendez-vous à M. Dubreuil sur le quai de la Grève.

— Sur le quai de la Grève?

— Oui, à deux pas de là je vous promets un endroit où vous serez parfaitement seuls, sans crainte d'être ni vus ni entendus du dehors.

— Il suffit... Ecrivez, obtenez la réponse... Je n'ai pas la force de le faire... Oh! que je voudrais que cette coupe d'amertume fût tarie.

Herman se jeta sur son lit, brisé, anéanti. Tant de douleurs et de dangers passaient devant ses yeux, grondaient autour de lui, qu'il ne distinguait plus rien que dans le vague du délire. Un effroi mortel, une souffrance poignante le tenaient éveillé; mais il avait perdu la faculté de penser, et il restait avec lui-même dans un morne silence.

Cet état d'inertie dura une partie de la journée suivante; il resta couché dans l'épuisement de toute force, et l'oubli presque complet ce de qui devait se passer.

Pendant ce temps, Pasqual se rendit lui-même chez Léon Dubreuil, et obtint de celui-ci la promesse de se rendre à l'endroit désigné pour l'entrevue que M. de Rocheboise lui demandait.

Le moment était fixé pour dix heures du soir.

Lorsque la nuit vint annoncer l'approche de cet instant décisif, Herman sortit subitement de l'espèce de léthargie dans laquelle il avait été plongé, et, par une réaction violente, il éprouva l'ardeur impétueuse de toutes les passions qui devaient l'agiter. La jalousie, la colère dévoraient son sang et allumaient en lui une fièvre insensée; la honte dominait encore ces cruels sentiments.

C'était un ancien ami qu'il allait revoir dans de telles circonstances; l'égalité autrefois établie entre eux s'était changée en une disproportion effrayante! Il allait se trouver ruiné, déshonoré, en face de Léon Dubreuil, qui, à tous les autres avantages dont il pourrait l'accabler, joignait peut-être celui d'être préféré de Valentine!...

Pasqual apporta le dîner à l'heure habituelle. Les deux habitants de la mansarde restèrent longtemps à table, en face l'un de l'autre, pour faire passer le temps que l'appréhension, plus cruelle encore que tout le reste, faisait paraître d'une lenteur accablante.

Le repas terminé, Pasqual posa sa montre sur la table et en suivit l'aiguille du regard.

Ni lui ni son maître ne prononçaient une parole; mais Pasqual versait souvent dans le verre d'Herman un vin blanc préparé pour réchauffer le courage, une espèce d'élixir auquel les malfaiteurs de profession eux-mêmes ont recours pour se procurer une ardeur étourdissante au moment *d'un coup* difficile; et Herman, sans savoir ce qu'il faisait, buvait à coups pressés la liqueur excitante.

La montre marqua neuf heures et demie.

Herman et Pasqual se levèrent, s'enveloppèrent de manteaux. Pasqual prit sur lui du papier timbré, une écritoire de poche pour le cas où Dubreuil consentirait à accepter de nouveaux billets. Il emporta aussi une lanterne sourde et ce qu'il fallait pour faire du feu, disant que l'endroit où aurait lieu l'entretien n'était pas éclairé. Puis il tendit à son maître un jonc assez fort, dans le haut duquel était vissé un poignard.

— Pourquoi me donnez-vous cette canne? dit brusquement Herman. Vous ne pensez pas sans doute que j'en aie besoin pour me soutenir... Et comme arme, je ne dois pas non plus l'emporter, puisque Dubreuil ne viendra sûrement pas armé à ce rendez-vous.

Herman allait déposer le jonc ; il resta en suspens une minute ; puis il murmura :

— Non, c'est le sort qui remet cette arme entre mes mains... Elle peut m'être bien utile. Allons !

Le malheureux pensait que s'il échouait dans la tentative faite pour retirer et anéantir les faux billets, la mort pourrait le soustraire à l'opprobre que leur existence devrait faire tomber sur lui.

Il garda la canne-poignard, et les deux compagnons d'infortune descendirent de la mansarde.

Arrivés sur le quai de la Grève, ils furent quelque temps sans rencontrer celui qu'ils cherchaient parmi les passants.

L'air était chargé de brouillards congelés et répandait un froid sombre ; il neigeait lentement ; la glace, incrustée aux vitres des boutiques, n'en laissait échapper que de troubles lueurs ; et le quai, plus obscur que d'coutume, permettait peu de reconnaître ceux près de qui on passait.

Rocheboise et son compagnon erraient depuis un quart d'heure sans rencontrer personne qui pût fixer leur attention.

La perte de cette entrevue qu'il venait chercher mettait Herman dans le plus cruel danger ; cependant il se sentait soulagé d'échapper à cette crise immédiate et poignante, et respirait déjà plus librement, lorsque, dans un instant où il suivait le parapet, Léon Dubreuil se trouva subitement devant lui.

XVIII

L'ARCHE DU PONT

Au moment où Rocheboise et Dubreuil se rencontrèrent, un rassemblement de gens du bas peuple sortait de la rue des Nonaindières et descendait sur le quai. Cette arrivée inopportune eut cependant l'avantage d'amener le premier mot de l'entretien, si difficile à trouver en de telles circonstances.

— Vous choisissez mal le lieu de vos rendez-vous, dit Dubreuil à Herman ; ce quartier est encombré de populace.

— Notre entretien ne doit durer qu'une minute, dit Herman.

— Je le désire, répondit sèchement Léon.

— Les voies publiques sont partout également populeuses, dit Pasqual en intervenant; mais, ici, on peut trouver un endroit sûr et entièrement solitaire pour s'y retirer un instant.

— Où donc, s'il vous plaît? demanda Léon.

— Ici, sous la première arche du pont. Le terrain qui touche le cours de l'eau est toujours libre, et nous n'avons que quelques marches pour y descendre.

— En vérité, monsieur Pasqual, vous avez des ressources très-habiles! dit Dubreuil avec un sourire ironique et en appuyant sur ces mots.

Malgré cette espèce d'acceptation, les deux jeunes gens demeuraient immobiles; ni l'un ni l'autre ne se souciaient de faire le premier pas pour aller gagner un lieu d'audience dont le choix était plus qu'étrange.

En même temps, la file pressée de la plèbe avançait. Cela semblait être une foule de pauvres gens, mais de gais compagnons qui revenaient de faire une petite fête au cabaret voisin. Quelques ternes lumières marchaient en tête, et on entendait des chants joyeux sortir du milieu de la bande.

La cohue menaçait d'envahir le quai.

— Décidément, on ne peut pas rester ici pour parler d'affaires, dit Dubreuil. Ces gens-là passés, il en viendra d'autres.

Il ajouta dédaigneusement :

— Eh bien!... va pour la salle de réception de M. Pasqual.

Et il prit l'escalier qui conduit sous le pont.

Les deux personnes qui avaient à s'entretenir avec lui descendirent sur ses pas.

Herman, en arrivant dans cet endroit sombre, éprouva un saisissement douloureux... il lui sembla sentir le froid d'une tombe.

La nuit était réellement si noire dans cette profondeur, qu'ils marchèrent d'abord d'un pas mal affermi; mais dès que leurs yeux furent faits à l'obscurité, ils distinguèrent le terrain uni, un peu exhaussé sur le lit de la rivière et effleuré par ses eaux, chargées en ce moment-là d'épais glaçons.

Ils restèrent quelques instants immobiles et en silence, pour ne pas attirer l'attention de la bande, qui arrivait le long du parapet et se trouvait alors à portée de la vue.

La troupe joyeuse, quoique vive et animée dans ses mouvements, était lente dans sa marche ; on reconnaissait des gens peu pressés de s'éloigner du lieu de réfection, dont ils savouraient encore en souvenir l'agréable festin.

Ce cortége burlesque était composé de gens de notre connaissance : c'était la noce de Corbillard et de mademoiselle Rose qui venait d'être célébrée. On avait fait le repas au cabaret symbolique des *Deux-Pigeons*, et toute la société s'en revenait en masse au logis.

Au-dessous de l'arche, la nuit était profonde et triste.

Ces deux jeunes hommes, si bien placés dans le monde, dont l'un avait été le roi du faste et de l'élégance, dont l'autre était encore cité pour l'élévation d'esprit et de caractère, se tenaient là, cachés, inquiets, le cœur palpitant de passions haineuses et dévorantes.

Le cintre du pont traçait un grand cadre de ligne sombre ; au bas s'étendait le terrain humide, bordé de bateaux noircis, délabrés par l'hiver et retenus dans leurs chaînes ; au delà se déroulait la nappe immense et livide de la rivière.

L'eau arrivait à grande force sous le poids de ses glaçons amoncelés ; elle s'engouffrait sous l'arche, en heurtant les piliers de ses dalles mouvantes, et rendait un bruit formidable, qui retentissait dans l'abîme du fleuve et répandait comme un frémissement dans l'air.

Plus loin, les bâtisses du pont Marie, et le groupe de peupliers qui s'élève sur le bord, jetaient une ombre plus noire sur la nuance blafarde de l'eau ; les arbres desséchés pliaient sous le vent en rendant un craquement aigu de branches mortes ; les bateaux amarrés faisaient gémir leurs chaînes dans un balancement continuel ; sur toute l'étendue, la neige tombait lentement, en apportant le froid et la tristesse du ciel.

Au-dessus de l'arche, en même temps, la noce passait animée et joyeuse.

Les porte-flambeaux allaient en avant ; immédiatement après venaient les mariés, majestueusement placés sous le dais d'un parapluie.

Corbillard, rajeuni, ne portait plus qu'une de ses béquilles ; mademoiselle Rose avait rafraîchi sa coiffe ; les pompons verts en étaient plus verts que jamais, car c'était le cas de montrer de l'espérance ; mais comme cette Rose, près de la soixantaine, pouvait bien être semée de quelques frimas, l'hiver semait en ce moment les rosettes de sa coiffure de légers flocons de neige.

Singulière et bonne noce de mendiants ! où le repas, la toilette, où tout le matériel est l'aumône des hommes ! où le bonheur est l'aumône de Dieu !

On entend les propos joyeux jetés à pleine voix de l'un à l'autre ; comme autrefois, dans les fêtes nuptiales, les trouvères entonnaient le chant de l'hyménée en se répondant tour à tour.

— Eh bien ! oui, oui, mes enfants, disait le père Corbillard, c'est moi qui me marie... Il faut bien un peu fêter la vie.

— Mais voyez donc le père aux béquilles ! Il a toujours de la gaieté à revendre...

— Et il nous en donne à tous pour rien, oui-dà !

— Que voulez-vous ? reprend le bonhomme, c'est carnaval ; le bonheur s'est déguisé en mendiant.

— Et l'amour a pris la défroque du père Corbillard... Ohé !... vivat !...

En même temps, des airs allègres résonnaient sur les vielles et les orgues de la troupe gaillarde, dont le plus bel instrument était les éclats de rire.

Les ouvriers du quartier qui rentraient à cette heure mesuraient leurs pas aux sons cadencés de la musique ; ils saisissaient les refrains joyeux au passage et s'éloignaient en chantant. Ainsi la gaieté de la noce s'en allait, portée d'écho en écho, dans les profondeurs de la ville.

Dubreuil et Rocheboise jetaient des regards impatients et soucieux de ce côté, attendant que cette foule importune se fût éloignée.

Peu à peu les flambeaux disparurent au tournant d'une rue, le bruit se perdit dans l'éloignement.

— Enfin ! dit Léon.

— Mais sommes-nous bien sûrs d'être seuls ici ? demanda Herman en jetant un regard sur les nombreux bateaux amarrés au rivage.

— Par une nuit semblable, dit Pasqual, que pourraient faire là des bateliers ?

— Je vous renouvellerai ma demande de vous expliquer au plus vite, dit Léon en s'adossant contre l'arcade.

— Bien que ma situation me mette dans une sorte de dépendance envers vous, répondit Rocheboise, qui était parvenu à raffermir sa voix; je vous préviens cependant que ce n'est point une prière que je compte vous adresser, mais une simple proposition que je viens vous faire.

— Par là, vous m'engagez à mettre de côté toute considération particulière ou tout sentiment d'humanité, et à répondre nettement sur la question.

— Précisément. J'ajoute que votre consentement ou votre refus ne sera pour moi qu'une négociation accomplie ou manquée, sans me toucher en aucune manière.

— C'est bien; voyons ce dont il s'agit.

— Dans le compte que nous avons dernièrement réglé ensemble, vous avez préféré des billets de portefeuille à ceux que j'allais vous faire moi-même; je vous les ai cédés sans difficulté...

— Pas tout à fait; mais passons.

— Maintenant, reprit Herman, un de mes créanciers, qui ne me connaît point et, par conséquent, n'use pas de mauvais procédés envers moi en refusant ma signature, comme le ferait un ancien ami en agissant ainsi; un de mes créanciers, dis-je, consent à recevoir des billets en paiement, si je puis lui en remettre de valeurs certaines; et, en ce cas, fera lever la prise de corps obtenue contre moi.

— Ah! je comprends, dit Dubreuil d'un accent ironique.

— Maintenant, voyez, reprit Herman avec plus d'efforts, s'il peut vous convenir de me rendre les valeurs dont vous êtes nanti et de recevoir des billets de moi à la place... je vous les ferai pour la même échéance.

Dubreuil se tut; Herman continua :

— En venant à un entretien dont vous pouviez présumer le motif, vous avez sans doute apporté ces titres avec vous. En ce cas, l'échange pourrait se faire ici même.

Dubreuil, toujours en silence, passa la main sous son manteau et tira un portefeuille.

Ce mouvement fut aperçu aux pâles reflets de neige qui passaient sous l'arche... C'était une espèce de consentement muet. Herman et son confident le comprirent ainsi. Pasqual alluma la lanterne sourde qu'il avait apportée et déplia le papier timbré.

Une lumière subite éclaira alors dans un étroit rayon le lieu de la scène, sans s'étendre jusqu'à la voûte sombre de l'arcade.

Dubreuil, l'air acerbe et dédaigneux, était appuyé contre la maçonnerie; Rocheboise, les traits agités et dans une attitude tremblante, se tenait devant lui; Pasqual, un pied sur la borne du pilier, tenait la lanterne et les papiers à la main... Spectateur d'un calme et d'une froideur implacables, il regardait les deux adversaires.

Il y eut quelques instants de silence.

Le peu de clarté de la lanterne ne dissipait pas la tristesse de ce tableau; au contraire, ce point lumineux montrait davantage les épaisses ténèbres et faisait voir sur les traits des deux personnages les troubles violents qui agitaient les âmes; le jet de lanterne décrivait une longue trace blanche sur la masse sombre des eaux: chaque glaçon charrié par la vague, en passant dans cette ligne de lumière, se détachait en forme fantastique et livide, puis disparaissait dans la nuit.

Sur un mouvement que fit son maître, Pasqual lui tendit l'écritoire et le papier timbré.

Herman allait les prendre, lorsque Dubreuil l'arrêta par ces mots :

— Epargnez-vous la peine d'écrire, monsieur; votre signature n'a aucune valeur.

— Ah! monsieur...

— Nous sommes convenus de parler sans ménagement.

— Je vous demandais sur ce ton un refus ou un consentement; je ne souffrirai pas une insulte.

— Il n'y a ici qu'un fait; vous ne possédez rien, donc vos billets sont nuls.

— Je les garantis sur l'honneur.

— Etes-vous plus riche de ce côté que d'un autre? demanda Léon en souriant.

A cette raillerie déchirante, Herman devint d'une pâleur mortelle. Mais il voyait entre les mains de Dubreuil ce portefeuille, où était consignée l'action la plus criminelle de sa vie; les fibres de sa conscience s'émurent; il dit avec plus de retenue qu'il ne semblait possible de le faire :

— Je ne devrais répondre à ce que vous venez de dire, monsieur, que les armes à la main. Mais je pense que vous avez mal compris mes paroles, et je veux bien les expliquer. Oui, je peux garantir mes billets sur l'honneur, car l'avenir m'appartient encore... Je suis jeune... je n'ai pas trente ans... Aucune carrière ne m'est fermée... Je travaillerai; et si je ne parviens pas à obtenir de fortune pour moi, je pourrai du moins rendre aux autres ce que je leur ai involontairement enlevé.

— Non, monsieur, vous ne ferez jamais rien, prononça impérieusement Dubreuil. Celui qui a consumé sa fortune d'une manière égoïste et lâche, et n'y cherchant que ses propres satisfactions, en ne songeant point au plus digne usage qu'il en pouvait faire, celui-là est exclu, rejeté de la classe laborieuse : il n'aura jamais de plus nobles attributs dans le monde, il ne touchera jamais au salaire du travail, il ne connaîtra pas l'existence légitime que donnent l'intelligence et le courage.

L'accent sévère et hautain de Dubreuil, le cours des pensées qu'il suivait, reportèrent Herman au moment où, caché dans le pavillon, il avait entendu son rival le rabaisser, le peindre sous des couleurs odieuses aux yeux de Valentine. Son sein se gonfla de colère; il oublia toute considération, toute prudence.

Son œil enflammé était fixé sur celui de Léon...

Mais en ce moment, le bruit d'énormes glaçons qui heurtaient l'arche retentissait en longs mugissements sous la voûte, et empêchait la voix de s'élever.

Les deux adversaires échangeaient leur haine dans leurs regards.

Quand le grondement de la vague fut passé :

— J'admire, dit Herman à Dubreuil d'une voix frémissante, quel ton de supériorité vous affectez de prendre en me parlant... mais vraiment, entre nous, c'est une dérision !

— Il me semble...

— Quels que soient l'égarement de ma conduite, mes torts, mes fautes... impardonnables, si vous voulez... il est des actes bien plus coupables, des vices bien plus odieux; c'est le mensonge, l'hypocrisie, s'attachant aux pas de la femme la plus pure, la plus sainte, pour la séduire, la perdre...

— Valentine ! s'écria Léon d'une voix exaltée.

— C'est le complot lent, pervers, d'un homme qui, pendant des années entières, cache sa passion, ses desseins, épiant le moment où celle qu'il désire sera seule, abandonnée, où son mari aura commis des fautes, pour l'entraîner... elle... si chaste, si noble, si vénérée jusque-là... pour l'entraîner dans une fuite scandaleuse, dans une existence souillée d'opprobre et de crime !

— Oh ! silence là-dessus !... Ne parlez pas d'un tel sentiment !... vous... vous ; je vous le défends !

— Mais vous avez voulu perdre Valentine, vous dis-je ! Et cela ; Dieu puissant ! dans quel moment ! dans celui d'une séparation cruelle, lorsque cette femme était le seul bien qui fût laissé à un malheureux égaré, la seule puissance bienfaisante qui pût le ramener au salut ! lorsque le dévouement de cette femme pouvait *paraître sous son* jour le plus radieux, le plus sublime !

Herman, s'exaltant à ce souvenir, continuait avec plus de violence :

— Oui, c'est là la trahison, l'infamie, ou il n'en est point sur la terre !

« Corrompre l'âme de Valentine ! mais c'est perdre ce qu'il y a de plus pur, de plus noble au monde, c'est détruire le plus bel ouvrage de Dieu, c'est un sacrilége ! »

Léon regardait s'exhaler la colère de son rival avec un dédain superbe, qu'il puisait dans la noblesse et la générosité de son amour. Il dit en levant des yeux inspirés :

— Oh ! oui, ce qu'on m'impute à crime, je l'accomplirai.

— Vous osez l'avouer !

— Valentine consentira à me suivre.

— Qui vous le dit ?

— Oh ! c'est qu'elle aura à juger entre nous deux. Je ne me suis pas déshonoré, moi ; je n'ai pas abdiqué la dignité humaine ; je n'ai pas prodigué ma jeunesse à des femmes perdues, jeté mon cœur à d'ignobles amours, éteint mon âme dans l'orgie ; je n'ai pas dévoré des biens précieux en me saturant de honteuses jouissances ; je n'ai pas couronné le vice en traînant à ma suite des courtisanes parées comme des reines ; je n'ai pas jeté l'or comme la poussière, et commis ensuite d'indignes bassesses pour en avoir... Oui, Valentine aura à juger entre vous et moi ! Et, songez-y bien, l'âme de Valentine renferme une étincelle de la justice divine.

Cela était vrai... Herman n'en détestait que plus son rival et souffrait mille tortures.

— Eh bien ! s'écria-t-il, moi qui ai fait tout cela, je vous méprise, parce que vous, vous avez été fourbe et traître !

— Que m'importe votre mépris, je ne vous compte pas au rang des hommes.

— Je ferai valoir mes droits.

— Vous les avez tous perdus... Silence! encore une fois, silence!

La colère des deux rivaux montait toujours, et leurs voix dominaient le grondement du fleuve. Pasqual, pâle et froid comme les masses de glace qui se levaient près de lui, contemplait les adversaires, et son calme semblait croître avec leur emportement terrible.

Mais Dubreuil triomphait, et Herman, perdu sans retour, frappé dans ce qui lui était le plus cher, ne devait plus avoir qu'une pensée. Il n'avait pu ressaisir les papiers qui, dans les mains d'un autre, allaient le livrer à l'infamie; Valentine, il le sentait trop, était perdue pour lui. Le moment était venu de chercher dans la mort un refuge contre tant de maux.

Il tira le poignard du jonc qui le renfermait.

A cet instant même il descendit en lui une révélation soudaine... une révélation du désespoir, mais qui rendait sa mort moins amère.

Il dit à Dubreuil d'une voix mieux affermie :

— Il est temps que tout finisse entre nous. Je vous le demande encore une fois, voulez-vous accepter mes billets, et me rendre ceux dont la possession peut me soustraire à la honte mortelle de la prison?

— Non, monsieur, non, dit Dubreuil en replaçant le portefeuille sur sa poitrine.

— Eh bien! s'écria Herman, qui changea tout à coup de visage en laissant voir la joie cruelle de son âme, eh bien, Valentine ne sera jamais à toi!

— Qui l'en empêchera?

Herman leva la lame du poignard qui étincela dans l'ombre.

— Cet homme, répondit-il en montrant Pasqual, cet homme ira lui dire que par ton avarice sordide, ta froide cruauté, tu as fait mourir son mari!...

— Mais je lui dirai moi, s'écria Léon, que ce mari était un faussaire!... car ils sont faux, ces billets! ils sont faux!... Assez de ruses, assez de mensonges pour les reprendre... Ils sont faux et peuvent t'envoyer aux galères!... voilà le sujet de tes craintes!...

— Oh! s'écria Herman frappé d'une épouvante qui dominait tout le reste; tu ne diras pas cela à Valentine! tu ne lui diras pas!

Dubreuil se tut.

Herman, frémissant, les yeux hagards, le front couvert de sueur froide, répéta :

— C'est impossible ! Valentine que je vénère... comme Dieu... être déshonoré devant elle !... non ; plutôt à la face de toute la terre... Mais devant elle !... oh ! jamais !... jamais !... n'est-ce pas ?

Léon continua à garder le silence.

— Grâce ! dit encore Herman d'une voix haletante, grâce ! Je vais mourir... Assez de douleurs ont déchiré ma vie... assez d'angoisses, de tourments horribles m'ont amené pas à pas vers la tombe... laisse-moi au moins paisible dans la mort... ne dis pas à Valentine que je suis déshonoré !

— Je le lui dirai, prononça Léon.

— Eh bien, non ! s'écria Herman fou de désespoir, tu ne lui diras pas !

Et il plonge son poignard dans la gorge de son rival. Un bruit sourd retentit au milieu du silence.

Dubreuil est tombé mort.

Herman se penche sur son corps pour retirer le poignard et se frapper.

En ce moment, une forme noire se soulève du fond d'un bateau... s'élance au-dessus de quelques vagues, et vient fondre sur le terrain de l'arche.

Mais en même temps Pasqual s'est précipité pour retenir Herman prêt à se donner la mort ; dans ce mouvement il a laissé tomber la lanterne... une nuit profonde règne sous l'arche.

Un instant, Herman et Pasqual restent pétrifiés par la sombre apparition qui vient de les frapper ; ils ne savent quel être de l'enfer peut se trouver ainsi près d'eux.

Mais un rire aigu résonne dans l'arcade. On reconnait la voix du nègre Jupiter.

Sans rien apercevoir, on entend les bonds inégaux du noir estropié qui, dans sa malice acharnée, saute de joie autour du mort et de son assassin immobile.

Puis le nègre dit avec son rire strident :

— Jupiter a tout vu... oh ! oui... Jupiter s'en revenait de la noce à Corbillard quand il a reconnu le bon maître à lui sous le pont... Jupiter s'est caché dans le bateau... et il a bien entendu tout ce qu'ont dit ces deux messieurs... il a bien vu aussi le coup de poignard... Oh ! oui.

Herman restait fixe et glacé. Le noir s'élance sur la berge, monte quelques degrés... Là, il se retourne et dit :

— Oh! oh! l'assassinat... Jupiter aller tout de suite le conter à la garde.

Puis avec la rapidité d'un chat sauvage, le Caffre a déjà bondi sur le quai; et on voit sa forme noire glisser avec la rapidité d'une flèche devant les vitraux éclairés de la façade.

— Fuyons! s'écrie Pasqual.

Et tous deux s'élancent dans l'escalier.

Mais le nègre a rencontré une patrouille qui sortait de la place de Grève, et des soldats avancent de ce côté.

Herman et Pasqual, éperdus, se rejettent sous l'arche.

De cette profondeur, ils voient sur le quai briller des baïonnettes... elles glissent le long du parapet... elles tournent vers l'escalier... et les lames luisantes s'abaissent en descendant les degrés.

Rochéboise et Pasqual sont retenus sur cette langue de terre entourée par les eaux.

Des soldats se répandent sous l'arche. La lumière qu'ils apportent éclaire vivement dans ce cadre funèbre un cadavre étendu par terre et deux hommes pâles et immobiles comme lui.

Herman de Rocheboise est arrêté comme meurtrier, Pasqual comme son complice.

XIX

LA FORCE

Depuis quelques jours, la maison de la *Force* comptait deux prisonniers de plus.

Malgré le temps gris et pluvieux, les habitants de la prison étaient descendus dans les divers préaux à l'heure de la promenade. La cour dite *Charlemagne,* plantée dans le centre d'arbres et de gazons, réunissait les détenus les moins dangereux; il n'y avait point là de ces figures hideuses et sinistres qu'on aurait rencontrées en grand nombre de l'autre côté de la muraille, dans la cour nommée *Fosse aux Lions;* la plupart des prisonniers, rassemblés dans la cour d'honneur, ne comptaient guère que de simples méfaits; ils s'entretenaient ensemble avec l'aisance et la sérénité que donne bien vite la vie de prison; seulement, d'après la pratique actuelle des maisons d'arrêt, qui mélange les divers degrés de pénalité, çà et là, quelques vétérans de la geôle et du bagne contaient aux jeunes gens émerveillés leurs ténébreuses campagnes.

Cependant, un des nouveaux pensionnaires de la Force contrastait étrangement avec ses compagnons de captivité.

C'était Herman de Rocheboise, transféré de la conciergerie à la maison centrale. La distinction de sa personne, son élégance de mise et de maintien constataient le rang élevé d'où il était tombé dans ce repaire du vice et du crime ; malgré l'altération de ses traits, et même la première ride creusée sur son front pendant ces jours de souffrances, il offrait toujours l'extérieur le plus admirable, et sa beauté n'avait fait que changer d'expression.

Le jugeant étranger parmi eux, les habitués de la prison ne cherchaient point à l'*entretenir*, et ne s'occupaient de lui en aucune manière ; cependant, malgré cet heureux isolement, chaque fois que le cours de la promenade ramenait l'un de ces hommes près de lui, il courait dans ses veines un frisson de répulsion et d'épouvante. Assis à l'écart sur un banc, le bras appuyé sur ses genoux, il soutenait sa tête tournée du côté de la muraille, et rêvait profondément.

Chose étrange, sa pensée se reportait moins sur les derniers événements de sa vie que sur les jours plus reculés dans le passé ; par exemple, les scènes du Bas-Meudon revenaient se peindre à son imagination de la manière la plus lucide. Pour la première fois, il se demandait si tout ce qu'il avait commis de fautes ou de crimes n'était pas la suite de la cruelle folie par laquelle il avait perdu la famille Angeville; il pensait que, peut-être, après cette action si coupable, il avait été fatalement conduit à en commettre de plus criminelles encore, comme à la plus terrible des punitions.

En ce moment, ses regards tombèrent sur un détenu qui marchait en s'éloignant, derrière le rang d'arbres du préau.

Sous l'impression qui le dominait alors, la taille, la forte carrure, les longs cheveux de cet homme, lui rappelèrent Pierre Angeville, tel qu'il l'avait aperçu au moment de sa mort : il avait alors sept ans.

Déjà cette vision de Pierre Angeville repassant entre les arbres, sous un ciel brumeux, s'était offerte à lui à son dernier voyage du Bas-Meudon... Elle avait précédé le moment le plus douloureux de sa vie, celui où il avait été abandonné de Valentine... Et maintenant il revoyait cette image sinistre quand un jugement, ou plutôt une condamnation terrible se préparait pour lui !

Herman fut saisi d'un cruel serrement de cœur.

Mais presque au même instant, ayant relevé les yeux sur le détenu, il respira plus librement, ses fibres se détendirent, un triste sourire vint sur ses lèvres. Cet homme, objet d'une vaine terreur, revenait sur ses pas, et Herman voyait en lui Pasqual, son seul ami au monde, arrêté comme son complice et détenu à la Force avec lui.

Pasqual, en effet, devait être fortement soupçonné d'avoir trempé dans l'attentat nocturne sur la personne de Léon Dubreuil, dans l'émission de faux billets, dont la découverte avait suivi celle du meurtre ; et sous cette double prévention il avait été incarcéré avec son maître.

Mais on le voyait, toujours le même, toujours calme, froid et grave, sans que la situation où il se trouvait ajoutât rien à ce sérieux austère. Il vivait tellement en dehors de ce monde, que si l'enivrement des fêtes qui l'entouraient autrefois n'avait jamais pu l'atteindre ni obtenir de lui un sourire, les horreurs de la prison n'avaient pas non plus le pouvoir d'amener un nuage plus sombre sur son front.

Rocheboise attendait que son compagnon d'infortune s'approchât ; il avait besoin de lui adresser quelques paroles affectueuses, comme pour lui demander pardon d'avoir éprouvé une sensation pénible à sa vue.

Mais c'était l'heure où les portes de la prison s'ouvraient pour ceux qui venaient visiter les détenus, et quelques-uns de ceux qui se trouvaient dans le préau étaient appelés l'un après l'autre au parloir. Herman, placé près de la porte de la cour, voyait passer près de lui les prisonniers qui allaient trouver un parent, un ami... et son cœur se brisait... L'isolement, le manque de toute affection est un mal si grand, qu'il se fait sentir au milieu des douleurs les plus positives. Herman était jaloux du dernier de ces misérables qui avait encore quelqu'un qui s'intéressait à son sort, tandis que lui... personne, hélas ! ne devait le faire appeler au parloir !... Comme il se livrait à cette triste réflexion, il fut extrêmement surpris d'entendre le gardien appeler Pasqual... Pasqual qu'il croyait seul et abandonné comme lui, et qu'une personne du dehors venait visiter dans la prison.

En même temps la cloche sonnait pour la rentrée des

détenus. Herman, en remontant dans sa cellule, passa dans la cour sur laquelle donnait la partie intérieure du parloir; il s'arrêta un instant devant une des fenêtres.

Comme Pasqual, en se tenant nonchalamment appuyé contre un poêle, laissait le guichet à demi-découvert, Herman put apercevoir à travers la grille la personne qui était venue le demander. Il distingua une jeune figure blanche et rose, et reconnut aussitôt Robinette. Il la voyait même assez nettement pour remarquer sur ses traits une teinte de tristesse qui ne s'y était jamais montrée, et qui donnait un caractère plus doux à la beauté de la jeune fille.

— Pour toutes les richesses que j'ai jetées à ses pieds, se dit Rocheboise, elle ne me donne pas un souvenir.... C'est Pasqual, son *ancien compagnon de misère*, qu'elle vient chercher ici!...

Herman écouta une minute l'entretien qui avait lieu au parloir, et dont quelques mots plus élevés arrivaient jusqu'à lui.

— Mon Dieu! mon Dieu! ce que c'est que le monde; disait Robinette avec de grandes exclamations. Il y a quelques mois encore, nous étions tous deux en si belle passe!... de l'or, des fleurs, des diamants, à ne pouvoir les compter!... le temps de tourner la main... et tout s'est envolé... il n'y a plus rien!

— Tu crois, mon enfant? dit Pasqual avec un sourire.

— Comment, je crois!... Est-il toujours original, bon Dieu!... Je vois bien que nous sommes tous deux retombés plus bas que jamais.... Encore, moi, j'ai conservé ma liberté... mais toi, mon pauvre ami!...

— Ne me plains pas!

— Mais si!... je veux te plaindre, moi, ça me fait plaisir.... Tiens, quand j'ai entendu raconter aux camarades, qui le tenaient de Jupiter, cette terrible affaire de l'arche du pont, et ce qu'il en était résulté... tu me croiras si tu veux... mais j'ai senti un chagrin.... un vrai chagrin.... le premier de ma vie.

— Bonne Robinette!

— Je n'ai fait ni un ni deux, je suis accourue à la prison... mais il fallait une permission pour entrer... je l'ai demandée; cela m'a retardée de trois grands jours... Enfin, me voilà.

— Et moi, pauvre enfant, qui ne peux pas même te remercier comme tu le mérites... te rendre grâce de tout mon cœur... car depuis longtemps ce cœur n'habite plus en moi....

— C'est dommage... quand j'étais petite, et que je te parlais de mon amour, tu riais... et au fait, c'était drôle; moi si vive, si folle, toujours joyeuse sans savoir pourquoi, aimer un homme froid, sévère à faire peur, une espèce de revenant qui semble se trouver par hasard sur la terre. Et pourtant c'était vrai ! Oui, depuis que tu es malheureux, je sens que tout cela n'était pas des enfantillages, et que je t'aime réellement..,. Tu ne me dis rien?

— Si... je te trouve bien jolie avec ces larmes dans tes grands yeux.

— Vrai?

— Déjà une fois, à la taverne, que tu étais étourdie par les vapeurs du vin, et aujourd'hui en te voyant pleurer sur moi, j'ai remarqué combien tu étais belle.

— Et puis, c'est tout ?

— De ma part, mon enfant, c'est plus de succès pour toi que si un autre devenait fou de tes charmes.

— Eh bien ! c'est égal, mon amour ne t'en reste pas moins... ou plutôt ce n'est pas de l'amour, mais quelque chose qui me tient au cœur et qui fait que je donnerais ma vie pour toi.

— Pauvre enfant !

— Et voici toujours ce que je t'apporte, dit-elle en ouvrant un grand panier. Regarde... Deux bouteilles de champagne, un pâté, des biscuits... Je vais déposer tout cela au greffe, et on te le remettra.

— Comment, tout cela !...

— Sur mes économies.... Ah! dame, autrefois, je mettais vingt francs à un bouquet, à présent je ménage les sous de l'aumône pour mon dîner.... C'est amusant, n'est-ce pas?

— Je t'en prie, ma petite Robinette, ne te prive plus pour moi à l'avenir.... Je ne manque de rien ici.... Et en vérité, ajouta-t-il d'une voix plus concentrée, je n'ai depuis longtemps été aussi heureux....

— Encore tes singulières idées !

— Sérieusement.... Mon maître et moi nous avions encore un peu d'argent au moment de l'arrestation, on nous a mis ici *à la pistole*. Nous couchons dans des cellules particulières, et, du reste, nous sommes très-bien servis, je t'assure.

— Ah! c'est vrai, ton maître... comment se trouve-t-il?

— Tu n'y avais pas pensé?

— Non... que veux-tu... Pendant notre longue liaison, il m'est resté presque étranger... Il y a toujours eu entre nous tant de luxe, tant de grandeurs! un si vaste appareil, que ma pensée... ni mon cœur, je crois, ne pouvaient passer cette barrière pour aller le chercher.... Mais tant mieux s'il ne se trouve pas trop malheureux ici.

— Sa position est grave.

— Et comment tout cela finira-t-il, bonté du ciel!... Mais, bah! il ne faut pas se chagriner d'avance. Je t'apporterai encore du champagne.

— Non, bois-le à ma santé. Mais écoute, ma chère Robinette, tu peux me rendre un grand service.

— Je veux bien... dis.

— Dans tes courses errantes, il te sera facile de rencontrer le nègre Jupiter.

— Oh! le monstre qui vous a dénoncés et fait arrêter tous deux!

— Tâche de le voir aujourd'hui ou demain.

— Pour lui arracher les yeux et la langue qu'il a encore de trop, le vilain estropié.

— Non, pas cela... pour lui donner un ordre de ma part.... Il n'a fait que son devoir en dénonçant un meurtre; ce n'est pas de ma faute si je m'y trouvais mêlé.... Mais il m'aimait autrefois, il m'obéira encore, j'en suis sûr. Dis-lui de venir à dix heures du soir, devant le bâtiment de cette prison qui donne sur la rue Pavée, et d'écouter attentivement.

— Tu veux parler à cette horreur d'homme. Je t'avertis que je l'ai toujours exécré, et que c'est bien pire maintenant.

— Fais ma commission, ma bonne Robinette, je t'en supplie.

— Eh bien! oui.... quoiqu'il m'en coûte.... mais deux heures sonnent, il va falloir partir, et je ne veux pas te quitter sur un refus.

— Je te remercie.

— Tiens, voilà le gros gardien à l'habit bleu qui vient me renvoyer.... C'est bon, monsieur Moustache, on s'en va.... Mais tu veux bien que je revienne te voir, n'est-ce pas, Pasqual?

— Oui, mon enfant.

— Et compte sur moi, à la vie à la mort.

— Il se peut que j'y compte déjà... N'oublie pas ce que tu viens de me dire, Robinette, *à la vie, à la mort.*

— Tu me fais peur.

— Non... ne crains rien... mais *souviens-toi...* Adieu...

— Adieu !

La jeune fille et Pasqual sortirent des deux parties du parloir.

Herman, ne pouvant s'arrêter dans la cour, n'avait entendu que peu de mots de leur entretien, mais tout ce qu'il en fallait cependant pour éprouver un pénible mouvement de jalousie, non au sujet du sentiment que la jolie Bohémienne pouvait ressentir pour Pasqual, il y avait longtemps que le faible amour autrefois éprouvé pour elle était évanoui dans son cœur ; le malheur, passant sur cette fantaisie de jeunesse, en avait d'ailleurs effacé jusqu'à la dernière trace ; mais il enviait à Pasqual ce souvenir qui lui était donné, cette démarche qu'on faisait pour venir le voir, ces présents qu'on lui apportait dans sa prison, tandis qu'il était, lui, si seul et si délaissé.

Mais là, il s'arrêta au premier pas, ne reconnaissant pas sa demeure.

Depuis quelques heures seulement qu'il l'avait quittée, tout y était changé.

Les murailles nues s'étaient couvertes de tentures, le carrelage se cachait sous un épais tapis, le froid et la tristesse de la pierre avaient partout disparu ; le lit de fer du prisonnier était remplacé par une moelleuse couchette, garnie de rideaux de soie ; un feu si clair pétillait dans l'âtre, que ses rayons, répandus dans toute la cellule, en chassaient la morne obscurité d'un jour d'hiver.

D'abord Herman crut s'être trompé de chambre dans ce long couloir sur lequel s'ouvraient toutes les portes numérotées. Mais à l'instant il vit sur la cheminée la pendule de bronze antique qui était autrefois dans sa chambre à coucher, à l'hôtel Rocheboise. C'était un signe certain que des soins amis avaient préparé pour lui ce bien-être, lui ménageant encore la douceur de retrouver un objet qui lui aurait autrefois appartenu. Il regardait avec des yeux humides de larmes cette aiguille qui, sur ce cadran bien connu, avait marqué les heures les plus douces de sa vie.

Herman comprit que ce changement n'avait pu être accompli que par l'entremise d'un des surveillants de la prison.

Celui à la garde duquel il était confié lui avait inspiré dès le premier jour assez de confiance. C'était un homme d'une soixantaine d'années, du nom de Gauthier. Il avait une physionomie empreinte de quelque élévation et profondément triste. On voyait facilement que, peu fait pour les fonctions qu'il remplissait à la Force, il en éprouvait une grande répulsion. Il avait dû sans doute se prêter plus facilement que tout autre à un acte d'humanité, qui d'ailleurs n'était pas en dehors de son devoir, et pour lequel il n'avait eu à déployer qu'un peu de complaisance, et quelque habileté.

Mais qui donc avait pu se servir de cet homme, qui avait eu pitié du prisonnier de la Force, quand il ne pouvait sans effroi s'envisager lui-même?

La seule personne dont il eût été doux à Herman de recevoir ces soins, Valentine, l'avait repoussé, méprisé quand il était bien moins criminel... Et tout ce qu'il pouvait espérer était qu'elle ignorât encore sa situation.

Herman s'arrêta à la supposition la plus naturelle. Il pensa que Pasqual, qui sous son apparence glacée se dévouait toujours avec tant de cœur, avait affecté tout l'argent dont il pouvait disposer à adoucir la situation de son maître, à rassembler autour de lui ces objets qui devaient bercer son esprit de rêves consolants.

Quelle que fût réellement la personne dont les soins généreux avaient veillé sur Herman, son attente ne fut point trompée. Le malheureux prisonnier éprouva un certain soulagement à se trouver dans cette cellule qui, ainsi décorée, lui rappelait si bien le passé, et où il pouvait vivre quelques instants d'illusions.

Herman, avec une âme où avaient toujours régné au milieu de ses égarements la bonté et l'humanité sainte, eût été trop malheureux en se voyant coupable d'un meurtre, quelles que fussent les circonstances qui l'avaient pour ainsi dire forcément amené; il aurait souffert des tourments au-dessus de ses forces: la Providence, pendant ces jours d'épreuves, lui ôtait une partie de sa raison.

Il passa le reste de la journée occupé du changement mystérieux qui s'était opéré autour de lui; il ne voulut pas même descendre à la promenade du soir et veilla bien tard dans sa chambre, heureux de pouvoir, grâce aux épais rideaux qui voilaient maintenant sa fenêtre, enfreindre la loi du *couvre-feu* et retarder l'heure de se mettre au lit, heureux surtout d'entendre sonner cette pendule, dont le timbre, par un effet semblable à celui de la musique dont un air connu nous reporte aux lieux où nous l'avons entendu, le ramenait dans la demeure où il avait vécu près de Valentine.

Dans la soirée, le temps brumeux qui régnait depuis le matin s'était chargé davantage; la nuit épaisse ne laissait voir aucune étoile, et vers dix heures les alentours de la prison étaient tout à fait solitaires.

Cependant, un peu après que cette heure eut sonné à l'horloge de *la Force*, l'ombre d'un homme qui suivait la rue Pavée, se dessina de distance en distance dans la ligne de lumière que les réverbères éloignés décrivaient sur le pavé noirâtre.

Presque en même temps, une forme rapide et légère, qui venait à l'opposé, du côté de la rue Culture-Sainte-Catherine, s'avançait aussi vers la prison.

L'homme qui arrivait par le quartier Saint-Antoine marchait d'un pas inégal, et, tout en boitant, disait entre ses dents :

— Il pleut bien fort... et le pauvre Jupiter mouille lui jusqu'aux os!... Puisque c'est toujours comme ça à Paris, moi veux retourner dans le pays d'Orange, pour ne plus marcher à la pluie.

L'autre forme plus svelte et plus déliée qui se dessinait dans la nuit, était celle de Robinette. La jeune fille avait trouvé le moyen de remplir le jour même la commission de Pasqual auprès de Jupiter. Sa curisoité étant éveillée par ce rendez-vous nocturne, elle avait voulu y assister secrètement, et pensait même pouvoir y recueillir quelques indications qui lui seraient utiles plus tard....

Robinette, dans son for intérieur, projetait de sauver Pasqual de la prison.

Dans son temps de prospérité, elle avait lu beaucoup de romans et vu beaucoup de pièces de théâtre : c'était là qu'elle avait appris à connaître le monde. Elle pensait donc qu'on voyait tous les jours des captifs s'évader de leur prison, et elle se disait tout bas en ce moment :

— Avec de beaux yeux et de l'argent, on séduit un geôlier, le geôlier ouvre le guichet, et le prisonnier se donne de l'air... C'est bon... Pour les beaux yeux, je n'en suis pas en peine, il ne manque plus que l'argent... et le geôlier aussi... car je n'ai vu que des gardiens qui ont l'air bon enfant et point de sombre personnage au trousseau de clés pendu à la ceinture de cuir... Mais je le trouverai... Le plus difficile est d'avoir des espèces... Je vais donc remuer ciel et terre pour m'en procurer... Puis, je parviendrai bien à faire évader Pasqual... et son maître s'il est possible... Je ne sais si Pasqual m'aimera mieux après cela, mais moi, je sens bien que je l'aimerai encore davantage quand je l'aurai sauvé.

Pendant ce monologue de Robinette, le nègre était arrivé sous la muraille de *la Force*. Comme Jupiter était là depuis un moment à gronder contre le mauvais temps, il se fit entendre à une très-petite fenêtre garnie de grilles et de barreaux un appel sourd et voilé.

Le nègre répondit par un son analogue.

Robinette s'arrêta à deux pas de là, et se cacha sous la voûte garnie à l'entrée de bornes d'airain, qu'on voit au milieu de cette façade de la Force....

La rue Pavée, sur laquelle ne s'ouvrent ni boutique, ni maisons à rez-de-chaussée, est un véritable désert dans la nuit.

— Jupiter, c'est toi ? dit la voix de Pasqual à la fenêtre du haut.

— Oui.

— Monte sur le cordon de la muraille pour mieux m'entendre... Il faut que je parle bas... monte...

— Moi, peux pas.

— Saute sur la pierre de taille, prends les barreaux de la fenêtre d'en bas, et grimpe vite...

Le nègre, d'une agilité et d'une adresse extraordinaires dans ces sortes d'exercices, parvint à exécuter la manœuvre indiquée et s'installa sur le cordon de pierre.

Pasqual était donc à la croisée, le visage collé à la grille et prêtant l'oreille à l'intérieur pour écouter si le gardien qui était descendu à la cantine ne remontait point ; Robinette se tenait tapie sous la voûte ; tendant la tête pour entendre ; Jupiter, entre eux deux, était accroché à la muraille.

— M'y voilà ! dit le noir.

— Bon, reprit Pasqual. Ecoute maintenant. Tu es un misérable...

— Tiens !... moi avoir monté à l'escalade, pour entendre ça !

— Chut ! Tu as épié et dénoncé ton ancien maître après avoir juré de ne jamais reparaître à ses yeux.

— Moi ai bien tenu mon serment : il faisait nuit, le bon maître avoir pas vu le visage à moi...

— Et tu m'as perdu aussi, moi, qui t'ai toujours porté secours.

— Oh ! oui, vous souvent avoir empêché les amis de battre Jupiter... Aussi moi porter beaucoup de respect à vous, monsieur Pasqual.

— C'est bon...

— Et si vous pas avoir été dans la maudite affaire, moi jamais dénoncé vous.

— Il suffit... Je veux te mettre à même de réparer tes torts envers moi, en me rendant un service. J'ai besoin d'argent, il faut que tu m'en apportes.

— Oui, monsieur Pasqual.

— Tais-toi... Regarde où va tomber ce billet que je roule et que je jette par la grille.

— Je vois.... Le billet il a volé là, vers l'angle du mur.

— Bien, tu le ramasseras... Puis, demain, tu iras chez le père Corbeau, la maison numéro 9, après la barrière d'Enfer... tu lui donneras ce billet, et tu lui diras de te remettre deux mille francs pour moi.

— Deux mille francs, moi entends bien.

— S'il hésite, s'il fait la moindre difficulté, dis-lui de lire bien attentivement ce que je lui écris, et il te donnera la somme. Tu reviendras ici quand je te le ferai dire, et je t'indiquerai le moyen de remettre cet argent entre mes mains.

— Oh ! vous bien tranquille, Jupiter être honnête et fidèle.

— Oui, tu seras honnête et fidèle à cause de la crainte que je t'inspire, tout enfermé que je suis... Il faut s'en contenter... Mais songes à ne rien dire.

Pasqual entendit sans doute des pas dans le couloir, car sans achever sa phrase, il disparut subitement de la fenêtre et rentra dans sa cellule, dont la porte guichetée permettait au gardien de voir dans l'intérieur.

Le nègre, en une minute, descendit de la muraille, ramassa le billet adressé à Corbeau, et tremblant d'être surpris dans son rôle de confident, s'éloigna rapidement de la prison.

Robinette sortit alors de dessous la voûte.

— Ah! ah! dit-elle, c'est comme ça!... le père Corbeau a de l'argent et peut donner des deux mille francs à la fois... Eh bien! j'irai lui en demander aussi, moi... Il faudra bien qu'il m'en donne quand je dirai que c'est pour sauver Pasqual... notre ami à tous, notre frère!... Et, alors, je jure par ces vieilles murailles, pour que mon serment soit fort et solide comme elles, je jure que quand Pasqual passera le seuil de cette porte, ce ne sera qu'avec moi.

XX

LE MENDIANT RICHARD

Peu de temps après cette soirée, il y avait une réunion de mendiants au *Trou-à-Vin*. C'était un des *lundis* où toute la société devait se rassembler, et les principaux personnages de cette population se trouvaient en effet à la taverne, excepté le président Corbeau, retenu chez lui par une des infirmités de son âge.

Un froid très-vif régnait au dehors; la neige qui tombait devant les vitres pâlissait la lumière du jour. Quoique l'assemblée fût au grand complet, le repas était peu animé. L'hiver était long et dur, les aumônes devenaient plus restreintes, l'appareil de chaque festin devait s'en ressentir, la bonne chère diminuait visiblement et la gaieté suivait le même cours.

L'heure du repas s'écoulait donc lentement, au milieu de l'entretien que fournissait d'un ton assez languissant le vaste cercle des convives. Dans une partie de la salle, on voyait entassés, comme à l'ordinaire, les accessoires de la mendicité. Mais il y avait là une foule d'instruments et de lanternes magiques qui tombaient en ruine faute de quelques réparations; les chiens, les singes savants étaient maigres, efflanqués et mal vêtus; les enfants, plus abandonnés que d'ordinaire, élevaient leurs cris plaintifs au-dessus du peu de rumeur joyeuse qui régnait dans le repas.

Vers la fin du dîner, Jupiter arriva.

Le nègre avait réfléchi à cette circonstance étrange, d'une somme d'argent demandée par Pasqual au vieux donneur d'eau bénite, avec la certitude de l'obtenir. Il ne savait rien, ni des relations de Pasqual et de Corbeau, ni de la manière dont celui-ci pourrait satisfaire aux désirs du prisonnier, soit en prenant l'argent dans sa besace, soit en l'empruntant pour le faire passer au demandeur. Mais dans sa noire malice, le Caffre sentait bien qu'il y avait là sujet d'amertune et d'envie pour les autres mendiants, qu'ils devaient éprouver une irritation jalouse en apprenant que Corbeau avait plus d'argent et de crédit qu'eux tous, et il venait les en instruire.

Il avait tardé, dans ce but, de remplir la commission dont il était chargé ; devant trouver toute la bande mendiante réunie le lundi au *Trou-à-Vin*, il s'était promis de saisir cette occasion de répandre la nouvelle. Pasqual n'avait pu achever la phrase par laquelle il allait sans doute lui recommander le secret : donc il n'avait rien promis, il n'était point engagé au silence.

Aussi, à peine attablé, Jupiter raconta-t-il à la société que le père Corbeau devait avoir un secret pour faire de l'or, ou une grande fortune, ou tout au moins beaucoup de pouvoir auprès des riches, puisqu'il était chargé, lui, d'aller demander au vieux mandiant une somme de deux mille francs, absolument comme on demande un sou au passant, et même avec plus d'assurance de l'obtenir.

Ce fut un ébahissement général.

— Seigneur Dieu ! s'écriait-on de tous côtés, le père Corbeau est foncé comme ça ?

— Mais est-ce bien vrai ?

— Dame ! puisqu'on lui demande de l'argent, c'est qu'il en a, ou qu'il sait où en trouver.

— Alors, ajoutèrent quelques-uns d'un accent aigre et grondeur, s'il peut se procurer comme ça des mille et des cents, il devrait bien nous en faire part... Ce ne serait pas sans besoin.

— Mais, au fait, il doit avoir des économies.

— Et de belles !... Sa place lui rend gros, et il ne mange rien.

Le nègre ajouta à sa narration :

— Pasqual a chargé moi, si Corbeau faisait mine de refuser, de dire à lui ces simples paroles : *Lisez bien attentivement ce qu'on vous écrit.*

— Au fait, tu as la lettre, Jupiter..... voyons la lettre !...

— Ah ! oui, dit le nègre en tirant un papier de sa poche ; mais la lettre avoir un cachet.

On ne voulut d'abord que voir le billet, et s'assurer

qu'il était bien adressé à Corbeau ; mais le mince papier, en faisant le tour de la table, passa entre tant de mains rudes et crispées par l'impatience, que le cachet se rompit.

— Ah ! tiens !... ce n'est pas notre faute ! s'écria-t-on, la lettre est ouverte, il faut la lire...

— Oui ! oui ! il faut la lire !

Le père Corbillard mit ses lunettes, et donna lecture de ce qui suit :

« Pasqual à Corbeau.

» Mon vieux camarade, tu sais que dans les affaires que nous avons traitées ensemble, tu as gagné des sommes pour assouvir ta cupidité, si elle pouvait être assouvie ; fais un sacrifice pour moi à ton tour ; donne-moi deux mille francs, dont j'ai besoin pour servir un intérêt sacré. Il t'en coûtera sans doute. Mais si tu refuses, moi, qui suis hors de tout ressentiment, et n'ai plus rien à craindre, je dénonce les moyens illicites par lesquels tu as amassé des biens aux dépens de tous ; depuis tes camarades, auxquels tu as volé leur caisse de secours, jusqu'aux riches que tu as dépouillés de leur manteau doré, pour rester toujours sous tes haillons...

« Ton ami ou ton ennemi,

« PASQUAL. »

Cette lecture ne s'était pas faite d'un trait, elle avait été interrompue d'abord par maintes exclamations d'étonnement, puis à l'article de la caisse *des fricotteurs*, dont on pouvait s'expliquer alors l'étrange disparition, il y avait eu mille cris d'indignation, de colère, toute la salle avait été en pleine tempête.

Ah ! dit le pauvre aveugle François, après la fin de la lettre, Corbeau a tué mon chien ; il était capable de tous les crimes !

Eustache le veilleur voulait brûler son diplôme de *fricotteur* qu'il tenait de l'indigne président.

L'économe Jean-Marie, autrefois chargé de garder la caisse, jetait des cris plus perçants que les autres.

Mais un moment de stupeur régna dans l'assemblée à une pensée terrassante qui vint dans tous les esprits en même temps, et s'exprima par ces paroles :

— Et nous, grand Dieu ! qui, après la disparition de la caisse, avons choisi Corbeau pour notre trésorier et remis les nouveaux fonds entre ses mains !

— Eh! eh! tout n est pas perdu, mes amis, dit en souriant le père Corbillard; nous apprendrons par là à trouver toutes les sottises d'autrui faibles et excusables en comparaison des nôtres.

— Ah! c'est égal... dit-on, voler de pauvres gens du bon Dieu comme nous! qui, tout au contraire, ne sommes venus au monde que pour recevoir ce qu'on y donne!

Bah! il reviendra des œufs dans le nid, reprit Corbillard.

— Les temps sont durs, dit Jean-Marie; on ne donne guère maintenant... *Dieu vous assiste*... et puis on passe son chemin.

— Eh bien, ingrat, reprend le philosophe, crois-tu donc que le vœu fait pour nous ne vaille pas une obole! Ce don-là va droit au trône de Dieu, et personne ne peut nous le voler.

— A la bonne heure, reprit-on en larmoyant; mais ce Corbeau a fait une affreuse chose!

— Il aura bien à s'en repentir dans l'autre monde!

— Oh! oui! Dieu le punira!

— Espérons-le, Dieu le punira!

Une voix plus fraîche, plus sonore, se fit entendre, et répondit à ces mots :

— Il ne faut pas attendre Dieu, quand on peut se faire justice soi-même.

C'était Robinette, qui, arrivant d'un pas léger au milieu du brouhaha, n'avait pas été remarquée. Elle était même accompagnée de Pierrot, son page fidèle; et tous deux, restant derrière le cercle des mendiants, avaient assisté à ce qui venait de se passer.

— Tiens! dit-on de tous côtés, c'est elle! notre bonne petite Robinette!

— Oui, mes amis; vous voyez que je n'ai pas désappris le chemin du *Trou-à-Vin*.

— Et nous dirons toujours : Sois-y la bien-venue!

— Oui! oui! honneur à notre jolie fille, la perle de céans!

— Son retour parmi nous nous portera bonheur.

— Sa vue nous fait déjà oublier nos chagrins.

— Non pas, mes camarades, dit Robinette, il ne faut pas les oublier, mais bien y penser, au contraire... nous verrons cela!

— Viens donc te mettre à table... Nous boirons tous à ta santé.

— Robinette prit place au festin. Mais, pas plutôt assise, elle s'écria :

— Qu'est-ce que je vois là ! Dieu me pardonne, vous allez boire à ma santé avec de la bière !

— Mon enfant, dit un mendiant, nous ne sommes pas riches.

— Garçon ! cria la jeune fille, douze bouteilles de Bordeaux, douze de Tonnerre, et un bol de punch au dessert.

— Mais tu es folle, Robinette, que veux-tu donc faire?

— Je veux vous mettre du sang dans les veines.

— Tu ne sais pas, dit Jean-Marie, que les fonds sont bas ; nous n'avons que trente-deux sous par tête à dépenser ce soir.

— Ça m'est égal.

— Et qui est-ce qui paiera ?

— On nous fera bien crédit ce soir ?

— Sans doute, mais après ?

— Après, nous paierons sans compter... c'est moi qui vous le dis !

Les mendiants ne firent que rire de l'audacieuse assurance de Robinette; cependant ils se mirent à boire sur la foi du traité, comme s'il eût été plus digne de confiance.

. . . .

Pendant ce temps-là, Corbeau, qui avait tant occupé les esprits durant cette soirée, était fort paisible dans sa demeure, située, comme on le sait, après la barrière d'Enfer, entre la route et de vastes champs, en ce moment-là couverts de neige.

Le vieillard faisait lentement les apprêts de son coucher, ayant quelque peine à se mouvoir depuis une attaque de paralysie dont il avait été frappé. Cependant, loin de négliger aucun des soins du ménage, il baissait souvent la lumière de sa petite lampe, modérait son feu, et avait fait dix fois le tour de sa chambre avant d'être satisfait des précautions de sûreté qu'il croyait nécessaire de prendre.

Enfin, revenant s'asseoir près du foyer, il prit son grand chapeau entre ses jambes et en tira par habitude son chapelet, qu'il se mit à tourner entre ses mains.

Mais sa pensée était loin de cette pratique dévotieuse, car tandis que les grains du rosaire glissaient entre ses doigts, voici ce qu'il murmurait à demi-voix :

— Je suis bien bon de tant me tourmenter à fermer mon logis... qui pense à y venir, bon Dieu ?... C'est qu'à présent je suis tout seul dans cette maison isolée... Depuis que la famille François a délogé d'ici à côté, pour s'en aller... au cimetière... la chambre n'a pas été relouée. . Voilà quinze jours aussi que le marchand de vin d'en bas a déménagé... Et cette rue hors barrière est si mal habitée... C'est tous *logeurs* chez qui se retirent un tas de mauvaises gens, le rebut de la ville, les bandits, les voleurs... Que le ciel les confonde, les misérables, qui ne respectent pas le bien d'autrui, ajouta le vieillard en jetant un regard jaloux et ardent du côté de son lit.

Puis un sourire passa sur son horrible figure.

— Mais qu'ai-je à craindre d'eux? continua-t-il; mes haillons, la misère de mon logis me défendent mieux que ne le ferait un corps de garde à ma porte; avec ça, il n'y a pas de danger que les voleurs pensent seulement à venir chez moi. Et je quitterais cette enseigne de misère, qui défend mon trésor, qui le garde! Oh! non, non... Mes haillons, je vous aime! je vous remercie!

Le mendiant se leva, passa la main sur ses membres endoloris; et, en ce moment aussi, ayant rencontré sa figure dans un lambeau de glace posé sur la cheminée, il remarqua mieux le changement que la maladie avait apporté en lui. Sa face, creusée jusqu'aux ossements, avait pris une teinte terreuse; ses rudes cheveux gris tombaient à plat sur ses tempes, et ombrageaient de mèches humides ses yeux caves et éteints; sa taille gigantesque se courbait en deux et allait déjà rejoindre la terre.

Mais ces avertissements d'une fin prochaine ne lui donnaient point à penser sur le monde inconnu et le jugement suprême qui l'y attendait; il n'avait songé qu'à ce qui était l'âme de sa vie, l'objet de son éternelle passion, à ses richesses enfouies sous le plancher que foulaient ses pas. Comme depuis son attaque de paralysie il se sentait baisser rapidement, et pensait que son affaiblissement ne lui permettrait plus un jour d'ouvrir la trappe fermée de ressorts de bois et de masse de plâtre, il avait transporté son trésor dans la paille de son lit, pour le voir à volonté, l'avoir plus près de lui, et le sentir encore là à son dernier soupir.

Avant de se coucher, il donna donc un regard d'amour à ce lit qui renfermait toute sa fortune, palpa la toile grossière de sa paillasse en se disant :

— A moi... toujours à moi... J'ai vécu riche, je mourrai riche!

Son attention fut un instant attirée par un bruit de pas

nombreux qui se faisait entendre sur la route, entièrement silencieuse du reste, à cette heure-là. Il regarda par la fenêtre, et vit en effet une masse nombreuse de gens qui marchaient ensemble ; mais comme un rassemblement quelconque ne pouvait lui inspirer aucune crainte, il cessa aussitôt de s'en occuper, et pensa à prendre le repos si nécessaire au vieux vagabond après sa journée errante.

Corbeau allait éteindre sa lampe, lorsqu'il entendit frapper à sa porte.

Il était peu disposé à ouvrir à cette heure, mais il reconnut la voix de Corbillard qui lui parlait de l'autre côté du panneau ; n'ayant aucune raison pour refuser sa porte à un ami, il ouvrit le ressort secret, bien que la visite survenante lui fût incommode.

Mais, au grand étonnement de Corbeau, le vieux porteur de béquilles parut accompagné d'un bon nombre de mendiants, dont les uns entraient avec lui, tandis que les autres faisaient encore queue sur l'escalier.

Il y avait là toute la société du *Trou-à-Vin*, qui s'élevait bien à une cinquantaine de gens, hommes et femmes. C'était eux que Corbeau avait vus arriver sur la route, sans que la nuit lui permît de reconnaître ses camarades.

Le dérangement qu'on lui causait ennuyait fort le vieillard, mais avant qu'il pût demander quel hasard lui procurait une si nombreuse compagnie, Eustache le veilleur prit la parole et dit à Corbeau d'un ton cordial :

— Comme nous passions devant ta porte, en sortant du *Trou-à-Vin*, pour reconduire chez elle la mère Biblette, nous avons pensé à venir savoir de tes nouvelles et te demander un coup à boire.

— Vous arrivez mal, mes enfants, répondit le vieillard. Il n'y a jamais eu chez moi autre chose qu'une cruche d'eau, et justement ce soir elle est à sec.

— Ah ! ce n'est pas dommage, dit Robinette ; alors, donne-nous autre chose.

— Oui, continuèrent ensemble François, Eustache, Jean-Marie et Godois, fais-nous servir un bon souper ; — depuis quelque temps il y a maigre chère au *Trou-à-Vin*, — et nous ferons honneur à ton repas.

Corbeau, stupéfait, les regarda tous fixement, et dit en haussant les épaules :

— Voilà, par exemple, une drôle d'idée... vous donner à souper chez moi !... Mais regardez donc si je tiens état de maison à pouvoir traiter les gens.

Corbillard jeta un regard sur les siens, et dit avec un fin sourire :

— Pusqu'on ne peut se réconforter ici, eh bien, mon vieux, sois bon enfant, donne-nous à chacun cent francs pour faire la noce et nous remettre un peu dans nos affaires.

En entendant parler d'argent, Corbeau frissonna, il jeta un regard rapide du côté de son lit; un premier mouvement lui serra le cœur; mais il dit d'un air patelin :

— Allons, mes amis, vous voulez railler ma misère! Vous vous riez d'un pauvre vieux qui peut à peine rouler encore pour demander son pain!...

— Lui refusé!... lui refusé! dit le nègre aux autres mendiants en se frottant les mains de joie.

— Ah çà! tu ne veux donc rien donner aux camarades! demanda à Corbeau toute la troupe.

Le vieillard fixa sur eux son regard sombre :

— Mais, décidément, dit-il, vous êtes fous!

Eustache vint se mettre en face de lui, redressa sa haute taille, et dit en se croisant les bras :

— Alors, écoute, Corbeau : c'est vingt mille francs que nous te demandons pour les partager entre nous.

Le vieillard bondit en arrière, et s'écria d'une voix exaltée :

— Vingt mille francs!... moi!... Mais est-ce que je sais seulement s'il existe une si forte somme au monde! Vingt mille francs!... Mais, pour moi, c'est un rêve... je ne les ai jamais vus!

— Ils sont là, dit impérieusement Robinette en étendant la main vers le lit.

Le regard furtif de Corbeau l'avait instruite.

Le sordide vieillard comprit tout. Le soupçon qui, depuis quelques minutes, le rendait palpitant de crainte, éclata dans son cerveau en certitude terrible : il était trahi!

Mais aux paroles de Robinette, la masse des mendiants s'était précipitée avec tant de promptitude ardente vers le lit, qu'il n'eut pas le temps de se jeter devant cette paille pleine de ses richesses, pour la défendre de son corps. Il en resta séparé par une barrière invincible.

En une minute le lit du mendiant est bouleversé, arraché pièce à pièce par ces hommes, ces femmes acharnés, qui retournent et secouent chaque lambeau... On déchire la toile grossière du dernier matelas, des mains avides fouillent dans la paille, dont les brins usés s'élèvent en épais nuage... Un sac de cuir est dans le fond... On le tire avec tant de violence qu'il s'ouvre... et verse sur le plancher les pièces d'or, d'argent, des billets de banque, des pierreries, parmi lesquelles est la belle parure turquoise de Robinette.

A cette vue, un cri part de tous côtés... un cri d'étonnement, de stupeur autant que de joie... La masse de mendiants fait un mouvement en arrière, comme pour faire une place à ce flot d'argent, et se retire devant lui avec une sorte de respect.

Le cercle s'est élargi d'un pas. La faible lueur donne en plein sur ces pièces de métal, ternes, rougies par le temps, mais qui jettent pourtant les lueurs si éblouissantes aux yeux de ceux qui en voient en un instant tout le prix infini, et restent devant ce trésor, étourdis, stupéfaits, suffoqués par l'extase.

Le premier instant d'étourdissement passé, l'aspect de ces richesses exaspère les mendiants. Ils se rappellent dans un seul souvenir toutes les privations, tous les maux qu'ils ont endurés... ils les supportaient avec résignation, quand ils les croyaient communs à tous ceux de leur classe; mais maintenant la misère fait sentir ses aiguillons en face de cet or qui eût pu les soulager... Et, loin de là, l'argent même de leur caisse de secours, cet argent qu'ils avaient amassé avec tant de soin et tant de peines, est venu grossir ce trésor!...

Corbeau a été refoulé contre la muraille; mais, avec sa haute taille, il domine toutes les têtes et voit son or... cet or, sur lequel, tout à l'heure encore, il voulait vivre et mourir... découvert, répandu, livré à cette tourbe odieuse... Il frissonne de rage, ses yeux s'allument de sombres éclairs, et paraissent seuls animés sur son visage pâle comme la mort.

— Infâmes! s'écrie-t-il, cet argent est à moi, vous ne pouvez y toucher.

— A toi!... à toi!... mais l'argent de notre caisse de secours est là.... tu as volé les deniers des malheureux!... Ce vol, vois-tu, il répand la malédiction sur tout le reste de tes richesses... tu en seras privé à jamais.

Mais Corbeau s'est redressé. Ce vieillard, moribond tout à l'heure, a retrouvé des forces inconnues à sa vigoureuse jeunesse; ses muscles se gonflent; ses bras se lèvent comme des massues; il s'élance d'un mouvement si violent qu'il fend le cercle épais des mendiants, et vient se poser le pied sur son or. L'un de ses bras puissant et tendu devant la foule, l'autre, dont la main était coupée, est levé au ciel pour implorer la force qui lui manque.

Son visage est éclatant de colère et de puissance; ce vieillard, autrefois hideux, en ce moment illuminé, grandi par la passion et le courage, se montre effrayant et formidable.

Cependant, les mendiants sont tellement exaspérés, furieux, que, sans songer à la force de l'ennemi, un des plus faibles, des plus infirmes d'entre eux, se jette le premier sur Corbeau, et veut le terrasser.

Le vieillard le renverse d'un seul coup.

Deux autres assaillants qui allaient succéder au premier sont lancés à terre avant d'avoir pu lever la main.

Le vigoureux Eustache s'avance en s'écriant :

— Nom du ciel !... il faut que ça finisse !

Et il fond sur Corbeau armé de toute sa force musculaire.

Après quelques secondes de lutte, Eustache est lancé au loin avec tant de violence, que sa tête va heurter contre la muraille, et s'inonde de sang.

A cette vue, la rage des mendiants redouble; ils se jettent tous à la fois sur Corbeau et l'enveloppent de leur foule pressée.

La force ne peut rien contre cette étreinte multiple. C'est un réseau dont chaque maille est faible, mais dont l'ensemble est irrésistible. Corbeau rugit, se tort, se débat dans ce filet inextricable; il est arraché, par le nombre, de la place où il se cramponne et entraîné contre la muraille, mais il mord et déchire encore ses adversaires, tout en tombant hors de combat.

Pendant la lutte, Robinette enfonce rapidement dans une besace, que Pierrot tient ouverte devant elle, l'or, l'argent, les billets de banque.

Corbeau est alors terrassé, retenu par une foule de bras; mais, assis par terre, le dos appuyé contre le mur, il peut voir la jeune fille ramasser et enlever toute sa fortune au profit de la bande mendiante.

Le vieillard est foudroyé, anéanti : une immobilité complète a succédé en lui aux mouvements violents. Sa tête, innondée de sueur froide, est droite et fixe; son corps a la raideur de la mort; la prunelle même de ses yeux rouges et hagards ne fait pas un mouvement. Et, malgré cette fixité, jamais on ne vit le cachet de la rage plus fortement empreint que sur la face de ce vieillard regardant emporter son trésor.

Les mendiants prennent la précieuse sacoche, sortent en toute hâte, tirent la porte qui se referme sur Corbeau, seul dans son galetas, et redescendent sur la route, où ils s'acheminent pour regagner la barrière d'Enfer.

XXI

CE QU'IL RESTE D'UN TRÉSOR

La bande des mendiants redescendait vers la ville.

Ceux qui venaient ainsi de venger leur spoliation et de reprendre à Corbeau, avec l'argent qui leur appartenait, celui que l'avide vieillard avait amassé pendant sa longue vie, marchaient cependant d'un air plus morne et plus embarrassé que de pauvres gens n'auraient dû après une semblable capture.

Avant d'arriver à la barrière, l'aveugle François s'arrêta.

— Corbeau m'a fait bien du mal, dit-il, et pourtant, vrai, je sens quelque chose pour lui ; car, enfin, le voilà misérable comme nous l'étions tout à l'heure... m'est avis qu'il aurait fallu lui laisser sa part.

Les autres mendiants étaient en ce moment tourmentés de la même idée, sans se l'avouer aussi clairement.

— C'est pas encore ça, dit Jupiter ; mais si Corbeau avoir plus rien, lui aimer autant être en prison que mourir de faim au logis, et lui dénoncer nous comme voleurs.

Il y avait aussi quelque chose de cette crainte dans l'esprit des pauvres vagabonds, bonnes gens au fond, d'humeur tout à fait inoffensive et surtout très-poltronne.

— Au fait, dit Eustache, nous ne pensions guère que ça finirait comme ça. Au *Trou-à-Vin*, Robinette nous a monté la tête avec son vin et son habil ; elle nous a dit qu'il fallait venir ici reprendre à Corbeau ce qu'il nous avait volé, et nous sommes venus. Mais nous ne pensions fouiller au boursicot du président que pour y reprendre l'argent de la caisse, quatre cent quarante-deux francs, puis les deux mille francs que Jupiter doit porter à Pasqual, et aussi quelques pièces à partager entre nous pour la peine.

— Oui, dit-on dans la bande, il fallait s'en tenir là.

— Mes enfants, prononça Corbillard, l'Ecriture le dit :

« Qui se repent d'avoir erré est déjà dans le bon chemin. » Aussi, je m'aperçois que, tout en causant, nous avons tourné bride, et que nous voilà déjà le pied levé pour retourner chez Corbeau lui rendre au moins sa part.

— C'est ça ! dit Robinette. Et une bonne part à ce pauvre vieux.

— Allons-y !... Il n'y a pas de honte à réparer une sottise.

— En route ! les enfants, ajouta Corbillard, poussant en avant sa béquille.

Et toute la troupe reprit le chemin de la maison isolée.

Arrivés à la demeure du vieillard, les chefs du rassemblement montèrent l'escalier, et Corbillard frappa quelques coups modestes, en priant doucement Corbeau de lui ouvrir. Mais celui-ci se tut, et des coups frappés plus fort n'obtinrent pas plus de réponse.

— Attendez, attendez, dit Robinette en passant au premier rang, je le ferai bien répondre, moi.

Et mettant ses deux mains en entonnoir autour de sa bouche, elle cria par le trou de la serrure :

— Ouvre, Corbeau, nous te rapportons de l'argent... nous ne voulons que ce qui nous revient... tu reprendras tout le reste... Entends-tu, nous te rapportons ton trésor !

Malgré cette promesse obligeante, le même silence régna à l'intérieur.

— Il boude, le vieux gueux, il ne répond rien, dit Eustache impatienté.

— C'est pourtant drôle qu'il ne veuille point de son argent.

D'après cette réflexion, on frappa encore maintes fois, mais toujours inutilement.

Au bout d'un quart d'heure, les mendiants, ennuyés d'attendre, redescendirent. Ils virent la lumière de Corbeau briller encore aux vitres, ce qui prouvait que le vieillard était chez lui et même demeurait encore levé, malgré l'heure avancée.

— Il faudrait monter à la fenêtre pour savoir ce qu'il fait, dit un des mendiants.

— Monter... oui, mais comment ?

— Tenez, dit Pierrot, qui, se trouvant là par hasard, et seulement pour accompagner Robinette, n'en était pas moins un garçon de ressource, tenez, voici à deux pas une maison en construction ; il y aura bien une échelle de maçon parmi les matériaux... La lune éclaire assez pour qu'on puisse trouver ça.

— Au fait, il n'y a pas de danger... c'est déjà bien tard, et il ne passe pas une âme qui vive.

Quelques mendiants allèrent fouiller dans la bâtisse et revinrent bientôt avec une échelle, qu'ils appliquèrent contre le mur.

La lampe éclairait encore; on pouvait bien voir ce qui se passait dans l'intérieur, et tout le monde voulait monter, brûlant de curiosité de savoir ce que faisait Corbeau après son terrible déboire.

Mais le nègre, plus agile que tout autre, s'élança le premier sur l'échelle, ce qui n'empêcha pas d'autres mendiants de monter derrière lui et de se *tenir à la file*, d'échelon en échelon.

Jupiter, ayant la première place, pouvait seul voir dans la chambre. Il examina attentivement, et le cœur battait à tous en attendant ce qu'il allait dire.

Il fut une minute à regarder sans bouger, malgré qu'on répétât de tous côtés :

— Eh bien !... que fait-il ? hein ?... hein ?...

Enfin, le nègre retourna la tête et dit :

— Lui en est mort.

— Mort !... de quoi ?

— De la peur que nous autres avoir faite à lui.

— Miséricorde !... tu te trompes... c'est impossible !

— Lui est raide par terre, et puis tout blanc, tout blanc !...

— On pourrait peut-être lui donner secours !... Mon Dieu ! mon Dieu !... casse la fenêtre, Jupiter !... entre !... entre vite !... nous allons te suivre !

Le nègre brisa un carreau, leva la targette de la fenêtre et sauta dans la chambre.

Les mendiants, déposant leur attirail par terre, prirent tous le même chemin. L'émotion donnait de la force aux moins ingambes : les boiteux, les estropiés, les vieux porte béquilles, les femmes, les enfants montèrent à l'échelle, passèrent le pas de la fenêtre et se trouvèrent dans la chambre, réunis autour de Corbeau.

Le vieillard, à l'instant où on emportait son trésor loin de lui, avait été frappé d'un coup de sang.

Les mendiants se tenaient en cercle autour de son corps

sans oser l'approcher... Il eût été inutile de chercher à le ranimer... on voyait bien que tout était fini... et son aspect inspirait une sorte de terreur.

Là lampe, près de s'éteindre, versait ses derniers rayons sur ce corps immobile.

La figure du mort était d'une pâleur violacée, le blanc des yeux injecté de sang, les traits contractés par les tortures de l'âme au milieu desquelles s'était exhalé le dernier soupir. La laideur du vieux mendiant avait pris une apparence surnaturelle sous cette double empreinte de la mort et du désespoir, et on ne pouvait contempler sans frémir ce masque d'un aspect sans nom.

Mais ceux qui avaient causé sa mort, encore plus épouvantés de cette pensée, restaient immobiles devant lui, les uns agenouillés au premier rang, les autres debout derrière, et tous dans une attitude de muette exclamation.

— Voyez, mes enfants, dit enfin Corbillard, Dieu punit l'homme par ses passions. Corbeau a succombé pour avoir eu trop d'attache aux biens de ce monde; nous, pour l'appât de ces mêmes biens, nous voici devenus involontaires homicides. Et le Seigneur nous voit dans notre abaissement.

— Mais diable, dit Eustache, c'est que la police pourrait bien nous voir aussi... Je songe à cela depuis un moment... Quand on va trouver ici le corps du père Corbeau, mort si subitement, on croira qu'il a été tué... et on pourrait bien nous accuser...

— Nous!... juste ciel!... avoir tué un homme!

— Ecoutez donc, reprit le veilleur, on n'était pas sans se douter que Corbeau possédait quelques biens... Qui pouvait en être jaloux? ses camarades... une rixe s'est engagée entre eux et lui... et un mauvais coup est bientôt fait : voilà comme raisonne la police.

— Avec ça, ajouta Jean-Marie, qu'on a dû nous voir monter par ici.

— Je crois bien qu'on nous a vus, dit la Bibette; une bande entière, ce n'est pas comme le furet, qu'on ne sait où il a passé... Il ne manquait pas de gens à la barrière qui nous regardaient et qui avaient l'air de nous demander où nous allions en si grande compagnie.

— Mais nous serons donc accusés de meurtre!... Seigneur Dieu!... de pauvres braves gens comme nous! s'écria toute la troupe désolée.

— Ah! dit Jupiter en criant plus haut que les autres, le vieux mort!... lui va perdre tous ses bons amis.

Robinette cependant, silencieuse jusque-là, s'était penchée vers Corbeau, avait mis la main sur son cœur, sur son front. Elle se releva alors en disant :

— Il est mort!... bien mort!...

Puis elle étendit les bras sur le corps glacé et dit en retournant la tête vers les siens :

— Ecoutez. Malheureusement Corbeau n'a plus rien à faire en ce monde, et il peut nous perdre tous... Il faut soustraire son corps aux regards... il faut le cacher... dans la terre... qui est maintenant son seul asile.

— Si la chose est possible, ma fille, dit Corbillard, tu as eu une bonne pensée, car, outre le danger d'être compromis qui se trouverait ainsi évité, nous pourrions réparer en partie nos torts envers le vieux camarade en lui rendant les devoirs de la sépulture.

— Ce que je propose est possible, répondit Robinette. Il y a ici, à gauche de cette route, de vastes champs déserts de toute habitation. Il est maintenant bien près de minuit... Personne ne passe plus sur le chemin... En sortant de cette maison, il faut emporter avec nous le corps de Corbeau et aller le déposer dans un coin de ces champs abandonnés.

Les mendiants approuvèrent par un signe de leur tête branlante.

— Oui, c'est cela, dirent-ils. Enterrons-le.

Une fois ce parti pris, on devait se hâter autant que possible et commencer par ensevelir le mort. La toile de la paillasse où on avait découvert le trésor de Corbeau se trouva sous la main ; on la prit pour cet usage.

Et de toutes ses richesses, le vieil avare n'eut plus que cette toile pour lui faire un linceul.

Au moment de sortir, une nouvelle difficulté se présenta : le secret du ressort intérieur qui fermait la porte n'était connu que de Corbeau et, malgré tous les efforts, il fut impossible de l'ouvrir.

Il fallut donc redescendre par la fenêtre.

Une partie de la bande suivit les échelons à la file, l'autre resta dans l'intérieur. Eustache et le plus fort de ses compagnons, se courbant à demi, reçurent le grand corps osseux et lourd qu'une foule de bras parvinrent à charger sur leurs épaules ; sous ce fardeau, ils franchirent lentement la fenêtre, et, après une sorte de bascule difficile à exécuter, la longue masse blanche passa ; et le mort descendit l'échelle comme les autres.

Le reste des assistants suivit.

Une fois sur la route, chacun reprit son bagage qu'il avait déposé devant la porte ; quelques-uns se chargèrent de porter entre eux la lourde sacoche d'argent, qui était toujours là ; d'autres allèrent chercher des pelles nécessaires pour l'opération projetée, dans la maison en construction qui avait déjà fourni l'échelle.

Puis on régla l'ordre du convoi.

Les deux plus vigoureux mendiants continuèrent à porter le corps par les deux extrémités. La foule des assistants se rangea tout autour en ligne serrée pour *faire le mur*, et cacher cette grande forme blanche aux yeux des passants qui pourraient se rencontrer ; les chefs de la bande se mirent en tête, et on partit.

La route et les environs étaient couverts de neige ; la lune, voilée de vapeurs grises, éclairait tristement l'étendue des champs en une seule nappe blanche.

Le cortége grotesque, et pourtant d'une certaine solennité, avançait à pas lents.

Au milieu, le corps, entouré de toile et éclairé de la lueur du ciel, détachait encore en lignes blanchâtres une forme humaine dans le cercle plus rembruni des assistants. Chaque mendiant était là, chargé de son fardeau ; les hommes soutenaient leurs instruments de musique, leurs lanternes magiques, leurs marionnettes ; les femmes portaient de petits enfants sur le dos, les vieux pauvres traînaient seulement leurs potences et madriers. Les marmots en état de marcher clopinaient à côté des rangs, suspendus à la jupe de leur mère.

Tous ces gens murmuraient des prières, d'où il ressortait un sourd bourdonnement mêlé des sons aigres que les cordes des vielles, des harpes rendaient d'elles-mêmes en se ballotant.

Robinette, qui avait ouvert l'avis de ces funérailles clandestines, se tenait en tête du cortége pour commander la marche.

La belle jeune fille qui, sous ses paillettes de Bohémienne, animait autrefois la gaîté dans les fêtes du *Trou-à-Vin*, cette nuit-là, avec son petit mouchoir en marmotte et sa cape de laine brune, menait le convoi mortuaire avec autant d'ardeur que de courage.

La campagne était semée, de loin en loin, de buissons noircis et de rares maisons ; le plus profond silence régnait de toute part; aucune lumière ne paraissait aux façades; le ciel, chargé d'épais nuages qui roulaient ou se déchiraient lentement sous la clarté de la lune, versait, sur la longue étendue de neige, des zones mobiles d'ombre et de lumière.

La lourde masse du convoi avançait avec mystère dans ce vaste et morne espace, où rien ne révélait l'existence humaine.

En explorant du regard les champs déroulés à gauche sur la route, Robinette venait de reconnaître l'endroit auquel elle avait songé pour y déposer secrètement le corps du vieillard. C'était une place un peu enfoncée, au pied d'un arbre, vers laquelle aucune façade des habitations voisines n'était tournée, et qu'un pan de mur dérobait à la vue du côté de la route. Le sentier qui devait y conduire était à peu de distance, et on arrivait enfin au terme de la marche.

Comme on en était là, il se fit voir tout à coup, en face des mendiants, un groupe de soldats. C'était une patrouille, qui, venant par une montée de la route, paraissait subitement sur la hauteur, et se trouvait à une cinquantaine de pas à l'instant où on la découvrait.

La terreur qui se répand soudain dans cette foule, innocemment meurtrière, qui allait bonnement cacher sa victime en terre, pensant que tout serait fini par là, et qui se voyait tout à coup surpris en chemin, le tremblement, l'alarme qui la saisit, sont impossibles à rendre.

Chacun se presse l'un contre l'autre, sent ses genoux se dérober sous lui, et n'a plus un souffle de vie ; tous sont prêts à laisser là le corps et à s'enfuir, sans songer à la faible course que leurs jambes pourront fournir.

Mais au même instant le commandant Robinette entonne une chanson à boire, et fait un geste énergique pour engager ses compagnons à l'imiter.

Les mendiants comprennent ; la nécessité leur rend des forces ; ils répètent le refrain joyeux ; les orgues, les clarinettes, les violons, les tambours de basque, sont mis en danse, et font un charivari infernal, tandis que les voix chantent en chœur :

Nous avons queuqu'*radis*,
Pierre, il faut fair' la noce;

Moi, vois-tu, les lundis,
J'aime à rouler ma bosse.

J'sais du vin à six *ronds*,
Qui n'est pas d'la p'tite bière ;
Pour rigoler, montons,
Montons à la barrière !

La patrouille approche.... Les mendiants se resserrent davantage autour du mort, en passant tout au bord de la route pour que le *mur*, comme ils appellent la masse de leurs corps pressés, cache mieux l'objet qu'ils emportent. La patrouille avance encore, passe à côté d'eux ; ils entendent le pas des soldats craquer sur la neige ; ils voient briller leurs fusils, sans oser tourner la tête de ce côté. Les malheureux n'ont pas une goutte de sang dans les veines, mais ils chantent plus haut, et les violons, fifres et tambourins font un tapage à fendre les nues.

On entend que les soldats s'arrêtent et se parlent entre eux.

En cet instant les plus braves de la bande mendiante se sentent mourir.

Cependant leur oreille est tellement tendue du côté de la garde, que, sans interrompre leurs chansons à boire, ils recueillent ces mots que le caporal adresse aux soldats :

— Les gaillards ont passé la nuit à la guinguette ; mais, bah ! ce sont de pauvres diables qui secouent un moment leur misère. Il n'y a pas grand'chose à dire.

— Ah ! murmura Corbillard en se frappant la poitrine, la louange tombe sur nous dans notre iniquité... Que le jugement des hommes est fragile.

Cependant les paroles du caporal ont ranimé tous ces pauvres hères terrifiés, leur sang circule, ils peuvent respirer... Le bruit des pas de la patrouille, qui s'éloigne sans autre forme de procès, achève de les rendre à la vie.

Peu d'instants après, le cortége, conduit par Robinette, tourne à travers champs ; il fraie péniblement sa route en écartant des flots de neige et en laissant une large trace derrière lui ; puis il arrive dans l'endroit enfoncé, au pied d'un grand chêne.

C'est là qu'on doit creuser la fosse.

La terre, durcie par la gelée, offre quelque résistance, mais les pioches que les mendiants ont apportées avec eux font leur office, et dans l'ordre qui préside au travail un long trou creux est bientôt ouvert.

On y dépose le corps.

Tandis qu'un rayon de la lune tombe encore sur les restes de Corbeau :

— Adieu, notre vieux camarade, disent les mendiants. Nous espérons que tu ne nous en veux pas... Tu oublieras bientôt cette nuit de douleurs et de combats dans la paix de l'autre monde... et tu nous pardonneras les peines que nous t'avons faites, si elles ont servi à t'envoyer un peu plus tôt dans l'éternité... comme Dieu te pardonnera aussi tes offenses, afin que tu restes à ses côtés, où les vieux vagabonds qui ont presque fini leur tournée sur la terre iront bientôt te rejoindre.

Mais le pauvre François songe que Corbeau ne doit pas descendre dans la terre sans qu'un objet béni l'y accompagne. Il détache de son cou une petite relique qu'il a portée toute sa vie, et, tandis qu'une larme roule dans ses yeux privés de la lumière, il se penche sur la fosse, cherche, à l'aide de ses mains, la poitrine du mort, et y dépose sa relique.

La terre retombe ensuite et la fosse et comblée.

Après cette étrange cérémonie, les mendiants redescendirent enfin vers la ville. Arrivés à la barrière, ils remercièrent Dieu, et aussi leur brave petite Robinette, d'avoir mené à bien l'entreprise ; ils prirent des arrangements pour mettre en sûreté ces richesses qu'ils avaient presque oubliées dans la partie tragique de cette nuit aventureuse, et chacun regagna sa demeure.

La Providence prit en pitié sans doute la faute de ces pauvres gens innocemment homicides, car avant le point du jour une nouvelle et épaisse couche de neige effaça toute trace des mystérieuses funérailles.

XXII

DANS LA PRISON

Trois mois s'étaient écoulés.

Le printemps avait atteint ses plus splendides journées; une lumière dorée se répandait sur les longues murailles de la prison de la Force, dont l'étendue, dépouillée de sa teinte sombre, se perdait dans l'atmosphère limpide.

Les habitants d'alentour, dans ce quartier paisible de l'ancien Paris, venaient sur leurs portes respirer un air tiède, ou se répandaient dans la rue éclairée du soleil.

Robinette, placée sous la niche antique d'une bonne

vierge, chantait en s'accompagnant de la harpe, et attirait la petite population du voisinage, qui formait autour d'elle un cercle attentif et charmé. C'était le jour où la jeune fille pouvait voir Pasqual, dont le jugement approchait ; et, en attendant le moment où sa permission lui donnerait l'entrée du parloir, elle vaquait à sa récolte journalière, en vraie bohémienne, légère et insouciante, même dans ses peines.

Midi sonna à l'horloge de la prison ; Robinette laissa son couplet inachevé, son public désappointé, et, ramassant à la hâte les gros sous de sa sébile, s'élança vers la porte de la maison d'arrêt.

En même temps que Robinette, entrait dans la cour d'attente un jeune homme brun et pâle, élegamment vêtu de noir. Mais tandis que la jeune fille se dirigeait vers le parloir, un gardien conduisait poliment le monsieur étranger vers une porte qui donnait dans l'intérieur de la prison. Robinette remarqua ce jeune homme, dont elle croyait avoir déjà vu les traits, sans pouvoir alors le reconnaître. Elle s'arrêta peu cependant à cette observation, mais elle demanda avec vivacité au gardien d'où venait que ce visiteur privilégié pouvait voir ses amis dans l'intérieur, tandis qu'elle n'était admise qu'au parloir.

— Ce beau monsieur-là, répondit le surveillant, n'est pas l'ami d'un de nos pensionnaires ; il vient visiter l'établissement... avec une autorisation de monsieur le directeur.

Robinette, sans écouter cette réponse, était déjà entrée dans la longue galerie où elle allait attendre Pasqual.

On était à l'avant-veille du jugement qui allait clore le célèbre procès d'Herman de Rocheboise et de son complice, et les deux détenus se livraient à la puissante préoccupation qu'amenait la prochaine décision de leur sort.

Herman était descendu dans le préau ; mais toujours isolé de ses compagnons de captivité, il pouvait au moins, dans la seconde réclusion qu'il s'était créée parmi eux, cacher à tous les yeux la rougeur brûlante qui passait par instant sur son visage pâle, et les larmes qui venaient malgré lui mouiller ses paupières.

La fièvre lente qui le dévorait depuis son entrée dans la prison avait redoublé d'intensité à toutes les accablantes formalités de la justice, à toutes les audiences où il lui avait fallu paraître... lui, peu de jours auparavant si envié pour tous les dons de la nature, de la fortune... il allait s'asseoir sur les bancs de la cour d'assises!

D'après le cours du procès, une condamnation était imminente. La journée qui allait se lever répandait déjà dans le sein d'Herman des frissons d'épouvante... Tantôt, accablé d'appréhensions horribles, il parcourait à grands pas la longueur du préau pour suspendre une minute le tourment de ses pensées; tantôt, brisé de ce peu de marche que ses forces ne lui permettaient plus, il venait retomber épuisé sur le banc de pierre.

Son attention fut pourtant attirée un instant par la vue d'un personnage étranger à la prison. C'était le jeune homme vêtu de noir, qui, accompagné du directeur, parcourait l'intérieur de la prison et traversait en ce moment la *cour de Charlemagne.*

Herman ne pouvait distinguer la figure de l'étranger, qui était à une assez grande distance de lui et à demi caché par les personnes qui l'accompagnaient; mais ne voyant depuis longtemps que ses repoussants compagnons de la Force ou leurs gardiens, il trouvait quelque douceur à reposer ses yeux sur un homme tout à fait étranger à ce monde, et dont une remarquable élégance de mise et de maintien le séparait encore davantage.

Comme on observe parfois sans motif les choses insignifiantes et même puériles, Herman remarqua le foulard blanc à bordure bleue que le jeune homme remettait en ce moment dans la poche de sa redingote.

L'étranger et le directeur accomplissaient lentement leur tournée. Cet antique édifice de la Force est un monument des plus curieux à observer. Il a subi des transformations diverses et bizarres; on y retrouve les traces d'un hôtel princier, d'une salle de spectacle qui servait à des divertissements, parmi les constructions de la prison révolutionnaire; on revoit aussi les épaisses et sombres défenses de cette citadelle de 93, au milieu de l'aspect moins formidable des bâtiments modernes. L'étranger examinait en détail ces différents souvenirs historiques.

En ce moment, le jeune amateur de monuments et son conducteur s'arrêtèrent devant une partie de la muraille où se trouvait à fleur de terre l'ouverture d'un ancien égout, autrefois garni d'une grille et maintenant masqué de maçonnerie.

Après s'être entretenus longtemps en cet endroit, ils sortirent du préau.

Le gardien, qui les avait suivis jusque-là, resta seul à la place qu'ils venaient de quitter.

Ce gardien était Gauthier, pour lequel Herman avait éprouvé, dès son entrée dans la prison, un sentiment de préférence. La figure honnête de cet homme, sa physionomie particulière, lorsqu'au milieu de ses collègues portant tous un air d'insouciance et de prospérité, il se montrait triste, fatigué de ses fonctions, et accablé lui-même du poids de ces murailles dans lesquelles il retenait les autres, tous ces indices d'une nature assez élevée, avaient attiré de plus en plus la confiance d'Herman, et une sorte de liaison s'était formée entre le surveillant et le prisonnier.

Aussi, en ce moment, Herman s'approcha de Gauthier, immobile devant ce pan de mur qu'il semblait regarder avec un extrême intérêt, et lui demanda ce qu'il examinait ainsi.

— Ce jeune monsieur qui visite la maison, répondit le gardien, tenait beaucoup à retrouver la trace d'une communication qui existait autrefois entre cette cour et la partie voisine, parce qu'il s'y rattache un fait très-simple, mais peut-être touchant, qui se passa ici du temps de la Terreur, et qui est rapporté dans un ouvrage sur les prisons de l'Europe.

— Et cet incident... il vous l'a fait connaître ?

— Oui, il l'a raconté dans tous ses détails, répondit le vieillard d'une voix émue.... Du reste, ajouta-t-il d'un accent plus triste, ce n'était peut-être que pour demeurer plus longtemps ici....

— Demeurer ici... et dans quel but ?

— Je ne sais... mais il semble prolonger autant que possible sa tournée dans la prison.... Il ne me ressemble guère, ce monsieur-là... si je pouvais sortir d'ici !...

— Vous seriez heureux de changer de condition ?

— Ce serait passer de la mort à la vie.

— Pauvre Gauthier !... Mais que vous a donc raconté ce jeune homme au sujet des traces qu'on voit en effet sur ce mur ?

— Oh ! une simple circonstance, un détail des souffrances endurées dans ces murs pendant la Terreur, et que je vais vous apprendre en deux mots si vous voulez le connaître.

« Madame Kolli et son mari avaient été condamnés à

mort par jugement du tribunal révolutionnaire du 4 mai 1793, tous deux comme complices de la conspiration Beauvoir. Ils devaient être exécutés le soir même.

« Dans le peu d'heures qu'ils passèrent ensemble avant de marcher à la mort, ils ne pensaient qu'aux deux enfants, si jeunes encore, qu'ils laissaient sur la terre, sans biens, sans ressources, sans appui.... Et le moment de marcher à l'échafaud s'approchait!... Tout à coup, Kolli, se jetant dans les bras de sa femme, et lui présentant leur petite fille, fit appel à son courage.

« — Tu as une mission à remplir, lui dit-il, déjà tu es veuve, et tu ne dois plus songer qu'à tes enfants. Il faut disputer ta vie à nos juges par tous les moyens possibles... Déclare que tu es enceinte, tu obtiendras un surcis... Dieu fera le reste....

« Ce triste sort de survivre à son mari, tandis qu'elle avait puisé une consolation dans la pensée d'être au moins réunie à lui dans le dernier instant, parut au-dessus des forces de madame Kolli; elle résista longtemps; mais la petite fille, présente à cette scène, et guidée par son père, dont elle répétait les paroles, la supplia d'une voix si touchante qu'elle consentit au sacrifice et fit à l'instant la déclaration qui pouvait la sauver.

« Elle vit son mari partir pour l'échafaud et fut amenée ici dans cette prison de la Force, où elle entra, le 17 mai, avec ses deux enfants. Le petit garçon, âgé de dix ans, fut placé dans le département des hommes, et la veuve, avec sa fille tout enfant, resta détenue dans le bâtiment voisin, nommé alors la *Petite-Force* et servant de détention pour les femmes.

« La cour où nous nous trouvons était celle des hommes, de l'autre côté de ce mur s'étendait alors celle des femmes; un égoût, dont vous voyez encore le cintre de pierre de taille et qui était garni d'une grille, perçait la muraille.

« C'était là que le jeune Kolli, secondé par les prisonniers qui l'entouraient pour le dérober aux regards des gardiens, savait tous les matins des nouvelles de sa mère et lui donnait des siennes. Il venait coller son visage contre la grille, et la petite fille, secondée de son côté par les prisonnières, accourait lui dire:

« — Maman a moins pleuré cette nuit... un peu reposé... et te souhaite bien le bonjour.... C'est Lolotte qui t'aime bien, qui te dit cela. »

Gauthier, qui était doué peut-être de plus de sensibilité encore que sa physionomie, déjà prévenante en sa faveur, ne devait le faire supposer, avait la paupière humide en répétant ces simples paroles de l'enfant.

Il dit, en continuant son récit :

« — L'été de 93 se passa ainsi. La feinte dont madame Kolli s'était servie pour rester quelques mois de plus sur la terre ne pouvait se prolonger plus longtemps ; et Dieu, auquel avait été remis le soin d'achever son salut, l'abandonnait à ses bourreaux. Le 5 novembre, elle comparut de nouveau devant le tribunal révolutionnaire.

« Le soir de ce jour-là, Lolotte s'avança plus lentement qu'à l'ordinaire vers la grille où son frère l'attendait; elle tenait à la main une longue tresse de cheveux, et madame Kolli s'était appuyée contre un arbre, en vue de son fils, ce qu'elle n'avait pas osé faire jusqu'alors. Lolotte, se baissant contre les barreaux, dit tout bas à son frère :

« — Voici des cheveux que maman t'envoie.... Ce soir elle doit être exécutée.... Elle t'ordonne de te conserver pour moi et de prier Dieu pour elle.... Elle te recommande de réclamer son corps et de la faire enterrer.... A présent, tu vas rester contre la grille... maman est là... elle veut te voir encore une fois....

« Le fils resta agenouillé, et, à travers les barreaux, tendit les bras vers sa mère. Elle le regarda de loin, lui envoya quelques baisers et disparut en pressant sa fille sur son cœur (1). »

— Voilà, monsieur, ce qui s'est passé à la place où nous sommes, dit Gauthier en terminant.

— Malheureuse femme! murmura Herman. Puis il ajouta, par un triste retour sur lui-même : Et cependant elle laissait encore derrière elle des enfants pour pleurer sa mort!...

— Ce jeune monsieur, reprit Gauthier, qui paraît connaître les détours de cette prison mieux que nous tous, dit que cet égoût, maintenant fermé, communique par divers passages jusqu'à l'endroit où se trouve aujourd'hui la cantine.

Herman n'écouta pas ce dernier détail, et retourna s'asseoir sur son banc, accablé de la réflexion qu'avait fait naître en lui le récit du gardien de cette pensée déchirante

(1) Ce fait historique est emprunté à l'intéressant ouvrage de M. Alboise sur les *Prisons de l'Europe*.

qu'il serait bientôt condamné aussi, sans que personne ressentît la douleur de sa mort, et conservât son souvenir.

Mais au bout d'un instant, il vit près de lui, sur le banc, un billet qui venait sans doute d'y être posé, puisqu'avant de se lever il ne l'avait pas aperçu.

L'adresse portait son nom; il ouvrit le papier, étroitement plié, et y lut ce peu de mots :

« Espérez. Quel que soit l'abîme de douleurs où vous êtes plongé, le malheur n'est jamais irrévocablement gravé dans l'avenir. Il vous reste un ami. Il n'est point de coupable qui ne soit encore aimé. Dieu, qui veut montrer aux plus accablés des hommes qu'il ne les abandonne point, met à côté d'eux un rayon de son amour immense dans le cœur d'un des humains. »

— Oh! s'écria Herman, qui peut entendre la plus secrète pensée de mon âme et y répondre.

Il relut ces lignes, il répéta *espérez*, et un moment d'illusion consolante pénétra dans son cœur.

Mais il fut bien rapide. Après avoir cherché de toutes parts dans ses souvenirs de qui pouvait venir ce billet, et n'être parvenu qu'à se convaincre de l'impossibilité d'inspirer encore à quelqu'un tendresse ou pitié, il fut obligé d'attribuer ces lignes à Pasqual, qu'il apercevait derrrière la fenêtre d'une cellule donnant sur le préau.

Il pensa que ce fidèle ami avait voulu, dans le moment suprême qui se préparait, lui donner une espérance trompeuse, insensée, mais qui soutiendrait du moins ses forces pendant cette heure terrible du jugement, et grâce à laquelle il pourrait encore montrer du courage... cette dernière dignité des criminels.

Pendant ce temps-là, Pasqual était en effet près de sa croisée, assis devant une petite table, et occupé à régler ses dernières dispositions.

Pasqual, reconnu complice d'un meurtre qu'il avait même semblé préméditer en conduisant les deux ennemis sous l'arche ténébreuse du pont, auquel, du moins, il avait assisté impassiblement, quand il pouvait sans doute y porter opposition, Pasqual devait, selon toute prévision, partager le sort de son maître.

Avant de subir une condamnation infamante, quelle qu'elle fût, il terminait quelques dispositions qui semblaient l'absorber plus fortement que l'événement du surlendemain.

Le nègre Jupiter, auquel Pasqual inspirait réellement une sorte de crainte superstitieuse, lui avait fidèlement apporté les deux mille francs prélevés sur le trésor de Corbeau. Cette somme était la seule dont les mendiants eussent encore disposé; craignant d'éveiller le soupçon par quelque imprudence avant qu'un peu de temps eût passé sur la fosse ouverte par eux à leur vieux camarade, ils avaient soigneusement caché la précieuse sacoche, se réservant d'en faire plus tard le partage; mais l'argent demandé par Pasqual avait été remis tout d'abord à son messager, qui l'avait fait passer au prisonnier à l'aide d'un cordon tendu par la fenêtre, ainsi qu'un autre objet de peu de volume que Pasqual avait également demandé.

Les deux billets de mille francs étaient posés sur la table du prisonnier, avec deux lettres qu'il venait d'écrire; il en terminait une troisième qui était adressée à Robinette, et contenait ce qui suit :

« Ma chère enfant, tu m'as toujours aimé depuis que tu sais aimer, et moi j'ai des reproches à m'adresser envers toi. J'ai aidé à la séduction qui a flétri ta première jeunesse pour quelques instants de trompeuse fortune. Cette faute que j'ai commise envers toi tient à un mystère que tu ne connaîtras jamais et que tu ne saurais comprendre. Je ne puis m'en repentir, mais je t'en demande pardon.

« Je répare mes torts autant que possible en m'adressant à toi pour un service important et sacré que j'ai à te demander... c'est te prouver que j'estime ton bon cœur, que je sais que tu trouveras des consolations à ma perte en faisant encore quelque chose pour moi.

« C'est après demain le jour du jugement. Quel que soit l'arrêt du tribunal, accomplis également ce que je vais te demander. Dès le lendemain de ce jour, prends deux de nos anciens camarades avec toi, porte la lettre que je joins ici, et qui contient deux mille francs en billets, au bureau de la préfecture auquel elle est adressée ; on te remettra un papier en retour. Viens ensuite à la prison, demande à voir le directeur ; donne-lui la lettre que je lui écris et que je place sous ce même pli, ainsi que le permis du bureau de la préfecture; et alors on te laissera pénétrer jusqu'à moi.

« Adieu, pauvre et belle enfant, qui seule a aimé Pasqual sous l'apparence qu'il porte aujourd'hui..... Quoi qu'il arrive, ne me plains pas comme tu plaindrais un autre, à ma place... car tu l'as dit souvent : Je ne suis pas de ce monde. Adieu. »

Le prisonnier allait rejoindre Robinette au parloir, mais il avait été obligé d'écrire à la jeune fille, ne pouvant lui communiquer ses instructions devant le gardien, et voulant d'ailleurs lui laisser un mot d'adieu qu'elle pût conserver toujours.

Il mit les trois lettres sous la même enveloppe, et descendit dans la galerie intérieure.

Robinette, croyant fermement que la peine infligée à Pasqual par le prochain jugement ne serait qu'une longue détention à la prison de la Force, n'avait pas renoncé à l'espoir de l'en faire évader en séduisant un geôlier par les moyens qu'elle croyait irrésistibles. En attendant que sa part de l'héritage de Corbeau vînt lui permettre de jeter une bourse dans la main du gardien, elle avait exercé sur lui le charme de ses beaux yeux. Elle avait déjà à s'en féliciter, car le surveillant, prévenu en faveur de cette charmante jeune fille, et ne la jugeant pas dangereuse à la sûreté de la prison, la laissait pénétrer dans l'étroit passage qui sépare l'étendue du parloir, où elle n'était plus séparée de Pasqual que par une seule grille.

Ce fut grâce à cette circonstance que le prisonnier, en la roulant étroitement, put glisser à Robinette l'enveloppe préparée par elle.

XXIII

LE SECRET DÉVOUEMENT

Le jour du jugement était venu; l'audience allait s'ouvrir à dix heures. C'était la dernière épreuve pour Herman, et il voulait rassembler toutes ses forces pour la soutenir courageusement.

Guidé par ce mouvement de l'âme *qui se fait toujours* sentir dans les moments extrêmes, il témoigna à son gardien le désir d'aller un instant se recueillir à la chapelle avant le départ pour le Palais de Justice. Ce n'était pas l'heure où les prisonniers sont admis à entendre l'office en commun, et aucun d'eux ne doit entrer seul à la chapelle, mais, en cas exceptionnel, un détenu peut s'y rendre accompagné d'un gardien, et Gauthier consentit à y conduire M. de Rocheboise.

Herman s'agenouilla à l'entrée de l'enceinte religieuse, et Gauthier à côté de lui.

La chapelle, étroite et encaissée dans de hauts bâtiments, reçoit peu de jour de ses fenêtres élevées. Herman ne distinguait rien en entrant qu'une ombre dans laquelle perçait la lueur de deux cierges posés sur l'autel ; mais lorsque ses yeux furent faits à l'obscurité, il vit peu à peu se détacher dans l''étroite enceinte quelques sombres tableaux de piété, et la figure d'une personne agenouillée *entre* le confessionnal et la balustrade de l'autel.

Il reconnut le jeune homme vêtu de noir qui visitait l'avant-veille l'établissement de la Force. Herman, le jour précédent, n'avait vu que la taille de ce jeune homme ; il le distinguait encore moins en ce moment, étant à quelques pas derrière lui et dans un lieu mal éclairé ; cependant, à son attitude pleine de distinction et de noblesse, il reconnaissait d'une manière certaine celui qui, l'avant-veille, s'était arrêté longtemps dans le préau.

Il fut étonné de revoir là ce jeune homme étranger à la prison.

Sans savoir lui-même comment au milieu de sa profonde absorption il pouvait s'occuper d'une circonstance aussi indifférente, il fit part de sa réflexion au gardien.

— Ce monsieur, répondit Gauthier à voix basse, a demandé au directeur la permission d'entrenir l'aumônier de la prison, dont il pourrait recevoir, dit-il, des communications intéressantes ; on a consenti à son désir, et il vient sans doute ici attendre monsieur l'aumônier.

Herman détacha ses regards du jeune homme inconnu, et penchant la tête dans ses mains, il pria quelques instants de toute la puissance de son âme.

Il sortit, et peu de moments après eut lieu le départ pour le Palais de Justice.

L'aumônier de la prison ne vint pas à la chapelle, et pourtant le jeune homme, dont personne n'avait remarqué la présence, y demeura enfermé toute la journée. . . .

. . . .

Vers quatre heures, les portes de la Force se rouvrirent pour recevoir les prisonniers dont l'arrêt était prononcé.

Pasqual descendit le premier de la voiture et suivit d'un pas ferme ses gardiens.

Herman de Rocheboise était à demi privé de connaissance ; les employés de la prison l'enlevèrent de la voiture dans leurs bras. Gauthier, tenant une lumière, marcha devant ses compagnons qui portaient le prisonnier, et, traversant toute la longueur d'un couloir souterrain, il ouvrit la porte du cabanon qui se trouvait à l'extrémité de ce passage.

Là, le condamné fut déposé sur un lit. Lorsqu'il commença à revenir à lui, ses gardiens lui firent prendre un bol de vin chaud et le laissèrent seul.

Tout le temps de l'imposante et terrible séance, Herman avait fait des efforts surhumains pour conserver une ferme contenance, et il était parvenu à en imposer aux regards; aucun signe extérieur n'avait trahi son désespoir.

C'était seulement au retour dans la prison que, perdant le pouvoir de se contraindre dont il avait usé avec tant de violence, il était tembé anéanti.

Au bout de quelques instants, le silence et la solitude de la prison ranimèrent Herman. Soustrait par ces hautes murailles au supplice que lui imposaient les regards du monde, il revint peu à peu à la vie.

En regardant autour de lui, il ne retrouva plus sa cellule accoutumée, cette retraite chère encore, parce qu'une main inconnue en avait adouci pour lui le séjour. Il était dans un cabanon muré de pierres de taille, fermé de longues barres de fer, garni de siéges de bois et d'une couche de paille.

Il n'avait pas entendu l'arrêt porté sur lui, mais tout avait fait préjuger dès longtemps que ce serait la peine capitale, et le lieu où il s'éveillait devait le lui confirmer... Il était sans doute dans le cachot des condamnés à mort, sous cette antique voûte où tant d'hommes avaient déjà habité pour un jour, et vers laquelle ne s'était élevée qu'une seule pensé : *Demain, je ne serai plus.*

Le cabanon avait un soupirail pratiqué dans la hauteur du mur, et, d'un autre côté, une ouverture d'un demi-pied à peine, percée obliquement dans la pierre, et qui, sans destination actuelle, était restée dans un mur appartenant sans doute aux anciennes constructions de la Force.

Herman plaça son escabelle au-dessous de la lucarne qui laissait voir dans le lointain quelques touffes d'arbres, quelques rayons de soleil et versait dans l'intérieur un soufle d'air tiède et pur.

— Encore de la verdure, encore de la lumière, dit le condamné, et demain, ou le jour suivant... plus rien... que le froid de la fosse et cette nuit si profonde, que les vivants n'en ont pas même une idée. Repoussé de ce monde où l'on voit le ciel, où l'on respire, il faut encore que la terre tombe sur moi pour effacer toute trace de mon existence...

« Ne jamais la revoir, elle, Valentine !... Mourir après cet adieu glacial qu'elle m'a laissé... N'avoir pas même un adieu plus doux pour me reposer de ces angoisses. Valentine !.... où est-elle maintenant ?... A-t-elle pitié ou horreur de moi ?... Quel silence entre nous deux... Pas une pensée, pas un lien qui me réunisse à elle. Et demain, il faudra mourir ainsi... Ah ! dans ce cachot ont passé bien des condamnés à mort ; mais vous le savez, mon Dieu, y en eut-il jamais un aussi seul, aussi abandonné que moi !...

Il se rappela alors le billet qu'il avait reçu la veille.

— Je le savais bien, dit-il, ce n'était qu'une feinte de Pasqual pour tromper ma douleur, et me rendre un instant de courage... *Il vous reste un ami*, disait ce billet... Mensonge cruel... Si un être au monde m'aimait encore, c'est dans ce moment que, malgré toutes les murailles et les verrous de la prison, il serait là, près de moi.

Le cœur d'Herman se brisa, ses larmes coulèrent.

Mais alors, comme si sa pensée eût été entendue, et qu'en effet une voix amie eût voulu lui répondre, des accents harmonieux et pleins d'une douceur ineffable descendirent vers lui de l'ouverture pratiquée au sommet du cachot.

Ce n'était pourtant encore qu'une illusion ! L'espèce de conduit percé dans la maçonnerie aboutissait à la chapelle. C'était l'heure de la bénédiction, des enfants de chœur chantaient à l'autel de toute leur voix fraîche et sonore; dans l'enceinte, les accents rudes, contenus et presque timides de quelques prisonniers résonnaient sur un ton plus bas ; il en résultait une harmonie d'un caractère particulier et pénétrant.

Cette musique, bien qu'étrangère aux souffrances d'Herman, fit naître dans son âme une impression pieuse. Il se rappela alors avoir entendu désigner la peine de mort par ce mot suprême : *Expiation*.

— Oh ! pour être délivré des remords, dit il, pour redevenir pur, libre de conscience comme dans mon heureuse jeunesse, je donnerais ma vie ; s'il est vrai que mon âme soit rappelée à cet état, rajeunie, purifiée par le supplice, je l'accepte... j'en rends grâce à Dieu !...

Alors il leva vers l'espace du ciel qu'on apercevait au loin un regard ranimé de quelque espérance.

Quand il ramena les yeux autour de lui, la porte du cachot s'était ouverte, et Pasqual était entré.

Le grand nombre des prisonniers obligeait à en placer quelquefois deux dans le même cabanon, et, sur la demande de Pasqual, on l'avait réuni à son maître.

A sa vue, Herman tresaillit de pitié et de regret... Il n'avait pu entendre l'arrêt du tribunal, mais tout lui faisait croire que son complice était condamné, et la présence de celui qu'il entraînait dans sa destinée en doublait l'impression terrible.

Pasqual s'était arrêté une minute à l'entrée du cachot. Lorsqu'il fit quelques pas en avant, Herman remarqua qu'il avait repris les habits de paysan dont il était vêtu en arrivant à Paris, et qui étaient toujours restés dans sa mansarde.

Ce signe de simples et douloureux regrets donnés au passé pénétra le cœur d'Herman ; il tendit la main à son malheureux et dévoué serviteur.

Mais cette main affaiblie retomba avant que celle de Pasqual fût venue s'y joindre...

Ils restèrent quelque temps en silence.

Herman osait à peine lever les yeux vers son compagnon d'infortune ; cependant, au premier regard qu'il porta sur lui, il fut frappé de l'expression de ses traits comme il l'avait été de son costume.

Cette étrange sérénité qui semblait naître dans Pasqual en même temps que la mesure du malheur se comblait apparaissait mieux que jamais sur son visage.

A cette observation, une surprise, un trouble infinis se mêlèrent à la douleur d'Herman ; dans une telle situation, le désespoir de Pasqual l'eût moins effrayé que ce calme singulier.

Il lui dit d'une voix presque inintelligible :

— Tu viens me dire adieu... pour toujours.

— Oui, répondit seulement Pasqual.

— Nous serons cependant.... réunis.... dans la mort.... murmura Herman.

— Non, dit Pasqual du même ton laconique.

A cette réponse, Herman le regarda palpitant ; il ne savait lui-même si c'était de crainte ou d'espoir.

— Vous aviez perdu connaissance au moment où le verdict a été rendu, répondit Pasqual à ce regard; les paroles du jugement ne sont pas arrivées jusqu'à vous... ce n'est pas la peine de mort qui a été prononcée.

Un frisson parcourut les veines d'Herman; il entrevoyait la vérité.

— C'est la peine du bagne à perpétuité, acheva Pasqual.

Herman se leva droit, livide... puis retomba sur l'escabelle, la tête penchée dans ses mains.

— Vous étiez l'assassin, je n'étais que le complice, reprit Pasqual; mais le nom des comtes de Rocheboise d'un côté, celui d'un homme du peuple de l'autre, ont rétabli l'équilibre : on nous a condamnés à la même peine.

Un long silence régna dans le cachot.

Mais dans ce mement-là on entendait au loin le mouvement causé par l'arrivée d'un détachement de soldats qui venait doubler la garde de la prison, où se trouvait un certain nombre de condamnés près de partir pour le bagne. Les paroles du commandant retentissaient sous la voûte d'entrée, le roulement du tambour se prolongeait dans les profondes murailles, et ce bruit de la force armée répondait aux paroles de Pasqual comme un sinistre écho.

Herman leva ses deux mains jointes et ses yeux brûlants de larmes.

— J'espérais la mort, dit-il, la mort qui vient si vite et qui nous régénère. Mais cette vie d'opprobre!... Qu'ai-je fait, mon Dieu, pour mériter un tel supplice!...

Il s'arrêta comme regardant en lui-même.

— Ce que j'ai fait? reprit-il; mais tout ce qu'il fallait pour mériter ce sort... Je ne sais plus comment... par quelle fatalité... Mais il y a partout dans ma vie d'horribles fautes...

Pasqual secoua la tête et dit d'un ton d'assurance hautaine :

— Vous n'en avez commis qu'une seule.., et il y a si longtemps, que celle-là vous l'avez sans doute oubliée... Les autres ne vous appartiennent pas, c'est moi qui vous les ai fait accomplir.

A cette bizarre assertion de l'ami le plus dévoué, Herman crut que la raison du malheureux s'égarait.

Mais Pasqual, qui s'était levé, se trouvait dans le rayon lumineux répandu à l'intérieur par le haut soupirail, et on pouvait distinguer l'expression de son visage; son grand front chauve se relevait avec une sorte de fierté et un épanouissement intérieur en effaçait alors les sillons; ses yeux fixés dans l'espace étaient pleins de chaleur et d'éclat; il n'y avait jamais eu sur sa figure expressive tant d'imposante grandeur.

Herman demeura donc surpris à l'excès, et reprit d'une voix étouffée :

— Pasqual... que me disiez-vous?... d'étranges paroles... Il me semble.

— Je disais qu'en devenant tous les jours plus criminel, vous obéissiez à une volonté supérieure à la vôtre... que, lorsque vous étiez seulement faible et léger, je vous ai fait parjure, faussaire, meurtrier.

— Vous!... vous!... Mais je ne comprends rien à ce langage... à ce regard... Vous m'aimiez, Pasqual... Vous aviez commencé avec moi par me sauver la vie... aux dépens de votre sang...

— Oui, une nuit... il y a deux ans... sur un boulevard écarté, je me suis jeté devant vous, je vous ai fait un rempart de mon corps pour vous défendre du fer de deux bandits... C'est que je ne voulais pas qu'un autre eût votre vie; c'est que vous ne deviez pas mourir d'un coup de couteau, qui vous eût fait passer en une minute de l'existence la plus heureuse à l'éternel repos, mais mourir après tous les revers, tous les tourments, toutes les hontes.

Herman écoutait, l'œil fixe, hagard... Chaque parole qui venait à lui faisait vibrer tout son être.

— Je suis entré chez vous, reprit Pasqual, en qualité de valet. Dès ce jour votre destinée n'a plus dépendu de vous, mais de moi seul. Mon intelligence s'élevait au-dessus de la vôtre, à force de volonté, et ma livrée cachait cette supériorité funeste. Je vous ai jeté dans les désordres des sens; je vous ai rapproché de la créature la plus séduisante, la mieux faite pour vous enlever au pur amour d'une femme angélique, et vous jeter, parjure, dégradé, dans les plus délirantes voluptés.

— C'est impossible! s'écria Herman, ce n'est pas vous... vous, Pasqual!... qui me haïssiez ainsi!...

— Ecoutez encore, et vous en jugerez. La ruine devait vous conduire à la bassesse, au crime : j'ai voulu vous ruiner. J'ai fait passer dans vos veines un amour insensé de luxe, de splendeur, et vous avez semé la fortune comme une vaine poussière. Au jeu, j'ai fait trouver devant vous ces hommes qui gagnent à coup sûr et dépouillent leur adversaire... Oh! le génie du mal descend aussi en nous entouré de lumières; moi, homme de la campagne, j'ai pénétré les mœurs et les secrets des grands pour trouver dans ce monde les ressorts qui devaient précipiter votre ruine.

« La détresse est venue. Vous étiez sans ressource pour fuir la prison; la pensée vous a été inspirée par moi de créer des faux; vous vous êtes souillé de ce vol qu'on a marqué du plus grand déshonneur parce qu'il est le plus facile et le plus lâche... Il a fallu y tremper avec vous... J'ai frémi... J'ai pensé à mon père... mais j'ai signé pour vous perdre... Je me suis exposé, livré à une condamnation infâmante pour vous perdre.

« Attendez, attendez encore... Je suis resté attaché à vous dans votre misère... Je l'ai abreuvée d'amertume... J'ai exalté votre jalousie contre Léon Dubreuil; j'ai exagéré les dangers que vous aviez à craindre de lui; puis, quand vous avez eu la tête ardente de colère, le cœur débordant de fiel, j'ai déposé un poignard dans vos mains, et je vous ai conduit dans un endroit ténébreux, solitaire, en face de votre rival... Vous savez ce qu'il en est résulté. »

A ces révélations épouvantables, Herman n'éprouvait encore qu'une stupeur glacée, dans laquelle il restait anéanti.

— Oui, reprit Pasqual en laissant tomber de sa hauteur le regard brûlant dont il enveloppait sa victime, oui, Herman de Rocheboise, je t'ai sauvé la vie, mais pour te tuer lentement, pour étouffer un à un chaque souffle de ton être. J'ai anéanti ton repos, tes jouissances de chaque jour en t'ôtant la fortune; j'ai tué ton bonheur en te séparant de Valentine; j'ai détruit ce qui pouvait te rester encore de dignité, d'honneur, en te faisant faussaire, assassin; j'ai perdu ton âme pour l'éternité en te faisant mourir à la chaîne du bagne, dans la honte et le désespoir.

— Toi! tu as fait cela! s'écria Herman en bondissant de son siége et en pressant son front de ses poings crispés. Tu m'as enlacé d'une trame horrible quand je t'ai aimé, protégé, traité comme un ami, comme un frère! Mais quel être maudit es-tu donc? quel génie infernal t'inspirait?...

— Je me vengeais.

— Qui donc es-tu?

— Pierre Augevillle.

Herman, pâle comme la mort, se retira pas à pas en arrière et alla tomber sur sa couche de paille.

Le mouvement de la prison redoublait et s'approchait du cachot.

On entendait des pas nombreux et un bruissement d'armes dans la longueur du couloir. La porte du cabanon s'ouvrit, un greffier entra accompagné de fusiliers, et lut aux condamnés l'ordre par lequel ils faisaient partie du départ qui avait lieu le surlendemain pour Rochefort.

Pierre Augeville s'était adossé les bras croisés contre le mur, au-dessous du soupirail. Il ne fit pas un mouvement et ne changea point de visage en entendant l'annonce de son départ.

— Aujourd'hui en prison, demain au bagne, dit-il à Herman quand la porte se fut refermée. Votre sort est accompli : mon rôle est achevé.

Herman avait à peine entendu ce que les agents de l'autorité venaient de lire. A demi-étendu sur son lit, il restait sous le coup de la révélation extraordinaire qui était arrivée à lui dans les murs de cette prison.

Cependant, au bout de quelques instants, s'accoudant sur son lit et soutenant sa tête de la main, il regarda fixement son étrange compagnon de captivité, et lui dit d'une voix sourde :

— Vous me trompez... Pierre Augeville est mort... je l'ai vu descendre lentement sur le rivage... à l'endroit où trois saules s'élèvent sur le bord... il s'est précipité dans la Seine... Je crois le voir encore...

— Oui, dit celui auquel s'adressaient ces paroles. Après avoir perdu Marie, je ne songeais qu'à elle... possédé d'amour, de douleur, je voulais *mourir pour la rejoindre*... Je ne savais même plus qui avait causé sa mort... je voyais Marie devant moi, je suivais sa trace... Et je me jetai dans les eaux en regardant le ciel !

Ces mots furent prononcés d'un ton plus calme. Pierre Augeville avait exhalé en partie sa haine dévorante dans l'accomplissement de sa vengeance, dans l'aveu qu'il venait d'en faire ; il semblait plutôt maintenant se parler à lui-même avec une gravité mélancolique.

Il continua :

— Au bout de je ne sais combien de temps, je rouvris les yeux. J'étais couché dans un bateau qui glissait sous la voûte des saules penchés sur l'eau, tandis qu'une blanchœur nébuleuse couvrait la rivière... Ma main, posée sur mon cœur, sentit des battements... Le souvenir de tout ce qui s'était passé revint en moi. Alors une révélation subite m'éclaira. — Si je vis encore, dis-je, c'est pour me venger... pour rendre au meurtrier de Marie tout le mal qu'il m'a fait... Ne faut-il pas qu'il y ait une justice.

Pierre, posant la main sur son front, et recueillant ses souvenirs, poursuivit :

— Oh ! j'avais bien compté mes angoisses ! je pouvais les faire payer toutes... Il fallait donc revenir en ce monde sous un autre nom, sous une autre apparence, pour y prendre une tâche nouvelle... Dans mon pays, on me croyait mort ; la brume épaisse m'avait caché dans mon passage ; les mariniers qui s'étaient rencontrés là pour m'arracher des eaux continuaient leur route au loin... je pouvais rester ignoré... J'allais donc commencer cette existence sans nom, où je serais mort aux doux sentiments, aux pieuses vertus, à toutes les douceurs de l'âme, vivant pour la haine et le but qu'elle devait poursuivre.

« Je méditai mes desseins dans la mansarde où je m'étais réfugié en arrivant à Paris... Après des années perdues dans des travaux qui absorbaient mon temps, mes pensées, sans me donner les moyens d'agir, sans me rapprocher de vous, je me jetai dans la tourbe des mendiants. Là, oisif et sans cesse errant dans la ville, je devais bientôt retrouver vos traces.

« Je vous revis en effet. Mais les temps étaient bien changés. Entraîné dans la chute de votre père, vous étiez pauvre, souffrant, isolé : quel mal aurais-je pu vous faire ? En vous ôtant la vie, je vous eusse délivré d'un fardeau. J'attendis.

« Ce ne fut pas en vain. Bientôt je vous retrouvai sous le portique de cette église où un brillant mariage vous ramenait à la fortune. Vous possédiez tout alors : amour, jeunesse, éclat, grandeur, richesse. C'était une volupté infinie de tout vous arracher. Peu de temps après, j'étais chez vous à vos côtés.

« A mon entrée parmi les vagabonds, j'avais retrouvé le nègre qui fut par votre ordre le bourreau de Marie... Le malheureux était macéré dans tout son corps... Sa vue me fut douce !... Si j'avais pu briser un homme dans une minute de ma colère, je parviendrais bien à vous perdre quand toute ma vie serait consacrée à cette œuvre.

Une fois, cependant, je doutai de mon entreprise. Un ange s'était placé entre vous et moi... Jeanne, votre mère, avait cru me reconnaître... Quoique son esprit fût incertain, son cœur l'éclairait... Elle sentait mes funestes desseins comme un orage dans l'air... Elle avait autant d'amour pour vous défendre que j'avais de haine pour vous poursuivre... qui de nous deux l'eût emporté ?.. La mort de Jeanne vint terminer la lutte, et je restai seul près de vous. »

Herman écoutait pâle, froid, anéanti!... tressaillant parfois... puis retombant dans son immobilité de marbre.

« Alors, continuait Pierre, je travaillai sans relâche à mon œuvre... Je portais votre livrée, je passais le jour, la nuit à vous servir, rien ne me coûtait... pas même le mensonge, l'hypocrisie!... Je vous voyais faillir, tomber... tomber chaque jour plus bas... et j'attendais le cœur palpitant de vous voir au fond de l'abîme. »

Il s'arrêta un instant; ses traits prirent tout à coup l'expression d'une douleur passionnée, et il reprit d'une voix vibrante d'émotion :

— Pourtant, Dieu le sait, je n'étais pas né pour le mal, mon âme n'était pas cruelle... Je m'en souviens... même en vous poursuivant avec cette implacable méchanceté, c'était l'amour, l'amour de Marie qui dominait en moi : morte, j'immolais cette victime à sa mémoire, comme vivante, j'aurais arraché la ronce qui eût blessé ses pieds adorés.

« Oui, continuait Pierre Augeville, un sentiment étrange m'inspirait. Je vous voyais souffrir, je comptais vos souffrances, et le poids de mon cœur se dégageait... Oh! la vengeance a de profonds mystères... Mes regrets devenaient moins amers, mon malheur passé s'adoucissait à mesure que je voyais le malheur fondre sur vous. Cette égalité suprême qui se rétablissait entre nous m'empêchait de renier Dieu.

« C'est ainsi que moi... moi si faible! du faîte où vous étiez, je vous ai amené, perdu, déshonoré, sur la paille d'une prison. »

A cet instant, un fort bruissement de fer retentit sous la lucarne du cachot.

C'étaient les chaînes, les anneaux destinés aux condamnés près de partir pour Rochefort qu'on jetait en monceaux dans la cour. Des apprêts bruyants, des coups de marteaux encore frappés sur les ferrures mal jointes, complétaient la terrible harmonie et achevaient de faire comprendre l'avertissement lugubre.

Les deux prisonniers prêtèrent l'oreille à ce bruit.

— Entendez-vous ? dit Herman.

— Ce sont des chaînes apportées aux condamnés.

— Ces chaînes sont pour nous !

— Elles vous attendent.

— Oh !... c'est trop !... mon Dieu !...

— Les hommes se sont chargés d'achever mon ouvrage, prononça Augeville. On eût dit que mon âme les inspirait... Au lieu de la mort, ils ont prononcé le bagne, au lieu du supplice d'un moment, le supplice éternel !

Herman jeta un cri qui semblait emporter le dernier souffle de sa vie.

— Vous frémissez, dit Pierre, vous trouvez horrible d'être brisé ainsi par la volonté cruelle d'un seul homme... Et que m'avez-vous donc fait, à moi, demanda-t-il en levant un regard qui attestait le ciel. Croyez-vous donc que je ne fusse pas aussi paisible, heureux, quand vous êtes venu tout à coup me frapper, m'anéantir ?... Est-ce qu'il n'y avait pas aussi pour moi une délicieuse existence dans la tendresse de mon vieux père, dans l'amour de Marie, dans ces mots du cœur épanchés après une journée de travail, au milieu de la verdure que nous avions cultivée, sous le ciel radieux qui souriait à notre joie !... Etais-je donc partagé de moins de douceurs pour en jouir dans l'obscurité ? Etais-je moins fortuné, moins puissant que vous, quand la richesse de la nature, quand le cœur d'une jeune fille, belle et pure, m'étaient donnés dans mon humble campagne ?...

« Vous n'y avez pas pensé, cependant ; en une minute, vous avez tout détruit... Marie est morte dans l'effroi seul du supplice que vous aviez préparé pour elle ; mon père, fou de douleur, est resté abandonné sur une terre flétrie, plus triste que la tombe... Et moi, je leur ai survécu pour supporter seul le souvenir de tant de maux... Après cela, mon Dieu, qu'ai-je donc fait en vous perdant !... Ai-je rendu le mal qui m'avait été fait ?... Ah ! c'est moi qui suis fou d'avoir cru me venger... Vengeance ! mot impuissant, illusion qui berçait mon désespoir !... J'ai voulu rendre souffrance pour souffrance... Insensé !... Etre déshonoré aux yeux des hommes, condamné à vivre d'opprobre, entendre forger des fers, voir se lever le jour où on prendra chaîne, qu'est-ce que tout cela, mon Dieu!... Ah! j'ai bien plus souffert en voyant mourir Marie! »

A ces mots, Pierre, brisé de l'impression qu'il rappelait, tomba à genoux sur la dalle du cachot.

Le jour baissait peu à peu; on ne voyait plus cette figure solennelle que dans une teinte d'ombre qui s'étendait sur elle comme un voile, et l'enfermait seule avec son éternelle douleur.

Herman, après les premiers instants d'étourdissement, de stupeur, envisagea enfin la fatalité qui l'avait poursuivi dans toute son effrayante vérité; à sa première surprise, morne, épouvanté, succéda une fièvre ardente.

A la nuit venue, tous les bruits de la prison cessèrent; un calme sombre régnait dans toute la profondeur de ces murailles. Herman était seul avec cet étrange et implacable ennemi qu'il distinguait vaguement, toujours agenouillé au pied de la muraille, à la lueur blanche de chaque étoile qui passait lentement devant le soupirail.

Les heures s'écoulèrent ainsi. Livré à la fièvre, à cet état de frémissements continuels, de troubles délirants, Herman, sans cesser de voir sa situation telle qu'elle était, y ajoutait encore les sombres prestiges d'une imagination égarée par l'effroi... dans le cours de cette nuit de doute et d'épouvante, il se reportait sans cesse au temps qui avait suivi son premier crime; il se retrouvait d'une manière frappante à ces nuits de fièvre, de délire, où le grondement sourd de la rivière redoublait les battements de son sang, où il se voyait entouré de tristes fantômes formés dans la nuit d'une blancheur mystérieuse, et passant sans cesse autour de lui... Mais en ce moment, la désolante vision était une réalité : Pierre Augeville était là!

Quand le jour commença à poindre, les esprits d'Herman étaient tellement égarés et affaiblis par la souffrance, qu'il vit et entendit ce qui se passa alors comme dans un rêve.

Pierre, faiblement éclairé par la lueur pâle qui pénétrait dans le cachot, était toujours prosterné sur la terre; il tenait entre ses mains une longue chevelure noire, et les yeux élevés vers le soupirail, il regardait le ciel qui se dévoilait au matin.

Il disait d'une voix puissante encore dans son ineffable douceur :

— Marie!... ma tâche est enfin accomplie... je vais te

rejoindre... Pardonne-moi de t'avoir laissée si longtemps seule au ciel... Ces années d'exil que je m'étais imposées pour une grande réparation sont terminées... Elles m'ont paru bien longues sur la terre, où aucun souffle ne réchauffait mon cœur.

Il s'arrêta et parut écouter une voix saisissable pour lui seul.

— Oui, répondit-il ensuite, je t'ai toujours aimée : aimée comme le jour où, te recueillant tout enfant dans mes bras, je t'appelai *ma fille*... comme le jour où, te donnant le premier baiser, je t'appelai *ma femme*... comme dans ce moment aussi où tu expiras appuyée sur mon cœur, où tu pris tes cheveux déroulés et les approchas de mon sein pour me dire de les garder après toi... Je t'ai toujours aimée comme dans le matin pâle, brumeux, semblable à celui-ci, où je me précipitai dans les eaux pour mourir après toi... Plus heureux aujourd'hui.... Marie.... je vais te rejoindre!

Pierre prit un poignard caché sur sa poitrine, il se frappa d'un coup mortel, et tomba sur le carreau.

XXIV

LES DEUX DÉPARTS

Lorsque les gardiens descendirent dans le cachot, à la visite du matin, le suicide du condamné Pasqual fut découvert et constaté.

On ne put attribuer la mort du prisonnier qu'à lui-même. La force de caractère et l'insouciance étrange que cet homme avait montrées pendant le cours du procès ne laissaient pas concevoir de doute sur l'acte de courage désespéré par lequel il venait de disposer de lui-même. Le corps fut enlevé et déposé dans une chambre supérieure.

Alors seulement, Herman de Rocheboise sortit de sa léthargie douloureuse, et sentit peu à peu s'éclairer et se fortifier son âme. Ce moment était pour lui comme celui du réveil à la suite d'un songe dont la durée eût embrassé des années entières.

Pendant la journée qui suivit, il eut le temps de se replier sur lui-même.

Il était perdu. Vingt-quatre heures ne devaient pas s'écouler avant qu'il fût obligé de subir son horrible destinée, ou de s'y soustraire par la mort... Mais au milieu de la tristesse mortelle qu'amenait cette alternative, il éprouvait encore un profond soulagement d'être délivré de la honte et du mépris de lui-même. Sa première faute lui semblait expiée par la punition terrible qui l'avait suivie, et il se sentait en quelque sorte dégagé de la responsabilité des autres crimes accomplis sous la puissance occulte qui le poussait fatalement au mal et à la ruine.

Dans les heures solitaires du cachot, une autre pensée eut aussi le temps de se présenter à lui pour lui apporter quelque consolation.

Il savait maintenant que ce n'était point à celui connu si longtemps sous le nom de Pasqual qu'il était redevable des soins bienfaisants dont le charme avait répandu une empreinte moins sombre sur le temps de sa captivité... Ce billet trouvé sur le banc du préau ne venait point de lui non plus... Herman apercevait donc, dans le vague de ce monde maintenant si loin de lui, un être compatissant à son malheur, fidèle à son souvenir... Son nom était ignoré... il le serait sans doute toujours; mais enfin, cet être existait et sa pensée seule suffisait à rendre un peu de résignation et de courage.

Le soir, Herman ne se coucha point. Il voulait épuiser cette solitude de la prison, qui semblait encore un bienfait auprès de la situation qui allait la suivre.

Il compta les heures. L'une amena le crépuscule qui terminait son seul jour de repos après tant de tourmentes... l'autre fit naître les ténèbres profondes qu'il n'était plus permis au prisonnier de dissiper par aucune lumière... l'autre enfin marqua la cessation de tout bruit, le semmeil de la prison, qui laissait Herman seul à souffrir dans cette vaste enceinte... Une heure de plus vint encore apportant aussi sa tristesse de mort.

Mais, à ce moment avancé de sa veillée, les fermetures de la porte du cachot rendirent un léger grincement, semblable à celui que le fer produit de lui-même dans le repos de la nuit.

Le prisonnier ne pensait pas que ce faible mouvement eût pu faire ouvrir sa porte, qui ordinairement ne cédait qu'à grand bruit... cependant il entendit marcher près de lui.

Quelqu'un lui prit la main en disant :

— Venez !

A ce seul mot, il reconnut la voix de Gauthier.

— Déjà ! s'écria Herman dans le trouble de la surprise, déjà partir... pour Rochefort !

— Pour le lieu qui vous plaira... vous serez libre.

— Libre... grand Dieu ! est-ce bien sûr ?

— Non, rien n'est moins sûr, car nous courons force dangers dans la fuite... pourtant il faut tenter.

— Gauthier... c'est vous qui venez me faire une offre semblable !... Mais vous vous perdez en me sauvant !

— Si je vous sauve, je ne crains pas les reproches qu'on pourra me faire ici demain, car je serai parti avec vous.

— Et si on nous découvre ?

— Vous n'y risquez rien, vous êtes condamné à perpétuité, on ne peut allonger votre chaîne. Moi, j'en aurai pour dix ans de cachot.

— Ah ! grand Dieu !

— Qu'importe... J'ai des raisons pour détester ces murailles... Et si je dois rester sans cesse me promener autour des cabanons, il vaut autant mourir de chagrin dedans qu'à la porte. Allons !

Herman, au moment de passer le seuil du cachot, dit encore :

— Songez-y... nous pouvons peut-être sortir cette nuit, mais sans moyens de quitter la ville, nous serons arrêtés demain.

— Une fois hors d'ici, l'ami qui vous emmène se charge de tout.

— Que dites-vous ! quel ami ?

— Celui qui a décidé, réglé l'entreprise... Il vous attend ici près, dans une voiture.

— Mais qui est-il ?

— Je n'en sais rien.

— Comment, à quel titre, par quel intérêt peut-il s'exposer ainsi pour moi ?

— Ça ne me regarde pas... quand vous aurez retrouvé la liberté, vous verrez s'il vous convient ou non d'être sauvé par lui.

Cette simplicité, ce calme du vieillard dans un pareil moment avaient une sorte de grandeur. Herman n'hésita plus ; il lui donna la main et se laissa guider par lui.

Ils suivirent quelque temps le couloir souterrain, d'où on entendait au-dessus les pas de la sentinelle de nuit ; ils retenaient leur haleine, et leur marche ne soulevait aucun bruit.

Après avoir monté un escalier tournant, Gauthier ouvrit avec le même silence une porte qui donnait dans la cour de Charlemagne.

La nuit était d'un bleu foncé, mais semé d'étoiles, et la forme de deux hommes devait se détacher un peu de ses ombres. Le préau était entouré d'innombrables fenêtres... un gardien de veille pouvait distinguer les fugitifs de la croisée d'un corridor... un prisonnier, privé de sommeil, pouvait les apercevoir de sa cellule et donner l'alarme... Chaque pas dans cet endroit, chaque minute, chaque seconde était un affreux danger.

Ils traversèrent ainsi la largeur du préau. Puis soudain Gauthier s'arrêta.

Il était devant la place de l'ancienne ouverture par laquelle communiquaient autrefois, d'une cour à l'autre, les enfants de madame Kolli, de la veuve condamnée à mort par le tribunal révolutionnaire. Un mur, comme on l'a dit, avait remplacé la grille et fermait ce passage percé très-bas.

Gauthier se courba vers la terre, et, sous la portée des regards qui pouvaient à toute minute tomber sur lui, il se mit à enlever pierre à pierre la maçonnerie dont il avait travaillé toute la nuit précédente à détacher le ciment, et mit à cette opération toute la lenteur patiente qu'elle demandait.

Le déblaiement terminé offrit un cintre dans lequel le corps d'un homme pouvait s'introduire. Le cœur d'Herman palpita d'espérance.

Il fut très-surpris cependant lorsqu'il vit Gauthier, au lieu de se hâter de franchir le passage, s'agenouiller devant cette place.

Dans l'ombre, on ne distinguait rien de la forme sombre du vieillard que sa figure pâle et l'expression de piété profonde qui y était empreinte. Son corps s'effaçait dans la nuit; son âme seule apparaissait faiblement à la lueur des étoiles.

Il dit en joignant les mains :

— Il y a cinquante ans qu'à cette même place, j'ai reçu de la pieuse martyre une mèche des cheveux que le bourreau venait de faire tomber de sa tête pour la conduire à l'échafaud... Au ciel, les années ne comptent pas... Que ma mère me bénisse encore à cette heure, comme dans le moment où elle m'envoyait ce tendre souvenir, car je vais tenter d'arracher un malheureux à cette prison où nous avons tant souffert!

Gauthier fit le signe de la croix et se releva.

— Dieu! s'écria Herman, vous êtes...

— Gauthier Kolli... victime de cette prison dans mon enfance et forcé, plus tard, d'y sacrifier ma vieillesse.

Herman ne put se livrer à l'émotion que ce rapprochement étrange faisait naître en lui; son libérateur franchit le passage en lui disant vivement :

— Suivez-moi!

Après avoir passé en rampant sous le cintre épais de la muraille, ils se trouvèrent dans une cour maintenant abandonnée et entourée de murailles en décombres.

Herman, en se voyant dans cet endroit solitaire, laissa entendre une sourde exclamation de joie.

— Ne vous pressez pas de vous réjouir, dit le vieillard; si on nous a aperçus des façades, on ne serait pas arrivé à temps pour empêcher notre évasion du préau; mais c'est à la sortie de ces décombres que nous trouverions un piquet de brigadiers pour nous recevoir.

Les fugitifs avaient alors à leur droite un espace très-découvert, grâce à la ruine des pans de murs qui le fermaient; mais, au lieu de se diriger de ce côté, Gauthier, qui marchait dans ce défilé en suivant des indications qu'il cherchait à se rappeler à mesure, inclinait vers la partie centrale de la prison, où, du reste, l'ombre des murailles le cachait davantage.

Ils avançaient légèrement dans ce terrain de pierres et de mousse; leur marche ne faisait pas même lever un oiseau des murailles; l'espérance semblait les soulever dans ce moment de fuite, où chaque pas de plus était un succès remporté et promettait mieux l'heureuse issue de l'entreprise... Herman avait des frémissements de bonheur... il pensait à cet ami généreux qui l'attendait si près de là et prononçait déjà en lui-même les paroles par lesquelles il allait lui rendre grâce.

Après avoir longé quelque temps un chemin de ronde, ils allaient arriver bientôt à l'issue vers laquelle Gauthier se dirigeait, lorsqu'ils virent subitement des lumières apparaître au tournant d'un corridor, et en même temps ils entendirent retentir des pas...

Le vitrage, élevé et troublé par le temps, ne laissait en distinguer à l'intérieur; mais on reconnaissait, au bruit des pas, qu'ils étaient produits par un rassemblement de plusieurs hommes d'armes.

A cette heure, où tout devait être éteint et endormi dans la prison, ce mouvement extraordinaire annonçait, d'une manière presque certaine, l'arrestation des deux fugitifs.

Ce ne fut qu'un éclair; les lumières disparurent sans qu'on pût voir la direction qu'elles avaient prises; mais Herman frémit à leur vue et resta pétrifié à sa place. Maintenant que l'espoir était entré dans son âme, il eût souffert mille morts en le perdant...

— Nous saurons bientôt ce qu'il en est, dit Gauthier en continuant à marcher.

Herman le suivit.

— Je vous disais bien, reprit le vieillard, que si nous avions été aperçus, c'est à la sortie de ce passage, dans les démolitions, qu'on viendrait nous attendre. Il n'y a qu'une issue praticable pour des fugitifs; les autres donnent du côté du corps de garde... nous arriverons bientôt à la première... Là, nous serons arrêtés... ou nous n'aurons plus qu'un étroit caveau à traverser pour être dans un endroit où s'ouvrira d'elle-même la dernière porte de la prison.

Au bout de quelques minutes, arrivé à la sortie qu'il cherchait, Gauthier l'ouvrit d'une main qu'aucun trouble n'agitait, et qui ménageait adroitement le bruit de la serrure.

Les ténèbres! le silence! ce fut tout ce qu'ils rencontrèrent en franchissant le seuil; jamais la lumière céleste la plus radieuse ne parut aussi belle que cette ombre muette ne le semblait aux yeux des fugitifs.

Gauthier, dans l'obscurité, promena sa main sur l'étendue de la muraille, et ayant rencontré un panneau de bois, y frappa légèrement trois coups.

Un mouvement se fit de l'autre côté; les planches glissèrent sur elles-mêmes.

Prenant ce passage, ils se trouvèrent dans la cantine.

Une bonne vieille femme, qui venait d'ouvrir une porte condamnée depuis longtemps, souffla sa lampe, prit Herman et son compagnon par le bras, et, en un clin d'œil, leur fit franchir la porte de la rue, qui se referma sur eux avec la même vitesse.

Ils étaient en liberté!

Là cependant le péril le plus pressant les attendait.

L'entrée principale de la Force est dans la rue du Roi-de-Sicile ; c'est là qu'on monte la garde ; dans la sombre et imposante façade qui règne sur la rue Pavée, se trouvent seulement un portail guicheté qui s'ouvre pour les voitures, puis la petite porte de la cantine.

C'était là que les captifs venaient de sortir ; mais leur embarras fut extrême, lorsqu'au lieu d'une voiture qu'ils espéraient rencontrer, ils en virent deux, stationnant à peu de distance de la prison : l'une à leur droite, du côté qui va rejoindre la rue Culture-Sainte-Catherine; l'autre à gauche, près de la rue du Roi-de-Sicile.

Ils voyaient ces voitures à la faible clarté des réverbères, sans les distinguer assez pour se guider dans leur décision.

Mais comme sujet de trouble bien plus grand, le portail de la Force, dont on ne se sert que dans les occasions extraordinaires, était ouvert en ce moment de la nuit, et il y parut bientôt des lumières.

Herman et Gauthier se jetèrent éperdus sous la voûte creusée au milieu de cette lourde façade et attendirent là, dans le plus imminent danger qu'ils eussent encore couru.

. . . .

Dans la journée qui précédait cette nuit d'évasion, voici ce qui s'était passé.

Robinette était instruite, depuis la veille au soir, du jugement qui condamnait Pasqual au bagne à perpétuité.

Dans la lettre que celui-ci avait remise à la jeune fille deux jours auparavant, et à laquelle il avait joint d'autres papiers, il demandait à son ancienne amie de faire pour lui quelques démarches, dont elle devait s'acquitter le lendemain du jugement.

D'après la recommandation de Pasqual, qui lui disait de prendre avec elle deux de ses compagnons lorsqu'elle irait remplir ces commissions, elle choisit, pour l'accompagner, le brave petit Pierrot, qui valait bien un plus grand garçon pour la raison et le courage, et l'aveugle François, pénétré pour Pasqual d'une ancienne reconnaissance.

Puis la jeune fille suivit les instructions qui lui étaient données.

Elle se rendit avec ses deux compagnons au bureau de la Préfecture. Là, elle remit la lettre de Pasqual qui contenait les deux billets de mille francs, et il lui fut délivré en retour un papier chargé de timbres, dont elle n'examina point la teneur.

Munie de cette pièce, elle s'achemina vers la prison de la Force; la matinée n'était pas achevée lorsqu'elle y arriva; elle fut introduite auprès du directeur.

Celui-ci lut attentivement la lettre de Pasqual, qui lui était adressée, et le permis de la Préfecture, également remis entre ses mains par Robinette.

Sa décision, après ces deux lectures, se formula par ce peu de mots :

— Je n'ai point à m'opposer à cela.

Pasqual, en demandant à Robinette de venir à la prison le jour qu'il désignait, avait ajouté : « On te laissera pénétrer jusqu'à moi. »

En effet, le directeur, passant dans la salle voisine, parla quelques instants à un gardien et finit en lui disant de conduire la jeune fille et ses deux compagnons à une chambre qu'il désigna.

Les trois personnes introduites dans la prison en parcoururent l'étendue en silence : Robinette, heureuse de revoir Pasqual encore une fois, et triste de le perdre ensuite pour toujours; le petit marchand d'oiseaux, prenant déjà la physionomie de bonté grave et recueillie qu'on doit montrer à un condamné; le pauvre François, tenant ses mains jointes et priant Dieu de toute son âme pour le malheureux prisonnier.

Robinette, en entrant dans la cellule, vit Pasqual étendu mort sur sa couche.

La jolie bohémienne pleura de douleur pour la première fois.

Pierrot se découvrit respectueusent, et François s'agenouilla devant le mort.

Le gardien expliqua alors à la jeune fille ce qu'elle ignorait entièrement. Pasqual se nommait Pierre Augeville ; il avait demandé, en offrant pour cela la somme d'argent nécessaire, à être transporté, après sa mort, dans le cimetière de Vaugirard et déposé dans la fosse sur laquelle une pierre tumulaire portait les noms de *Pierre et Marie*. C'était Robinette qui venait de présenter cette requête à la Préfecture et d'en rapporter le permis. Pierre avait également écrit au directeur de la prison, pour lui exprimer son désir et lui dire qu'il chargeait les trois personnes par lesquelles sa lettre serait présentée d'exécuter sa dernière volonté et de prendre soin de sa dépouille mortelle.

Les anciens compagnons du défunt sortirent donc de la prison pour attendre le soir.

Les apprêts nécessaires à l'humble convoi les retardèrent même au delà du temps indiqué, et il était plus de onze heures lorsqu'ils purent revenir à la Force.

Ils traversèrent les longs corridors, accompagnés de deux hommes qui portaient un cercueil et de quelques employés de la prison. C'étaient les lumières et les pas de ce petit rassemblement qui, venant tout à coup frapper Herman et Gauthier dans leur fuite, leur avaient causé un effroi cruel, mais heureusement vain.

Après quelques prières prononcées par l'aumônier de la prison sur le corps du défunt, les personnes chargées de ce triste dépôt le firent emporter.

Robinette en ce moment pensait au serment qu'elle s'était fait à elle-même devant les murs de cette prison. Quand elle projetait de faire évader Pasqual de la Force, elle s'était dit solennellement : « Lorsqu'il repassera le seuil de cette porte, ce ne sera qu'avec moi ! Et ce serment d'enfant se trouvait bizarrement et tristement rempli.

Gauthier et Herman, de l'endroit où ils s'efforçaient de se tenir dérobés, virent donc, comme nous le disions, des lumières apparaître au portail qui venait de s'ouvrir. Entre la clarté des flambeaux passa un cercueil voilé de noir, puis un petit nombre de personnes qui le suivaient

Ce convoi ne pouvait être que celui du prisonnier dont le suicide avait terminé les jours.

Herman mit la main sur son cœur, qui battait à se rompre, et se dit en lui-même.

— Adieu, Pierre Augeville... pardonne-moi... je te pardonne de toute mon âme !

Après le cercueil venaient lentement les trois amis qui accompagnaient les restes de Pierre Augeville. Une fille, qui l'avait bien aimé, un brave et noble enfant qui tendait de toutes ses forces vers une existence laborieuse et pure, un pauvre aveugle qui, dans sa vieillesse, mendiait au milieu d'éternelles ténèbres, et allait bientôt mourir de misère.

C'était bien là le cortège naturel de cet homme du peuple, né pour les simples vertus, et brisé dès son entrée dans l'existence par la faute des grands.

Le portail de la prison se referma. Le convoi se dirigea à gauche de la rue, vers une longue voiture disposée à recevoir le cercueil et ceux qui l'accompagnaient.

Les fugitifs reconnurent alors que la voiture stationnant du côté de la rue Culture-Sainte-Catherine était celle qui les attendait, et ils tournèrent rapidement de ce côté.

La portière d'une calèche était cuverte, le marchepied baissé ; Herman allait s'élancer dans l'intérieur, lorsque Gauthier l'arrêta par un vif mouvement.

— Un instant, dit-il. Celui qui a veillé sur vous pendant votre captivité, qui vous sauve à présent exige de vous une seule chose en retour, comme preuve de votre reconnaissance.

— Oh ! dites !... parlez !

— C'est de ne pas lui adresser un seul mot tant que vous serez près de lui dans la voiture.

Herman fut étrangement surpris du genre de remerciements qu'on lui demandait, mais le temps pressait; il se jeta dans le fond de la voiture, où une place était déjà occupée. Gauthier monta après lui.

Ne pouvant attribuer sa délivrance qu'à un de ses amis, Herman espérait bien, malgré le silence imposé par lui et le secret qu'il paraissait vouloir garder, le reconnaître au premier instant.

Mais l'intérieur de la calèche était complétement obscur; il était impossible d'y découvrir aucnne forme... Seulement, à un mouvement que fit l'inconnu en relevant la main, son monchoir passa devant la portière où tombait un rayon de réverbère, et Herman reconnut le foulard blanc à bordure bleue que portait le jeune amateur de monuments en venant visiter la prison.

Les deux voitures s'ébranlèrent en même temps et s'éloignèrent par des chemins différents.

Pierre Augeville, après les longs orages des passions violentes, allait dans le petit cimetière abandonné, reposer auprès de Marie, sous le berceau d'églantiers. Herman, réhabilité par la plus douloureuse expiation, partait pour un but inconnu, mais où l'avenir lui réservait sans doute des jours moins sombres.

XXV

L'INCONNU

La voiture qui renfermait les deux fugitifs de la prison et leur protecteur inconnu, traversait la ville en tenant ses stores baissés, et en roulant au pas le plus rapide des chevaux.

En cheminant ainsi silencieusement, les voyageurs franchirent une barrière, puis un long faubourg, et laissèrent enfin toute habitation derrière eux.

Une fois hors de la portée des réverbères, le maître de la voiture leva les stores, et Herman, au milieu de la nuit aussi foncée que radieuse d'étoiles, aperçut la pleine campagne.

Après avoir marché deux ou trois heures, la calèche quitta le grand chemin, roula quelques instants sur un sentier de gazon et s'arrêta.

On était devant une petite maison entièrement fermée et qui ne laissait apercevoir aucune lumière. Cependant, la porte d'une cour s'ouvrit, et, arrivés là, les voyageurs descendirent de voiture.

Herman, dès qu'il eut mis pied à terre, regarda autour de lui. Gauthier était à ses côtés, mais l'élégant jeune homme qui était venu un jour visiter la prison de la Force et en enlevait maintenant le prisonnier, descendant par l'autre portière, avait déjà disparu.

— Il était temps d'arriver, dit Gauthier; le ciel commence à blanchir au matin.

En même temps, il fit entrer Herman dans l'intérieur, et, l'usage de la lumière paraissant inconnu dans cette maison, il le conduisit en tendant les mains devant lui jusqu'à une chambre à coucher dont, malgré l'obscurité, on sentait d'abord, en entrant, le bien-être et l'agréable habitation.

Puis le vieillard, après avoir recommandé à Herman de se livrer bien vite au repos dont il avait tant besoin, se retira dans une pièce voisine.

En effet, après tant de cruelles fatigues de corps et d'âme, Herman, dès qu'il se sentit sous les rideaux soyeux de sa nouvelle couche, tomba dans un sommeil profond et dormit jusqu'à une heure très-avancée du lendemain.

En s'éveillant, il vit sur la tenture les rayons du soleil qui décrivaient régulièrement les lames d'une jalousie. L'atmosphère suave et légère qu'il respirait répandait dans ses veines une douceur et une force nouvelles.

Il se leva et ouvrit le vitrage de sa fenêtre. Son habitation était au milieu d'un enclos fermé sans doute depuis longtemps et empreint de ce charme que la solitude donne à la nature.. Heureux abandon dans lequel toutes les allées étaient devenues gazon, toutes les plantations, broussailles et fourrés, toute l'étendue un seul chant d'oiseau.

Herman allait lever la jalousie pour mieux jouir de la douceur de l'air, lorsque Gauthier, en entrant, arrêta ce mouvement.

— Non pas, monsieur, n'en faites rien! cette maison est inhabitée depuis longtemps, et il est bon qu'elle semble toujours fermée aux yeux des gendarmes qui viendraient à passer sur la route.

Un domestique apportait en ce moment une petite table servie.

— Tout ce qu'on peut faire continua Gauthier, est de placer votre table auprès de la fenêtre... là... vous respirerez tout à votre aise.

— Et lui? dit vivement Herman dès que le domestique se fut retiré. Lui ?... cet ami généreux.

— Ah! notre beau libérateur? Vous ne le retrouverez que ce soir dans la chaise de poste qui doit nous emmener.

— Là, seulement?

— Il s'occupe aujourd'hui de pourvoir à la sûreté du voyage, de se procurer des papiers en règle et des chevaux.

— Nous allons donc encore plus loin?

— Belle demande!... Est-ce que nous pouvons rester aux portes de Paris? Croyez-vous que la prison ait si peu souci de ses enfants, qu'elle les laisse ainsi partir sans leur donner de regret ni témoigner sa sollicitude. Dès ce matin, tandis que vous dormiez encore, police et gendarmerie étaient à notre recherche; vingt brigadiers galopaient de tous côtés, signalement en main, pour retrouver le prisonnier échappé de sa chaîne, et ce traître de geôlier qui, au lieu de le retenir sous les verrous, s'est enfui avec lui.

— Cela est fort étrange, en effet..., et, je vous en supplie, expliquez-moi enfin ce mystère.

— De tout mon cœur... le temps d'aller déjeuner aussi, et je reviens tout vous conter...

— Non, non, mon cher Gauthier, ne me quittez pas... Mettez-vous à table avec moi, et causons vite.

Tous deux prenaient déjà part à un déjeuner de campagne aux mets simples, mais substantiels, et Herman répétait avec plus de vivacité :

— Vous allez tout me dire : comment cet inconnu a

voulu me sauver, comment vous avez pu servir un tel projet.

— Tout absolument.

— Ah ! merci ! s'écria Herman en lui serrant la main, je vais donc savoir à qui je dois plus que la vie.

— Peu de jours après votre arrivée à la Force, raconta Gauthier en continuant de déjeuner, on me fit demander à l'hôtel garni qui touche à la prison. Le domestique, qui était venu pour me chercher, me conduisit dans un salon où je trouvai un jeune homme d'une figure distinguée et prévenante, mais qui avait l'air profondement préoccupé... Lorsque j'entrai, il était encore en robe de chambre, appuyé sur les coussins d'un canapé, et avait laissé tomber sa longue pipe près de lui...

« Il me demanda d'abord si je n'étais pas le gardien du département de la prison dans lequel se trouvait le détenu Herman de Rocheboise. Sur ma réponse affirmative, il me pria de vouloir bien faire placer dans votre cellule des tentures, un lit, une pendule et quelques meubles qu'il enverrait à la Force. Il me demandait instamment de faire opérer ce changement dans votre ameublement, tandis que vous seriez descendu dans le préau, et m'offrait 50 fr. pour la peine que je voudrais bien prendre.

« Il n'y avait rien là qui fût contraire à mes devoirs ; les meubles, visités au greffe, pouvaient ensuite être portés dans votre chambre ; le reste n'exigeait qu'un peu de complaisance ; je fis exécuter ce qui m'était demandé, et refusai la récompense.

« J'avais oublié cet incident, lorsque, il y a peu de jours, et quand votre procès touchait à son terme, je vis ce même jeune homme qui venait visiter l'intérieur de la Force. Le directeur l'accompagnait, et j'ouvrais les portes devant eux.

« L'étranger parcourait avec une curiosité extrême cet antique édifice ; Il examinait chaque détail et semblait en chercher d'autres encore. Enfin, arrivé devant la muraille où se trouvait autrefois l'ouverture grillée, il en reconnut la trace, et dit avec une vive émotion : *C'est là !*

« Alors, soit pour rester plus longtemps à cette place, soit pour cacher au directeur l'intérêt qui l'y amenait, il raconta l'épisode de la veuve Kolli et de ses deux pauvres enfants.

« Jugez, monsieur, ce que j'éprouvais en écoutant ce récit de notre captivité et des derniers moments de ma mère dans une bouche étrangère, mais fait avec une voix dont les vibrations m'allaient jusqu'à l'âme...

— Il est vrai, mon cher Gauthier, interrompit Herman... et cela dans cette prison même où vous aviez été détenu, où vous vous retrouviez alors dans une condition différente... Apprenez-moi donc ce secret de votre bizarre destinée.

— Il est bien simple, monsieur. Ma mère, comme vous le savez, périt sur l'échafaud, mais par un décret de la convention de l'an II, les orphelins laissés par les suppliciés étaient recueillis et adoptés par l'Etat sous le titre *d'Enfants de la Patrie*. Je quittai donc la prison dans le mois de novembre qui suivit la mort de ma mère, et, remis entre les mains du citoyen Ferrières, du comité de secours, je fus placé par lui dans une maison de bienfaisance.

« Mais dès que les années vinrent éclairer un peu ma raison, je m'indignai de recevoir une misérable charité de ceux qui avaient massacré mes parents et confisqué mon héritage. Je désertai cet asile odieux, et je me livrai au hasard pour le soin de pourvoir à mon existence. Avec du courage et de la persévérance, je pus vivre; mais sans éducation et sans appui, je n'occupai jamais que des emplois subalternes : c'est ainsi que j'ai fourni ma longue carrière.

« Cependant à l'âge avancé, le travail devint plus difficile; il se trouvait peu de conditions alors que je pusse remplir. Je ne sais par quelle fatalité... ou quelle providence on m'offrit un emploi de surveillant dans cette même prison où j'avais été enfant. Je refusai longtemps... mais je pensai à ma sœur et je me résignai. Cette pauvre petite Cocotte, qui venait autrefois à travers la grille me donner des nouvelles de ma mère... Après avoir été élevée, ainsi que moi, comme *Enfant de la Patrie*, s'était retirée dans un hameau près de Lorient, lieu de notre naissance... Notre rêve le plus cher était d'y finir nos jours ensemble...

« Il me fut impossible pourtant de me faire à ma situation.

« Mes répulsions pour ce triste ministère étaient aussi vives qu'à mon arrivée, le jour où ce jeune étanger vint visiter la prison... Oh! l'âme de ma mère veillait peut-être encore sur moi... A cette même place où elle me bénit en allant à la mort, et grâce à son souvenir rappelé, il venait de naître pour moi un avenir meilleur...

— Comment ! dit Herman, ce fut cette circonstance qui décida de votre évasion ?

— De ma délivrance, de ma réunion prochaine avec ma sœur... Ecoutez-moi maintenant. Pénétré de l'accent sympathique avec lequel ce jeune homme avait parlé de nous, victimes obscures et depuis si longtemps oubliées, j'allai le voir le soir même. Il m'avait paru si bon, si généreux à notre première entrevue, que je cédai au mouvement qui m'entraînait vers lui.

« Je lui dit alors qui j'étais et tous les sentiments qui remplissaient mon cœur.

« A mesure que je parlais, ses grands yeux noirs s'éclairaient d'une vive lumière, une exaltation extrême se peignait sur ses traits. Par un mouvement étrange, il pressa sur son sein un livre qu'il tenait lors que j'étais entré. C'était le livre des ***Prisons de l'Europe***, dans lequel il avait lu tous les détails concernant le maison d'arrêt de la Force.

— Ecoutez-moi, dit-il. Vous me parlez avec toute confiance, après m'avoir vu un instant; moi, je vais vous répondre de même sans vous connaître davantage, et, je le sens, nous ne serons trompés ni l'un ni l'autre.

« Là, dans ce livre, continua-t-il, au sujet de l'épisode qui concerne votre malheureuse famille, j'ai vu que cette ouverture par laquelle vous vous entreteniez autrefois avec votre sœur communique maintenant à des bâtiments abandonnés, d'où on arrive à la cantine... En rouvrant la place où fut la grille, on peut faire évader un prisonnier... Et je veux, moi, rendre un prisonnier de la Force à la liberté.

« A ces mots, il me regarda fixement. Mes yeux ne peignaient que l'admiration pour son généreux courage. Il continua avec confiance :

— C'est pour cela que je suis allé dans ce vieil édifice chercher partout la trace de ce passage ; je l'ai retrouvée. Et dans le moment où je parlais de cette communication, dont la pensée vous est si douloureuse et si chère, nous étions également émus, vous de souvenir et moi d'espérance.

« Il fallait cependant qu'un des familiers de la prison secondât mon dessein, et je désespérai de le trouver à prix d'or... Le ciel vous a envoyé à moi. Ce n'est pas une récompense matérielle que je vous offre, à vous qui avez tant souffert dans vos plus chères affections, c'est une autre existence que celle qui vous pèse, c'est la douceur, la paix de l'âme auprès de votre sœur. Si vous voulez emmener une nuit, de la Force, Herman de Rocheboise, prisonnier aujourd'hui, condamné demain, je vous remets une somme qui assurera votre existence, celle de votre sœur, et je vous donne les moyens de vous réunir à elle.

« Je regardai ce jeune homme avec surprise et j'hésitai à répondre. Ce projet, je l'avoue, me parut d'abord empreint d'une teinte de folie.

« Il lut dans ma pensée, et reprit :

— Pour les difficultés matérielles que semble présenter cette entreprise, c'est moi qui me charge de les aplanir. J'ai étudié ici, continua-t-il en passant la main sur son livre ouvert, les circuits du vieux monument de la Force; j'ai tout réglé, tout dirigé d'avance pour le trajet, vous n'aurez qu'à suivre les indications que je vous donnerai. La bonne vieille femme qui tient la cantine vous laissera traverser sa demeure pour gagner la porte de sortie; je me charge d'obtenir son consentement. Je prendrai aussi les dispositions nécessaires pour que vous puissiez tous deux, en quittant la prison, fuir aussitôt loin de Paris.

« Il continua, pour achever de me donner confiance en l'avenir :

— Pour vous, on ne vous connaît à la maison d'arrêt que sous le nom de Gauthier; et lorsque vous aurez repris votre nom de famille dans un petit village au fond de la Bretagne, vous serez entièrement à l'abri... Dites, maintenant, voulez-vous faire des heureux en le devenant vous-même?

Gauthier pouruivit :

— L'accent inspiré de cet admirable jeune homme, bien plus encore que ses paroles, me séduisit entièrement.... Je baisai la main qu'il me tendait... j'y laissai tomber une larme... et je promis tout ce qu'il voulut.

« C'est ainsi, termina le vieillard en levant sur Herman un regard heureux et fier, c'est ainsi que vous avez été sauvé. Un projet si hardi, tenté par la seule inspiration du cœur, a complétement réussi. Et, grâce au ciel, vous êtes ici libre et en sûreté. »

— Oh! s'écria Herman ému jusqu'au fond de l'âme, je n'ai pas voulu vous interrompre, je recueillais avec transport chacune de vos paroles... Mais celui qui rend la liberté... ce jeune homme si noble, si courageux, vous ne m'avez pas dit son nom.

— Son nom ?

— Que je le connaisse, enfin !

— Mais je l'ignore entièrement.

— Quoi ! vous ne savez rien de plus ?

— Rien.

— Mon Dieu ! reprit Herman, encore trompé dans son espérance, cherchez bien dans vos souvenirs. La moindre circonstance pourrait servir à me le faire reconnaître.

— Attendez ! c'est lui encore qui, le jour où il vint à la Force, et lorsque nous avions déjà eu un entretien au sujet des embellissements qu'il voulait faire dans votre cellule, me glissa un billet en me faisant signe de vous le remettre secrètement. Ma fois, je n'étai spas très-fort sur la consigne... je posai le petit papier sur je banc du préau, où vous alliez revenir vous asseoir.

— Oui... mais ce billet, d'une écriture inconnue, n'était pas signé... cela ne m'apprend rien de plus.

— Une chose encore.

— Oh ! dites !

— Il paraît que, grâce à son livre sur les *Prisons*, qu'il lisait comme le saint Evangile, ce jeune homme connaissait tous les secrets du vieux bâtiment de la Force mieux que ceux qui l'habitent. Il savait donc qu'une ancienne communication, très-étroite, mais par laquelle on pouvait pénétrer, régnait entre le dernier des cachots souterrains et la chapelle. Le jour où je le vis pour prendre toutes les mesures de notre évasion, et qui était celui de votre jugement, il me supplia, si vous étiez condamné au cachot, de vous faire placer dans celui dont je vous parle et qu'il me désigna... Après l'arrêt du tribunal, vous vîntes en effet habiter ce triste lieu... et ce soir-là le jeune étranger resta bien tard à la chapelle.

— Ah ! je m'en souviens, dit Herman, j'ai entendu de là les hymnes religieuses... c'était sa voix, à lui, qui me parlait dans cette douce et consolante harmonie.

Puis soudain Herman se leva et marcha quelque temps en pressant sont front de ses mains. Il songeait que son libérateur, de la chapelle où il était resté longtemps enfermé, avait dû entendre les solennelles et terribles révélations de Pierre Augeville... Il éprouvait une sorte de consolation à penser que celui qui l'avait aimé et protégé malgré ses fautes connaissait du moins le mobile mystérieux de sa destinée, et pouvait juger de la puissance ennemie sur laquelle devait retomber la plus grande partie de ses actes criminels.

Herman ne fut pas plus heureux relativement aux autres questions qu'il adressa au gardien fugitif : celui-ci ne connaissait ni la direction ni le but du voyage qu'on allait entreprendre. Il dit seulement à M. de Rocheboise que, par une précaution de sûreté indispensable, on ne voyagerait que la nuit, et que les journées suivantes se passeraient, comme celle-ci, dans quelque lieu d'asile.

Un domestique monta dans la chambre à coucher du linge fin, des essences et divers objets de toilette qui avaient été placés dans la voiture. Herman, dans une si charmante retraite, trouva du plaisir à se parer pour la solitude, et attendit avec impatience que l'obscurité du soir lui permît de descendre dans l'enclos aperçu de sa fenêtre.

Gauthier, qui continuait à agir en gardien, lui avait accordé un instant de promenade dans les environs lorsque la nuit serait tombée, et avant le moment du départ, qui ne devait avoir lieu qu'à onze heures.

Le soir venu, Herman descendit en effet dans les alentours de sa demeure. Il retrouvait la campagne depuis si longtemps inconnue à ses pas, et la parcourait avec la liberté nouvellement acquise.

Il traversait des sentiers sinueux pleins d'une douce senteur de verdure; les bouffées de la brise légère rafraîchissaient son front et fortifiaient son cœur; la libre croissance des plantes, des arbustes, l'abondance des jets fleuris formaient à ses côtés des parois, des voûtes épaisses et y jetait en même temps de suaves ornements; il voyait à chaque pas des fuyants ombreux qui sollicitaient ses pas d'y pénétrer.

Herman était seul, pour toujours seul; et, dans cette charmante retraite, il ne pouvait se croire abandonné. Bien que le feuillage fût immobile autour de lui, il croyait y voir passer à peu de distance une ombre compagne de ses pas ; il lui semblait sans cesse qu'une main amie allait venir presser la sienne... Et cependant il ne désirait rien, il jouissait en paix de la fraîcheur du soir, de l'ombre transparente, de l'arôme des plantes... surtout du charme indéfini, sans nom, qui émane de toutes ces choses et semble cependant au-dessus d'elles.

Il aurait marché ainsi longtemps, bercé par les plus douces sensations, lorsqu'il se trouva au bout de l'enclos de la maison, et arrivé sur une route de traverse. Là, des circonstances étranges vinrent le tirer de sa rêverie pour le ramener d'une manière bizarre et impérieuse au sentiment de la réalité.

XXVI

ADIEUX AUX MENDIANTS

Herman, amené dans cette retraite pendant la nuit précédente, ignorait entièrement le lieu où il se trouvait; sa première pensée, lorsque l'issue des taillis l'eût conduit sur une route, fut de chercher à reconnaître le pays qui l'entourait. Cela lui fut plus facile qu'il n'aurait dû le penser. A sa gauche, deux grandes flèches inégales blanchissaient dans l'ombre transparente; ce ne pouvait être que les clochers de Saint-Denis; en même temps il entendit sonner dix heures à l'horloge de ces tours; il était donc à peu de distance de la ville de Saint-Denis, du côté de Courneuve.

Près d'une heure lui restait avant le départ, et comme en peu de minutes il pouvait regagner la maison où ses amis l'attendaient, il continua à errer quelques instants dans la campagne.

La route qu'il suivait était plantée d'arbres des deux côtés; à droite, le talus de gazon qui la bordait descendait dans une plaine profonde.

En parcourant des yeux la route obscure, il vit venir deux hommes de haute taille, portant l'habit des frères de la doctrine chrétienne. Ces deux individus prirent bientôt un sentier oblique et descendirent dans la plaine.

Herman se demandait comment dans la nuit il avait pu distinguer, même vaguement, le chapeau à cornes, le rabat et la robe de ces frères, lorsqu'il s'aperçut qu'avant de descendre, ils venaient de passer dans un rayon de lumière, projeté sur le chemin à travers les branchages du bord.

Son attention se porta alors sur ce jet de clarté; et comme il vint se placer devant le point d'où partait la lumière, un tableau singulier se montra à quelques pas de lui dans la plaine.

Sur une terre en chômage, un peu enfoncée au-dessous de la route, était un grand hangar destiné à quelque usage rural; cette vaste charpente, ouverte du côté de la route, était formée de planches rompues, et couverte de chaume.

Là se trouvaient réunis un grand nombre de gens qu'au premier regard on pouvait reconnaître pour de pauvres vagabonds.

Leur assemblage formait pourtant un coup d'œil pittoresque. Ces personnages à longues barbes, à manteaux troués, portant des besaces, des bâtons, étaient assis pêle-mêle sur des blocs de pierres, des poutres, des tas de paille, et blottis dans tous les coins de la salle rustique. Au centre de l'assemblée, une grande sacoche posée à terre était ouverte, et sur le vieux cuir on voyait étalées des piles d'écus, des tas de monnaie. Immédiatement au-dessus, sur des planches dressées en table, et couvertes de pots de vin, était le bout de chandelle qui éclairait la scène.

La charpente, revêtue de chaume, décrivait autour de ce tableau un grand cadre noir; un beau tapis de gazon s'étendait devant le hangar; au delà planait la campagne, dont une nuit sereine laissait pénétrer les fraîches prairies et les longs rideaux de verdure.

Herman, au bord de la route, embrassait cette perspective à travers le cintre de grands arbres, à peu près comme dans une salle le spectateur domine le théâtre.

Nous allons maintenant rapporter ce qui se passait sur cette scène rustique.

Les mendiants réunis là étaient ceux que nous avons vu opérer une descente chez le père Corbeau, s'emparer de ses richesses et procéder à ses funérailles.

Ne voulant posséder aucune valeur chez eux tant qu'ils pouvaient redouter les recherches de la justice, les mendiants avaient enfoui leur trésor dans un coin de terre de cette campagne déserte, se proposant de le lui redemander plus tard.

Maintenant, plusieurs mois avaient passé sur la fosse de leur vieux camarade, la neige s'était effacée sans laisser voir de traces accusatrices, nul ne s'était inquiété de la disparition subite du pauvre vagabond, qui avait dû mourir vers la borne d'une rue; toute crainte avait cessé, et, une nuit sombre et pure se présentant, les mendiants étaient venus partager leur commun héritage.

Ce partage s'était fait au milieu d'une horde sans foi ni loi, aucune légalité n'avait pu y régner, et il n'en avait pas moins été inégal et arbitraire, comme si toute la justice s'en eût mêlée.

Les personnages marquants, tels qu'Eustache, Jean-Marie, Corbillard et même Robinette et Pierrot s'étaient donné les meilleures parts, comme ayant conseillé l'entreprise ou y ayant pris une part plus active. Ceux-ci s'étaient pourvus des billets de banque, tandis que les autres avaient eu des rouleaux de cent francs, ou même un petit nombre d'écus. Mais, après quelques réclamations criardes de la part des derniers, des flots de vin coulant des cruches de terre étaient venus apaiser le tumulte, d'autant plus facilement que les pauvres gens qui roulaient de gros yeux ébahis sur le papier de la banque, n'en connaissaient pas précisément la valeur.

Les mendiants étaient sur le point de serrer leurs richesses et de s'éloigner.

— Avant de nous quitter, dit l'un d'eux, encore un coup à la santé du pauvre défunt camarade.

— Hélas ! c'est la seule messe que nous puissions dire pour le repos de son âme !

— Qu'il dorme en paix, le père Corbeau... mais pour son argent nous allons joliment le réveiller !

— Il y a plus de plaisir dans un écu qui roule que dans cent mille entassés.

— Dieu ! qu'il va sortir de bonnes choses de la vieille sacoche ! que de rasades et de chansons !

— C'est à rire et danser rien que d'y songer.

Dans son transport, la troupe gaillarde allait peut-être réellement se mettre en cadence, lorsqu'on vit subitement paraître à l'entrée du hangar les grandes figures sombres de deux frères ignorantins.

Ceux-ci, qui avaient quitté la route au moment où Herman les apercevait pour venir rôder dans la plaine, après diverses circonvolutions autour du bâtiment de bois, après s'être souvent retirés, puis rapprochés en regardant à travers les planches, s'étaient décidés à entrer.

A leur vue, les mendiants, surpris en bonne fortune, bondirent en arrière, tremblant de tout leur corps.

Mais à cette première stupeur succéda tout à coup un immense éclat de rire qui courut dans tout le hangar.

Puis ceux qui purent les premiers recouvrer la parole au milieu de cette hilarité s'écrièrent :

— Dieu ! la bonne farce !

— Maître Friquet en frère ignorantin !

— J'ai cru voir le diable !

— Et moi... j'en ai eu la *petite mort* !

C'était en effet le mendiant à domicile qui, guéri de sa blessure et sorti de sa prison, se livrait de nouveau à son industrie. Le vieux comte de Rocheboise, après avoir subi aussi quelques mois de captivité sous un faux nom, s'était réuni à son collègue, et tous deux exploitaient encore à l'envi la crédulité publique.

Ce soir-là, en revenant de Saint-Denis, où ils étaient allés faire recette sous l'apparence de frères quêtant pour les enfants pauvres de leur école, ils avaient découvert par hasard la nichée de mendiants et son trésor.

Herman, de l'endroit où il était placé, put reconnaître, une fois qu'il se trouva sous les rayons de la lumière, le malfaiteur qu'il avait frappé en venant au secours de Valentine ; et il revit aussi, avec bien plus de stupeur, son père fatalement livré par lui à la justice dans cette même soirée, et maintenant retombé dans la plus basse dégradation !

Il resta pourtant encore quelques minutes à sa place, assistant à cette scène avec une âcre et pénible curiosité.

— Vous voilà donc entré en religion, monsieur Friquet, disaient les mendiants toujours en riant ; et votre camarade aussi.

— En tout cas, les vœux que vous avez prononcés ne vous gênent pas...

— C'est égal, ils ressemblent joliment à des ignorantins véritables... Dieu ! comme c'est aisé de prendre l'air dévôt !...

— Mais ce n'est pas beau, et vrai, faut que les chiens soient bons enfants pour ne pas courir après vous...

— Et le chien du commissaire... Eh ! eh !... il pourrait bien tirer le frère par sa robe...

— Et qu'est-ce qu'on verrait dessous... un fameux monteur de coups !

M. Friquet ne se déridait point aux joyeusetés des bons pauvres. Immobile à l'entrée du hangar, la face allongée, le front sourcilleux, il fixait un regard d'irritation et d'envie sur les piles d'écus et les tas de monnaie restés encore autour de la sacoche.

— Qu'est-ce que cela, dit-il rudement, d'où vous vient cet argent?

Les mendiants, tout en tâchant de ne pas perdre contenance, commençaient à se presser les uns contre les autres, tandis que Friquet répétait :

— Répondez, d'où sort cet argent?

— Ça nous regarde.

— Où l'avez-vous pris?

— Puisque nous nous en chargeons.

— Il ne s'agit pas de cela, vous l'avez volé.

— Oh! maître Friquet, ne parlez pas de ce ton... ou bien...

— D'abord, ajouta Eustache, en fait de filouterie, mes révérends pères, vous n'avez rien à redire aux autres... Ensuite, ce n'est pas du bien mal acquis... il nous vient...

— Allons, parlez!

— D'un héritage, dit une voix un peu tremblante.

— Oui... d'un héritage... répètent les autres, qu'on nous a laissé pour nous tous.

— Ah! pour *vous tous*, reprend Friquet. Est-ce que je n'en suis pas, moi, de *vous tous?* C'est honnête et loyal de votre part; vous avez une épave qui doit être mise en commun, et vous ne m'appelez pas au partage!

— Est-il drôle encore celui-là! s'écrie Jean-Marie.

— Comment, drôle, dit Friquet d'un ton adouci. Est-ce que nous ne sommes pas, mon camarade et moi, des amis, des frères?...

— Des frères ignorantins pour le quart d'heure.

— Vivant comme vous de la charité publique, ajoute Friquet...

— Allons donc, dit un des mendiants. Aux portes des églises, devant le monde, vous ne nous connaissez seulement pas... Il faut voir, quand on vous dit de bonne amitié : Bonjour, monsieur Friquet, bonjour, comme vous passez raide! sans rendre un coup de chapeau!

— C'est vrai, ajoute Eustache, parce que vous avez reçu de l'éducation qui vous met à même d'inventer des comédies, et que vous avez la langue assez bien dorée pour aller chez les gens faire des doléances d'une ou d'autre couleur, à cette fin de leur tirer des larmes et des écus, vous méprisez celui qui reste tout bonnement mendiant tel que le bon Dieu l'a fait, et qui tend le chapeau au passant. Puis, s'il y a quelque chose à prendre, vous vous dites de nos amis...

— Ah! c'est mal, monsieur Friquet, dit Corbillard. Un ami, morbleu! il ne faut pas jouer avec ce mot-là... L'amitié, voyez-vous, c'est un mot sacré.

— Eh bien! s'écrie le mendiant à domicile, je serai alors de vos ennemis... Soit, j'ai surpris votre secret, je vous dénoncerai...

— Vous!

— Oui, moi... et mon camarade, si vous ne nous donnez pas une part de cet argent, et une part que nous fixerons, nous allons faire de ce pas notre déclaration à la police.

— Des traîtres! s'écrie Pierrot en se jetant au premier rang et en relevant ses manches, des traîtres! des mouchards!... Les amis, je crois que je vas taper dessus.

— Oui, faut taper, dit le nègre en se reculant.

— Vous n'oseriez pas, misérables! dit impudemment et en relevant la tête le comte de Rocheboise.

Mais Friquet se tournant vers son confrère, lui dit à demi-voix :

— Ils ne s'gêneraient pas.

Puis, dans son évolution, il se baisse et saisit prestement un sac d'écus: et, le hangar étant ouvert à tous vents, il va se sauver avec sa proie.

Mais Jupiter a vu le rapt. Il lance devant les pas de Friquet une longue planche qui fait faire au fuyard un soubresaut en arrière.

En même temps, le nègre crie de toutes ses forces *au voleur!*

Les mendiants poursuivent et atteignent bientôt le félon. Leur colère s'allume en voyant le sac d'argent qu'il s'est traîtreusement approprié; et, comme Friquet commence à distribuer des coups autour de lui pour défendre sa capture, ses adversaires s'irritent encore davantage.

Les plus braves de la troupe enveloppent et serrent étroitement Friquet et son compagnon, et une lutte violente s'engage.

C'est une sombre et épaisse mêlée, éclairée çà et là par les lueurs rouges que jette la lanterne du hangar. Au centre, on voit nombre de bras et de poings levés et lancés à grande force; tandis que, par derrière, la masse des femmes et des pauvres diables hors de service aide seulement aux combattants par de bruyantes clameurs.

Pourtant, après un certain temps de coups et de tapage,

les deux partis sont également satisfaits d'en finir. Les pauvres vagabonds ont repris à leurs adversaires l'argent qu'ils emportaient, et les deux mendiants à domicile s'estiment heureux de pouvoir se sauver de la bagarre, même les mains vides.

Mais quelques membres de la troupe ont été frappés jusqu'au sang. Furieux de leurs blessures, et devenant plus hardis et plus acharnés en voyant fuir leurs adversaires, *ils* les poursuivirent à coups de pierres.

Maître Friquet s'est élancé dans la campagne et a bientôt disparu dans la nuit; son compagnon, moins bien avisé, après quelques enjambées à travers les champs, se jette sur la route, où sa forme sombre se détache davantage.

C'est donc vers lui que les mendiants dirigent leur poursuite, avec d'autant plus d'avantage que le malheureux, effaré, haletant, est encore retardé dans sa course par le poids de l'âge; ceux qui le pourchassent lancent contre sa grande robe noire une grêle de pierres et le harcellent de menaces, promettant de le faire payer pour deux s'ils peuvent le rejoindre.

A cet instant une voiture passe sur la route.

A la grande surprise des mendiants, cette voiture s'arrête subitement, s'ouvre devant le vieux Rocheboise, donne un asile au fuyard et reprend sa course pour disparaître bientôt dans le lointain.

Tout le rassemblement revient alors vers son gîte.

La colère des pauvres bonnes gens a déjà disparu. Les blessés lavent leurs contusions avec du vin, et tous ensemble commencent à rire de l'aventure.

L'ordre est bientôt rétabli. Cette fois, chacun serre dans sa poche l'argent qui lui est échu en partage.

Mais le vin coule à la ronde. Il faut boire pour se remettre des fatigues du combat, boire pour fêter le bon sac d'écus qu'on a retrouvé, boire encore pour se dire adieu, et bientôt les énormes cruchons sont taris.

Au dernier coup de vin, le père Corbillard prend la parole.

— Ecoutez donc! dit-il, nous nous sommes rassemblés pauvres, nous allons nous quitter riches; il ne faut pas être moins bons camarades pour cela... Trinquons.

— Mes amis, dit Eustache en portant la main sur sa poitrine, où reposent les bons billets de banque, dans quelque temps vous ne reconnaîtrez plus Eustache *le viel-*

leur. Je vais avoir un tambour, une trompette et de belles marionnettes... non pas de bois, mais de vrais enfants couverts de paillettes... Je me fais chef de troupe.

— Moi, dit Jean-Marie, je vais placer mon argent à la caisse d'épargne ; cela me fera vingt-cinq sous de rente par jour, en continuant de demander mon pain.

Le nègre Jupiter saute sur un banc, et dit en saluant la compagnie avec son bonnet noir :

— Vous autres, il faut dire adieu à Jupiter. Moi avoir de l'argent pour voyager, moi m'en aller du vilain pays où on a rompu les os à moi, et où il pleut toujours.

Puis en sortant du hangar, il tourne la tête et dit encore :

— Moi va conter mes aventures de Paris aux frères de la Cafrerie, sur le bord de l'Orange.

— Va au diable, Jupiter, dit la compagnie en lui rendant son salut.

Pierrot fait aussi ses adieux.

— Mes anciens camarades, dit-il, vous êtes tout de même de bons enfants, vous serez bien aises de savoir que votre Pierrot va prospérer ; j'ai donné la volée à tous mes moineaux et à mes pinsons, et demain, au point du jour, je vais dans les Grandes-Indes acheter des perroquets, des papegais, des bengalis, des colibris.

— Aux Grandes-Indes ! c'est loin.

— Je ne sais pas. Un négociant paie mon voyage, attendu que je lui tiendrai ses livres de comptes en route... Ainsi, avec mon argent de ce soir, je vais acheter les plus beaux plumages des Indes... Je me fais marchand d'oiseaux en grand.

— Bon voyage et bonne fortune, mon garçon ! crie-t-on à Pierrot qui s'éloigne.

—Moi, mes amis, dit Corbillard entendant galamment la main à mademoiselle Rose, maintenant devenue madame Corbillard, je reste comme je suis. Prions Dieu, ajoute le vieux philosophe, que l'argent que nous venons d'acquérir nous laisse aussi heureux que nous l'étions dans l'indigence : c'est tout ce qu'on peut demander à la fortune !

Après ces adieux, chacun reprit son chemin dans les champs.

Robinette s'en allait avec sa tante Rose, qui, selon les paroles de l'Ecriture, avait pardonné à la brebis revenue au bercail. Mais après quelques pas, la jolie bohémienne, montant sur une hauteur de gazon, appela d'une voix fraîche :

— Ohé, Pierrot!

Le jeune garçon, s'élevant aussi à quelque distance sur le tertre d'une haie vive, lui répondit :

— Ohé... j'y suis!

Et leurs deux ombres gracieuses se dessinèrent dans la transparence de l'air.

— Ecoute, dit Robinette, quand tu reviendras des Grandes-Indes, pense à moi... tu me trouveras avec ma harpe aux Champs-Elysées... sous le dixième arbre... à droite... entends-tu ?

— Oui... et nous irons dîner ensemble à la fontaine des Innocents... c'est dit.

Une minute après, tout le monde fut dispersé, et on n'entendit plus rien dans la campagne de Saint-Denis.

XXVII

LE VOYAGE

En reconnaissant le comte de Rocheboise dans l'un des deux personnages qui erraient dans ces campagnes pour mendier à l'aide d'un ignoble déguisement, Herman avait ressenti une honte, une douleur aussi poignantes que si la dégradation de son père eût été nouvelle pour lui; il s'était pris à regretter que la prison où, sans le vouloir, il avait fait jeter une fois ce malheureux vieillard, ne se fût pas refermée sur lui pour toujours, afin de le soustraire au moins à la bassesse des ressources auxquelles il était descendu.

Après avoir quelques instants attaché ses regards sur son père dans la plus triste et la plus amère contemplation, Herman s'était arraché à ce cruel spectacle, et avait regagné sa retraite à grands pas.

Au moment où il arrivait à la petite maison isolée, la chaise de poste était dans la cour et toute prête à partir. Gauthier, qui allait sortir pour le chercher, lui dit de monter à l'instant. Il se jeta donc dans la voiture, où avait déjà pris place son mystérieux conducteur, qu'il était destiné, à ce qu'il paraissait, à ne rencontrer que dans les ténèbres; Gauthier s'étant assis en face des deux jeunes gens, les chevaux partirent rapidement.

La route qu'allaient suivre les voyageurs était celle sur laquelle Herman s'était arrêté quelques minutes.

A peu d'instants du départ, il entendit un bruit de voix

éloignées et aperçut un homme courant, éperdu, sur le chemin... Une pensée subite traversa son esprit... Il avait quitté son poste d'observation à l'instant où une querelle menaçait de s'engager entre les mendiants et leurs collègues d'un autre ordre; une collision avait dû suivre, cette fuite en était le résultat, et le malheureux pourchassé par cette populace était son père!

Cette pensée fut si vive, et la conviction qui la suivit si rapide, qu'il s'écria :

— Mon père!... Dieu! c'est mon père!...

Puis, forçant son regard à percer l'obscurité, il dit encore avec un cri de détresse :

— Les misérables le poursuivent... lui lancent des pierres... Ils vont l'atteindre, le massacrer...

Mais à peine achevait-il ces mots que le maître de la voiture, qui avait aussi penché la tête à la portière et regardé sur la route, se souleva à demi, et par deux mouvements spontanés et également rapides, d'une main tira le cordon pour arrêter, de l'autre poussa la portière et fit impérieusement signe au malheureux fugitif de monter.

Le vieux Rocheboise, incapable de songer à autre chose qu'à se soustraire à cette troupe ameutée contre lui, s'était élancé promptement dans cette voiture inconnue, qui lui offrait un asile.

Mais là, honteux de sa situation, de son déguisement, ignorant de quelle manière il pourrait sortir sans trop d'humiliation d'une circonstance semblable, il demeura étourdi du coup et sans expression, même pour remercier le maître de la voiture, du service qu'il lui avait rendu.

Herman, dans le moment où l'avilissement de son père lui inspirait le plus de répulsion, n'avait pas eu le courage de se faire connaître à lui, et il profitait des ténèbres pour différer au moins cet instant de pénible rapprochement.

Les voyageurs demeuraient donc tous également contraints et taciturnes.

Maintenant que le comte de Rocheboise était réfugié sous un abri passager, sans savoir comment il lui avait été offert ni sous quelle protection il s'y trouvait, le seul fruit qu'il tirât de son humiliante aventure était la conviction que son âge ne lui permettait plus des excursions aussi hasardeuses, et le désir ardent de trouver ailleurs du pain et un toit, à quelque condition que ce fût.

Tandis qu'il réfléchissaient ainsi, les autres voyageurs n'étaient pas moins profondément absorbés, et le morne silence qui régnait dans la voiture se prolongea le reste de la nuit, d'ailleurs si courte en cette saison, qu'elle finit avant quatre heures du matin.

La voiture s'arrêta dans une auberge isolée, à l'entrée d'un hameau et enveloppée d'épais ombrages.

Comme la veille, l'inconnu disparut en descendant de voiture. Sur quelques mots qu'avant de s'éloigner il avait adressés à Gauthier, celui-ci emmena le comte de Rocheboise dans une chambre séparée de celle où on conduisait son fils, et tout cela se passa si rapidement, dans la cour enfoncée sous de grands arbres et doublement obscure à cette heure, que le vieux Rocheboise ne put apercevoir ceux qui l'avaient providentiellement secouru et dont il était le compagnon de voyage.

Après quelques heures d'un sommeil agité par toutes les tristesses du passé que l'événement de la veille avait ramenées en lui, Herman se leva faible et souffrant. Il fut servi par le même domestique qui lui avait apporté ses repas dans sa chambre, le jour précédent. Ce valet dit que son maître et M. Gauthier étaient partis de très-grand matin avec l'étranger auquel on avait donné place dans la voiture, et qu'ils priaient M. Herman de Rocheboise de ne les attendre que le soir.

Herman n'eût voulu pour rien au monde questionner ce domestique au sujet de son maître, et d'ailleurs, après que le valet de chambre l'eut aidé à s'habiller, il ne le revit qu'une minute à l'heure où il avait demandé son déjeuner. Il resta donc seul enfermé dans sa chambre.

Le soir, lorsque Gauthier monta enfin près de lui, il se jeta au cou du vieillard, dans le besoin d'affection et d'épanchement qui l'entraînait. Puis il lui fit de pressantes questions sur ce qui s'était passé.

— Oh! mon cher Gauthier, dit-il, vous que le hasard a mis en connaissance de tous mes tristes secrets, dites-moi ce qu'est devenu... mon père.

— J'avais appris que cet homme était votre père, dit Gauthier, à la première exclamation que vous aviez jetée; mais pendant le voyage, jugeant que vous ne vouliez pas être reconnu de lui, je me suis tu avec vous par discrétion.

— Mais aujourd'hui... mon Dieu... qu'est-il donc arrivé de tout ceci?

— Une chose qui termine tout, et dont je puis vous instruire... on ne m'a pas recommandé le secret.

— Oh! parlez vite.

— Notre beau jeune homme, qui est un Dieu pour la bonté et un Diable pour les expédients hardis, en a eu bientôt fini cette fois.

« Ce matin, nous sommes partis tous trois, l'inconnu, votre père et moi. Après quelque temps de marche, la voiture s'est enfoncée par des chemins presque impraticables dans l'endroit le plus désert et le plus pittoresque de la Normandie. Votre père regardait souvent notre jeune inconnu avec une certaine expression de crainte et d'anxiété que je ne pouvais pas bien me définir; mais soit qu'il fût retenu par quelque doute, par la honte de sa situation ou l'embarras de parler devant moi, il n'osait pas proférer une parole; et notre route s'accomplissait à peu près aussi silencieusement que celle de la nuit dernière.

Il est inutile de vous dire que le comte de Rocheboise avait laissé dans sa chambre l'accoutrement qui recouvrait hier soir ses habits ordinaires, et ne portait plus alors qu'un costume simple et décent.

Nous voyagions depuis quelque temps dans une contrée presque sauvage, comme je viens de vous le dire, lorsque nous arrivâmes devant un vaste champ dont la terre, retournée et brunie par le défrichement, contrastait avec la jeune verdure et les roches blanches d'alentour. De loin en loin, d'étranges travailleurs étaient courbés sur ce champ. Ces hommes, vêtus d'une espèce de robe gris de cendre, ayant tout le crâne dépouillé de cheveux et travaillant tête nue au soleil, portaient encore une physionomie morne et contristée, et il semblait que ce fût leur ombre projetée sur terre qui lui donnât cette teinte sombre.

A l'extrémité du champ était un immense massif de feuillage dans lequel on entendait le tintement d'une cloche.

Ce fut de ce côté que la voiture se dirigea. Arrivés là, un détour de haute futaie dévoilant soudain l'espace, nous nous vîmes à l'entrée un bâtiment très-vaste, mais d'aspect humble et pauvre, et bien fait pour porter la croix qui s'élève à sa cime.

C'était le couvent des trappistes.

On nous permit de pénétrer dans l'intérieur. Notre jeune

inconnu se fit conduire près du supérieur de la communauté, et nous laissa, votre père et moi, dans le cloître, formé de grossiers piliers de bois sur lesquels surplombe le bâtiment de briques rouges.

Je comprenais l'embarras extrême du comte de Rocheboise, dont le regard effaré avait l'air de demander aux arcades du cloître ce qu'il venait faire sous leur voûte; et pour ne pas le troubler davantage, je regardai avec une attention extraordinaire les simples liserons qui s'enroulaient autour de la croix de fer élevée au centre du préau.

Peu d'instants après, celui qui nous avait amenés là revint avec le supérieur. Le père trappiste ralentissant ses pas, notre bel inconnu s'approcha le premier du comte de Rocheboise. La curiosité me fit faire quelques pas de leur côté, mais songeant à ce que ma présence entre eux aurait d'inconvénient, je retournai à mes liserons. De là, je recueillis seulement quelques phrases interrompues de l'entretien.

— N'importe! dit vivement Herman. Oh! répétez-moi tout ce que votre mémoire pourra vous rappeler.

— Notre jeune protecteur parut d'abord donner quelques explications à votre père et termina en disant :

— Ainsi, tout est arrangé pour que vous trouviez ici un asile sûr et éternel.

Le comte, à ces mots, fit un brusque mouvement en arrière; sa figure exprimait l'effroi et presque la colère. L'inconnu reprit plus haut :

— Je vous ai annoncé, monsieur, que votre séjour dans cette maison était *arrangé*, j'aurais pu dire irrévocablement *fixé*.

« Votre père, pour toute réponse, a jeté un regard rapide dans l'étendue du cloître comme pour y chercher une issue... Mais cette ligne d'arcades uniformes et sans interruption, une fois qu'on y est entré, semble refermée de toute part sur vous... Elle ressemble à la vie monacale dont elle est l'asile.

Le comte, retenu par cette impression, ou par une pensée plus réfléchie, est resté immobile.

Son interlocuteur a continué :

— C'est pour assurer le repos de votre vieillesse, c'est pour la soustraire en même temps aux besoins et aux ressources abjectes que j'ai pris ce parti... Mais si un tel sort vous était offert comme *expiation*, vous devriez encore l'accepter...

Gauthier s'interrompit en d'sant :

— L'inconu a ajouté là une phrase que je n'ai comprise.

— Quoi?... Parlez! dit Herman.

— Il a ajouté : Jeanne a passé vingt-quatre ans de sa vie dans un cloître.

— Jeanne! répéta Herman... Mais quel est donc cet homme, mon Dieu!... Il nous sauve tous deux, moi de la captivité, mon père de la détresse, et il prononce ce nom cher et sacré de Jeanne... Continuez, Gauthier, je vous en supplie!

— C'est tout ce que je peux vous dire. Votre père a baissé le front et a gardé le silence. Le supérieur du couvent s'approchait dans cet instant; il a eu avec l'inconnu et le vieux comte un court entretien dont je n'ai entendu que les derniers mots qui étaient ceux-ci :

— Monsieur trouvera ici les consolations de la religion sans en supporter les austérités.

« Puis, le jeune homme et moi nous sommes revenus seuls du couvent des trappistes. . . . .
. . . . »

La nuit qui s'approchait devait être la dernière du voyage, du moins Gauthier avait dit à Herman qu'il en jugeait ainsi d'après quelques indications, sans que toutefois celui qui les conduisait tous deux lui eût rien appris à ce sujet.

Herman, sans s'écarter de la petite auberge où la chaise de poste devait venir prendre les voyageurs à dix heures du soir, descendit à la nuit tombante dans un pavillon rustique qu'il vit ouvert au fond du jardin et inoccupé en ce moment.

Comme il était accoudé sur une petite table du pavillon, il vit là un livre qu'au bout de quelques minutes il ouvrit machinalement.

C'était un livre de mariage, receuil de prières où après la messe du mariage on trouve les offices et oraisons qui doivent se dire dans la même journée. La reliure en avait été très-riche, mais les feuillets s'étaient usés dans un long usage, et quelques-uns se détachaient tout à fait.

Herman, abaissant un regard humide sur ces pages, y retrouva les prières qu'il avait entendu murmurer à Valentine le jour de leur union. Ces feuillets du rituel religieux, consacrés à l'amour mortel, cet engagement du cœur ratifiés par les lois éternelles, ce serment d'amour fait à l'homme au nom de Dieu, toutes ces paroles mémoratives qu'il prononçait d'un voix frémissante ébranlaient les fibres de son âme.

C'était dans ce même mois d'une année depuis longtemps écoulée qu'avait eu lieu son mariage avec Valentine ; tout se réunissait pour le reporter à ce moment : c'était la même température, le même ciel, la même végétation dans la nature, partout des flots de verdure nouvelle, d'où s'échappaient des tiges d'acacias, d'ébéniers, d'églantines, de toutes ces fleurs de printemps, moins belles mais plus chères que celles de l'été.

Les souvenirs puissants de son bonheur s'exhalaient vers son âme de ce livre de prières, et pénétraient dans ses sens avec les parfums de l'air.

Quelques feuillets s'étant détachés dans la vétusté du livre, le vent qui passait à travers les supports de verdure du pavillon les enleva, et allait les rouler au loin avec les corolles détachées des églantines et des chèvrefeuilles.

Herman se baissa vivement vers ces fragments bénis, et, sans savoir ce qu'il faisait, les pressa de ses lèvres et les mit sur sa poitrine.

C'était le moment du départ ; il monta en voiture. Comme les nuits précédentes, il trouva dans l'intérieur l'inconnu qui y avait pris place avant lui.

La voiture, qui se dirigeait vers la côte de Normandie, suivait des routes de traverse comme elle avait fait depuis le départ de Paris, et, cette nuit-là, roulait silencieusement dans un chemin sablonneux et couvert.

Le temps, assez chaud jusque-là, était devenu orageux et étouffant. Herman était toujours dans le fond de la berline avec son jeune libérateur et Gauthier sur la banquette du devant. Lorsque l'atmosphère embrâsée eut pénétré quelque temps dans l'intérieur de la voiture, Herman sentit tomber sur sa main un collet de velours... L'inconnu se décidait enfin à laisser se détacher un manteau dont, jusque-là, malgré la chaleur, il s'était obstinément enveloppé. Maintenant les deux jeunes voyageurs se trouvaient, pour ainsi dire, plus près l'un de l'autre : Herman sentait chaque mouvement de son mystérieux compagnon, chaque souffle qui soulevait sa poitrine.

Il était aussi plus seul avec cet ami inconnu ; le vieux

Gauthier, fatigué de ces nuits consécutives de voyages, s'était profondément endormi.

Herman, qui était monté en voiture sous une impression dominate, poursuivait dans le balancement de la routes ses rêves d'amour passionné. Les feuillets du livre saint, qui, par une contradiction étrange, lui apportaient les sensations les plus ardentes, étaient toujours sur son sein, et les tiges fleuries de printemps qu'il ne pouvait plus voir venaient sans cesse s'engager dans les stores de sa voiture et le poursuivaient de leurs parfums.

En même temps, par un mélange indéfinissable, l'affection que, sans le connaître, il portait à son jeune protecteur, se confondait à ses aspirations ardentes vers la femme aimée dans son âme inondée de tendresse... Mais cet ami généreux voulait rester inconnu. Valentine était bien loin!.. ces élans de cœur s'exhalaient donc inutiles et vains... ils n'en portaient pas moins leur trouble, leur ivresse dans l'imagination d'Herman, dans tout son être.

L'air était d'une chaleur qui faisait battre le sang, de lourds nuages redoublaient l'obscurité du ciel; c'était une atmosphère sombre, brûlante, mais chargée d'arômes pénétrants dont on aimait à se sentir accablé.

A mesure que le temps s'écoulait dans cette nuit d'été, l'espèce de délire qui s'était emparé d'Herman agissait plus fortement en lui,

Attiré par un charme puissant près de l'inconnu, il pencha sa tête vers lui; son jeune compagnon de voyage ne se retirant pas, il appuya le front sur son épaule. En même temps, les paroles que lui dictait l'amour de Valentine venaient de son cœur à ses lèvres.

Incapable alors de songer au silence qui lui était imposé, ne pensant pas non plus que dans son exhaltation insensée il laissait pénétrer à l'inconnu les plus secrets sentiments de son âme, il murmurait d'une voix basse, ardente, entrecoupée de silences :

— J'ai perdu par ma faute son amour si tendre, si dévoué... Moi qui ai tant souffert, j'ai trouvé là mon plus grand supplice!... Valentine... Elle! si semblable à Dieu, ne peut-elle pas, comme Dieu, aimer les faibles, les coupables!... Je le sais, elle ne pouvait m'aimer d'un amour juste et sage... qu'importe, il fallait répandre sur moi un de ces amours insensés dans leur objet, dont la cause est inconnue, dont la raison n'est qu'au ciel! Faut-il donc mettre de la mesure dans la compassion sainte, de la prudence dans le dévouement!... Il est des êtres que la lumière du sentiment éclaire toute leur vie : ce sont les anges, les saints d'ici-bas... Pour moi, ce flambeau m'a lui trop tard; mais lorsqu'enfin le feu sacré s'est répandu en moi, il est devenu inhérent à mon être, il a coulé pour toujours dans mes veines. J'aimais au milieu de mes égarements, j'aimais avec idolâtrie; c'eût été pour Valentine la garantie de ma régénération, de son bonheur; elle n'a pas voulu l'entendre... et tout est fini... fini... mon Dieu!

Herman, en prononçant ces mots sans suite du délire, avait toujours la tête penchée sur l'épaule de l'inconnu; il se tenait si près de lui qu'il sentait ses cheveux doux et parfumés, qu'il sentait par instant le souffle de ses lèvres; et dans cette situation, tout en se livrant à ses plaintes, il trouvait un charme indicible à ce rapprochement de son jeune ami; il sentait là une émanation délicieuse se mêler à l'air qu'il respirait, et répandre une douceur inconnue dans ses veines.

La nuit se passa ainsi. Gauthier, toujours endormi, rêvait de son village de Bretagne, qu'il trouverait toujours jeune, frais, verdoyant. Il revoyait tous les objets de ce rivage si connu, si présent à sa pensée, qu'il lui semblait une partie de lui-même... la seule, hélas! qui n'eût pas vieilli.

Herman rappelait une à une toutes les tristesses de son amour; mais ces pensées de regrets étaient enveloppées alors de sensations si douces, que ses lèvres seules semblaient se plaindre encore par souvenir, tandis que son âme était baignée de douceur.

L'inconnu était absorbé plus profondément encore que son compagnon de voyage; mais sa méditation demeurait aussi voilée de mystère qu'il l'était lui-même dans l'ombre et le silence.

XXVIII

LE VAISSEAU

Les voyageurs passèrent la journée du lendemain dans un bourg voisin du rivage de Montvilliers.

Le soir, Gauthier monta dans sa chambre. Le vieillard tenait un bâton, un petit paquet de hardes à la main, et montrait un air radieux; il ressemblait à un soldat qui voyage avec son congé; et, en effet, le descendant de la famille proscrite était aussi un vétéran qui, après bien des marches forcées et des blessures, retournait enfin au pays.

— Pour cette nuit, dit Gauthier, nous allons voyager à pied, et seuls tous deux.

— Comment, seuls... et notre jeune ami ?

— La voiture, les chevaux sont renvoyés, continua le vieillard en riant, et ce bâton compose tout notre équipage.

— Mais lui !... lui ! répéta vivement Herman.

— Nous le retrouverons sur le rivage.

— Si loin !

— Deux lieues tout au plus... partons !

Il faisait un vent violent, le ciel était sombre, la pluie commençait à tomber, et une route à pied, par un temps pareil, semblait promettre peu d'agrément... Mais l'humeur qui est en nous décide mieux du temps que les nuages du ciel : le vieux Gauthier, rajeuni par l'espérance, s'arrangeait de tout comme à vingt ans ; Herman, voyant qu'on cheminerait désormais à pied, se croyait bien certain de toucher au terme du voyage ; cette pensée rendait sa marche légère au milieu de tous les obstacles.

Les voyageurs, éloignés de toute route, dans des parages inconnus, suivaient seulement, pour ne pas errer dans les champs, quelques guides de hasard, tels qu'une haie ou le lit d'un ruisseau.

— Mais en quel endroit nous attend notre ami..... ou plutôt notre maître ? demanda Herman en souriant.

— Je vous l'ai dit, sur le bord de la mer.

— C'est un point de rendez-vous un peu vaste.

— N'importe, il m'a dit que nous le retrouverions là, et j'en suis sûr.

— Et la mer elle-même, comment la trouverons-nous en allant ainsi dans la nuit ?

— Il est une boussole qui guide dans l'obscurité les oiseaux aquatiques, les tortues, et qui va nous conduire nous-mêmes au but, si vous le voulez bien... Ecoutez !

Un bruit lointain, uniforme et imposant commençait à se faire entendre. C'était le long murmure des flots ; et les bruits de la nature sont si expressifs, si puissants, que chacun se détache dans l'ensemble d'une imposante harmonie; ainsi au milieu des rafales incessantes du vent, de l'ondée ruisselant sur le feuillage, du tonnerre qui grondait au loin, on distinguait la voix de la mer qui appelait les voyageurs de son côté.

— En marchant à cette voix, dit Gauthier, nous sommes sûrs d'aller en ligne droite vers le bord où notre jeune inconnu et venu nous attendre... nous n'avons plus guère qu'une heure de chemin pour le rejoindre... et alors, monsieur, je me séparerai de vous.

— Comment !

— Il paraît que vous allez prendre une autre direction; moi, après la traversée du Havre, je suivrai les côtes à pied jusqu'à Lorient. L'inconnu m'a remis une rente sur l'Etat, qu'il a fait passer au nom de ma sœur, et qui nous préserve pour toujours du besoin... au lieu des murs de la prison, j'aurai autour de moi un bel horizon où tout fleurit et chante, puis, sous mes pas, les arbres, les maisons de mon pays natal; ma sœur me dira l'histoire de ce hameau depuis que j'en suis loin, et je croirai ne l'avoir jamais quitté, je croirai être né heureux, fait pour vivre et mourir en paix... Et tout cela, monsieur, c'est à l'inconnu que je le devrai !...

La route devenait à chaque instant plus difficile; l'ouragan, dans sa violence, jetait les branches échevelées des arbres au travers de leur chemin, des ruisseaux subitement formés sillonnaient le sol sous leurs pas, les éclairs, qui les aveuglaient par instant, rendaient ensuite l'obscurité plus profonde et la campagne plus inextricable.

Un éclair leur fit découvrir un tertre surmonté d'un grand peuplier, au pied duquel flottait un point blanc.

C'était l'inconnu qui agitait son mouchoir pour appeler les voyageurs de son côté.

Cette réunion si simple avait pourtant quelque chose d'imposant. C'était au milieu de la nuit, les lueurs de l'orage parcourant l'horizon ne montraient de toute part qu'un espace solitaire, sans habitations, sans voiture passant sur une route, sans même un oiseau sillonnant les airs, rien ne paraissait aux regards qu'une espèce de désert habité par l'orage. Le silence imposé par l'inconnu complétait l'impression saisissante de ce moment.

Herman pensa que ce jeune homme, seul être vivant qui apparût dans cette solitude livrée à la tourmente, était le seul aussi qui, dans le tourbillon de malheurs où il avait été plongé, fût venu se montrer à lui, et dont il eût vu dans la nuit flotter le mouchoir blanc, comme un pavillon de salut.

Gauthier s'approcha de son généreux protecteur. C'était à ce moment qu'il devait se séparer de lui. La joie qu'il éprouvait de partir pour son village, la tristesse de quitter ce noble jeune homme, pour lequel il sentait alors un redoublement d'affection, troublaient le pauvre vieillard peu fait à ces émotions.

Dans un entraînement de cœur, il se mit à genoux devant cette ombre d'un beau jeune homme qu'on apercevait sous l'arbre.

— Durant toute ma vie, dit-il, je n'avais rencontré que fatigue et souffrance, parce que je n'avais connu parmi les hommes que des maîtres, des supérieurs avides et durs ; vous seul m'avez donné une idée de la puissance bienfaisante sur la terre ; et dès que vous m'êtes apparu, mon sort a été changé.... l'étoile du pauvre est entre les mains de l'homme puissant.... vous avez rendu la mienne douce et brillante à son déclin, soyez-en béni à jamais ! J'ai eu de longues années de malheur. A soixante ans, je vais savoir ce que la mort me laissera encore de temps à jouir. Mais, quel qu'en soit le nombre, chacun de ces jours sera employé à vous rendre grâce.

L'inconnu tendit la main au vieillard avec un mouvement de bonté supême, qui disait autant qu'un beau langage sorti d'une belle âme. Gauthier pressa cette main de ses lèvres et, après un bon et cordial adieu à Herman, il s'éloigna.

Herman en ce moment contemplait l'inconnu. Ce jeune homme, venu seul dans la nuit, sur cette plage déserte, qui se montrait si calme, si puissant au milieu de l'orage, et devant qui un vieillard venait de s'agenouiller, lui paraissait empreint d'une grandeur mystérieuse, et il sentait pour lui une sorte de respect idolâtre.

Mais le jeune homme lui dit alors :

— Venez !... hâtons-nous,

Sa voix, en prononçant ce peu de mots, était basse et dominée par les bruits de l'orage ; Herman l'entendit sans pouvoir en distinguer l'accent.

Depuis ce moment, ils descendirent la côte en silence. L'inconnu, choisissant la plus droite ligne, quoiqu'elle fût très-rapide et très-diffile, suivait le bord d'un ravin gonflé par la pluie; Herman marchait à ses côtés.

Les pas des voyageurs sur cette pente escarpée étaient entravés par les longues herbes, les souches d'arbres, les pierres roulantes; cependant, sans songer à son chemin, Herman, à chaque éclair qui venait à luire, portait un coup d'œil rapide vers l'inconnu. Mais la clarté fugitive du ciel était brisée sur la colline par les masses de feuillage; le chapeau du jeune homme ombrageait aussi son front; de plus, une mèche de ses cheveux, soulevée par le vent, venait dérober son profil à chaque regard indiscret qui était porté sur lui... Les tentatives d'Herman étaient donc inutiles; il craignit même qu'elles ne le rendissent coupable aux yeux de l'inconnu, s'il venait à s'en apercevoir, et il en fut réduit à suivre seulement du regard le reflet de son jeune compagnon, jeté dans l'eau transparente du ravin dont il suivait les bords....

Ils approchaient de la plage, la mer jetait déjà sur eux la poudre humide de ses vagues; un point lumineux parut sur la bande des eaux qui baignaient le rivage.

Les voyageurs franchirent le dernier intervalle et trouvèrent une chaloupe qui les attendait.

L'inconnu s'élança légèrement dans la barque et fit signe à Herman de le suivre. Celui-ci, au moment de quitter la terre d'une manière aussi aventureuse, montra quelque hésitation; cependant il obéit à un geste plus impérieux de son conducteur et vint s'asseoir près de lui. Deux vigoureux rameurs se mirent à fendre les flots, se dirigeant vers un fanal qu'on voyait en mer.

Après une heure de cette navigation, où la barque étroite et silencieuse se perdait entièrement dans le mouvement immense et le bruit formidable de la mer, les rameurs atteignirent un navire arrêté au milieu des eaux.

Le capitaine se trouva à l'endroit du vaisseau où les voyageurs abordèrent. Il salua respectueusement le compagnon d'Herman; puis, s'emparant aussitôt de celui-ci, il le conduisit dans sa propre chambre. Là, le commandant du vaisseau dit à M. de Rocheboise qu'il pouvait disposer de son lit et se reposer le reste de la nuit; puis il retourna sur le pont pour veiller au bâtiment, retenu en vue du port par les vents contraires, et appareiller aux premières éclaircies de l'ouragan.

Dès que le jour commença à poindre, Herman monta sur le pont.

L'ouragan avait perdu de sa violence; mais l'atmosphère, chargée d'ombre et de pluie, offrait une perspective pâle, uniforme, plus triste que l'orage.

A l'horizon, on voyait la côte du Havre, le port, les murailles de la ville, revêtues d'une blancheur terne et froide, qui allait en décroissant se perdre dans l'obscurité profonde du lointain. A bord du bâtiment, cette conque, ordinairement si majestueuse et si belle d'un navire, ne montrait, dans les rudes labeurs de déblaiement et d'appareillage, qu'une charpente nue et grossière; toutes les voiles, toutes les tentes étaient repliées; sur le pont, ruisselant de pluie, roulaient d'énormes emballages; le grand mât, sans pavillon, semblait un arbre mort qui a perdu sa couronne; de ce sommet pendaient des milliers de cordages, croisés, entremêlés en d'informes réseaux, dans lesquels passaient quelques mousses égarés.

Herman parcourait le pont à grands pas, se demandant avec une inquiétude croissante ce qu'on prétendait faire de lui en le jetant sur ce vaisseau, dans quel lieu on pensait le conduire.... Il s'arrêta tout à coup frappé d'une impression accablante; il venait d'entendre les gens de l'équipage parler une langue étrangère.... Les regardant alors plus attentivement, il reconnut l'uniforme de la marine américaine: il entendit aussi qu'on fixait à vingt-cinq ou trente jours le temps de la traversée, et que le nom de New-York revenait souvent dans la bouche des marins.... Il n'y avait plus de doute, le vaisseau mettait à la voile pour le Nouveau-Monde!

Le proscrit porta la main à sa poitrine, comme si cette révélation subite eût brisé son cœur.

Quitter la France! mettre les mers entre lui et tout ce qu'il aimait! ne plus marcher sur le même sol, ne plus respirer le même air que Valentine! A cette pensée affreuse, il éprouvait un déchirement étrange dans tout son être. Il lui semblait être condamné une seconde fois.

Il s'était retiré précipitamment loin des marins, dont la langue étrangère, odieuse à entendre, était déjà pour lui le commencement de l'exil.

Seul à l'arrière du bâtiment, où il n'y avait que le pilote à la barre et un petit nombre de matelots affairés, il se laissa tomber sur un banc et se pencha vers la mer.

Jamais stupeur si profonde n'avait frappé son âme; les autres épreuves étaient venues par gradation, celle-ci fondait sur lui au milieu des douceurs de la délivrance et de l'espoir renaissant!... En une minute, la douleur, l'épouvante avaient creusé sur ses traits de fortes traces; un froid de mort coulait dans ses veines; il n'avait d'autre mouvement que des frissons douloureux, des soupirs oppressés ; ses lèvres frémissantes s'agitaient sans proférer une parole.

En même temps, un fort vent d'ouest venait de chasser des masses de nuages vers la terre, le ciel s'éclaircissait au zénith. La manœuvre était précipitée, impétueuse sur le pont ; on allait mettre à la voile. La lutte avec le vent, avec la mer soulevée, absorbaient les marins animés au combat ; le vent sifflait dans les voiles, les vagues battaient les flancs du navire ; mais les paroles du commandant résonnaient plus haut que la tempête ; le porte-voix se faisait entendre, et les mâts frémissants dressaient leurs pavillons, le navire domptait les vagues sous ses flancs.

Retiré loin de l'équipage ardent à sa tâche, Herman était seul avec son désespoir, et penché sur les flots.

— Voilà donc, disait-il dans une prostration profonde, où devait aboutir ce mystère ! La délivrance qu'on m'avait préparée, c'était l'exil lointain, éternel, poussé à l'extrémité du monde !... Oui, je vois maintenant ce qui s'est passé ; par quelque raison que j'ignore, on a voulu dérober mon nom à l'ignominie, peu importait le reste ! Un enlèvement de prison suffisait pour effacer ce nom des registres d'infamie ; mais, moi, m'arracher à la souffrance, au désespoir, on n'y a pas pensé !... Comment ai-je pu croire à une affection, à un bienfait qui se cachait ! Malheureux ! Ma foi en cet être inconnu était plus que de la reconnaissance.... je chérissais la main qui venait consommer ma ruine.

Ce sentiment amer par lequel Herman abdiquait son dernier bonheur, sa croyance en une affection bienfaisante, venait rompre le dernier lien qui l'attachât à la vie.

— Honte et souffrance, dit-il, c'était la route qui m'était tracée ; il fallait toujours y retomber ! Ai-je pu croire un moment avoir dompté le sort !... Je souriais encore.... j'avais presque oublié mes angoisses et moi-même... j'étais fou... oh ! le ciel m'a bien puni d'avoir osé espérer.... Espérer, moi ! c'était un crime, c'était douter de la justice de Dieu.... Mais pourquoi m'a-t-on trompé ? je ne demandais pas le salut, j'étais résigné.... Maintenant, retombé dans cet abîme, oh ! je souffrirai bien plus ! On ne sait pas qu'un coup de plus frappé sur ce sein meurtri, déchiré, doit y éteindre le dernier souffle de vie.

En ce moment, Herman vit passer le long du bâtiment le pilote qui était venu mettre le navire à flot dans ces parages semés d'éceuls, et qui s'en retournait paisiblement à la nage au milieu des vagues déchaînées.

Il suivit du regard cette forme glissant entre deux eaux,

— Cet homme, dit-il, qui devait lutter avec les éléments, braver un soleil de feu ou les glaces des eaux, a reçu en partage la vigueur, les membres nerveux, le corps de bronze qu'il lui fallait pour ses rudes fatigues... Et moi jeté dans des luttes plus terribles que ceux des éléments, j'y ai paru faible, désarmé... O dispensateur suprême de nos forces et de nos épreuves, tu m'as oublié dans ta justice !

En cet instant il y eut sur le pont une cessation subite de bruit, de mouvement; le navire parut céder, s'inclina comme timidement pour laisser passer un coup de vent furieux, puis se releva frémissant sur sa base, mit toutes voiles au vent, tressaillit jusqu'en ses fondements, se souleva par un effort suprême et s'élança dans la pleine mer.

— C'en est fait ! dit Hermain, nous partons ! — Jai été bien abattu, bien déchiré par d'autres souffrances, mais celle-ci est au-dessus de mes forces.... Il faut en mourir.

Et ses yeux fixaient la mer avec une sorte d'oscillation égarée.

— Oui, dit-il, j'aime mieux mourir dans les flots qui vont baigner la France, que dans un pays lointain, détesté !

Dans ce moment, nul regard n'était tourné vers le passager ; il détacha son manteau, le laissa tomber sur le pont pour qu'aucun objet flottant sur l'eau ne vînt révéler sa trace et lui attirer des secours.

— Valentine, dit-il en levant vers le ciel son visage pâle comme ce ciel foid et brumeux, Valentine, ma dernière pensée sera pour toi... Je n'ai cru en ce monde qu'en toi et en Dieu; tu m'abandonnes, je vais à Dieu !

Il s'était agenouillé en prononçant ces mots, il se releva alors pour se précipiter dans la mer...

— Herman ! s'écria une voix près de lui.

Ce nom, ce cri jeté de toute la puissance d'une âme avait percé l'air à ses côtés et pénétré dans son sein.

Il se retourna et vit Valentine devant ses yeux.

Il l'enveloppa d'un regard embrâsé, profond... mais, avec un courage suprême, il ne se livra point encore à l'espérance ; dans ce moment décisif, il voulut fixer son sort tout entier.

— M'aimes-tu toujours ? demanda-t-il.

— Toujours.

— *Malgré tout*... tout ! tu entends ?

— Oui, malgré tout.... Je t'aime d'un amour passionné, puissant comme ma vie. Après s'être montré heureux et fier pendant notre union, cet amour est resté caché en moi quand l'honneur, quand la dignité le commandaient. Oh ! bien profondément caché, car j'ai eu le courage de le taire à toi-même... C'était là *mon secret*, le culte mystérieux auquel je vouais mon âme... Va, il y a quelque chose de divin dans la foi jurée ; l'amour d'une femme ne s'éteint pas comme un autre. Dans ces jours de solitude, de réclusion, t'aimer, souffrir pour toi était toute mon existence. Si j'ai été malheureuse alors, ou si la tendresse, à mesure que je l'éprouvai, me payait de toutes mes peines, je ne m'en souviens plus, j'ai dû l'oublier bien vite, car le malheur va fondre sur toi ! Oh ! alors tout a changé : cette passion insensée dans sa puissance inutile a pu devenir tout à coup devoir, dévouement, j'ai pu mettre toutes mes forces à la servir... J'ai volé à ton secours. Le ciel a voulu que ce ne fût pas en vain !

Dans ces moments suprêmes, la faculté de sentir, de comprendre s'exhale à ce point qu'un mot révèle la vie entière, qu'une étincelle éclaire un abîme. Herman voyait alors tout ce qui, depuis leur séparation, s'était passé dans l'âme de Valentine. Il était incliné devant elle et baignait ses mains de larmes.

— Aveugle ! dit-elle, tu n'as pas reconnu que c'était moi qui traversais la prison pour y chercher le chemin de ta délivrance... Moi encore qui, dans ce voyage bienheureux, me servais des ombres de la nuit pour veiller sur toi, pour t'amener à la liberté...

— Pour m'amener à tes genoux ! dit Herman.

Puis, payant encore un tribut à sa fatale destinée, il ajouta en frémissant :

— Oui, à tes genoux, idolâtre d'amour..... Mais, mon Dieu ! toujours coupable, déshonoré !

— Non, dit-elle... Je me suis tant repentie pour toi !.... Dieu nous a pardonné ! Ecoute : cette partie de ma fortune que j'ai conservée, augmentée par toutes sortes de soins, de privations, elle est placée dans le Nouveau-Monde.

— Qu'importe ! interrompit Herman, ne suis-je pas moins frappé d'opprobre !

— Non, te dis-je !... Regarde l'horizon...

La terre qu'on apercevait encore au loin était chargée d'ardents et sombres nuages qui se heurtaient sous le vent, pesaient sur la côte et semblaient le faire tressaillir sous leurs tourbillons. De l'autre côté, dans l'étendue de la mer, tout se dégageait des ombres, l'espace s'éclaircissait en une plaine limpide où se levaient les beautés du ciel.

— Regarde, disait Valentine, là, du côté de la France, où gronde encore l'ouragan, sont les regrets si longtemps exhalés et demeurés dans l'air, la trace de tes fautes offerte à chaque pas, et la fatalité inscrite sur le sol. Mais de ce côté, au bout de l'étendue lumineuse, est la patrie nouvelle, l'existence qui n'a point de passé, la régénération, la paix de l'âme et l'amour.

Tandis que Valentine disait ces mots, le vaisseau avançait à pleines voiles. Au souffle du vent purifié, il s'enfonça dans l'atmosphère resplendissante d'azur et de lumière, et alla se perdre dans l'éther radieux sur la limite du ciel.

FIN.

TABLE

POISSY. — TYP. S. LEJAY ET Cie.

www.ingramcontent.com/pod-product-compliance
Ingram Content Group UK Ltd.
Pitfield, Milton Keynes, MK11 3LW, UK
UKHW020115200726
13856UKWH00002B/554